KB201475

교회 안의 남성 폭력

목회적 돌봄에 관한 이슈들

제임스 뉴턴 폴링 지음 | 박중수 옮김

한울
아카데미

이 도서의 국립중앙도서관 출판예정도서목록(CIP)은 서지정보유통지원시스템 홈페이지(http://seoji.nl.go.kr)와
국가자료공동목록시스템(http://www.nl.go.kr/kolisnet)에서 이용하실 수 있습니다. (CIP제어번호 : CIP2014033324)

Understanding Male Violence
Pastoral Care Issues

JAMES NEWTON POLING

CHALICE
PRESS

ST.LOUIS, MISSOURI

UNDERSTANDING MALE VIOLENCE: Pastoral Care Issues
by James Newton Poling (St. Louis: Chalice Press, 2003)

옮긴이의 글

과거부터 오늘에 이르기까지 한국은 정치, 경제, 문화 등 모든 영역에서 발전했다. 정치의 발전은 민주화에 대한 한국인의 염원을 풀어주었고, 경제의 발전은 많은 사람들의 꿈을 이루는 데 필요한 물질적 기반을 형성했으며, 문화의 발전은 한국이라는 이름을 세계에 널리 알렸다.

하지만 그럼에도 '한국은 온전히 성숙했는가?'라는 의문이 들 때가 있다. 아마도 양적인 성장을 지나치게 치중한 나머지 질적인 성장을 경시했기 때문일 것이다. 특히 한국이 발전하는 과정에서 인간, 즉 인간 존엄성이 심각하게 결여되었다고 본다. 모든 발전과 성숙은 궁극적으로 인간을 생각하면서 이루어져야 한다. 인간의 존엄성은 국가 경영의 초석이 되어야 함에도 지나친 경쟁과 지배, 억압으로 인해 이 원칙이 무시되고 있다. 인간 존엄성이 무시된 채 발전하는 문화는 곧 악이며, 이것은 인간 자체를 붕괴시킨다.

이 책을 번역하면서, 나는 한국 사회와 교회 공동체가 어둠 속에 묻힌 인간 존엄성에 한줄기 빛을 비춰주기를 기원했다. 인간 존엄성이 악에 의해 파괴되고 있는 현실을 고발하는 것이야말로 이 책의 주제이기 때문이다. 타인을 차별하고 억압하는 행위뿐 아니라 그것을 당연시하는 생각조차 폭력이다. 폭력은 고유성과 조화를 왜곡하고 억압하는 정신적·신체적 학대이다. 그것은 결국 인간을 파괴한다. 기독교적 관점에서 볼 때, 폭력은 창조의 질서를 허무는 죄악이자 하나님에 대한 도전이다. 사회가 성폭력, 성차별과 같은 신체적 차별로 고통 받고 있음에도 어째서 진리, 정의, 덕을 설파하고 실천해야 하는 교회 공동체는 침묵하고 있는가? 의아함을 금할 수 없다. 누군가는 이러한 폭력 역시 하나님의 뜻이라 주장하지만, 정말 그렇다면 폭력의 피해자들은 하나님을 학대하는 하나님으로 받아들일 것이다.

지금 이 시간에도 형언할 수 없는 끔찍하고 섬뜩한 폭력이 수도 없이 일어나고 있다. 어린아이에서부터 노인에 이르기까지 온갖 힘없고 소외된 이들을 대상으로 성폭력과 정신적·신체적 폭력이 자행되고 있건만 진리, 정의, 덕을 부르짖는 한국 교회는 여기에 과연 어떤 자세를 취하고 있는가? 성경 속에서 하나님이 관심을 두고 돌보는 대상은 여성, 아동, 장애인, 이방인이지만 오늘날 우리의 교회가 관심을 두고 돌봐주는 대상은 과연 누구인가? 교회는 소통하는 장소이다. 이곳에서 사람들은 하나님뿐만 아니라 하나님의 형상으로 창조된 다른 사람들과도 소통해야 한다. 그것이 올바른 소통이다. 나는 소통과 공감을 외치는 한국 사회와 교회 공동체가 본래적인 돌봄의 정신을 되찾아야 한다고 생각해 이 책을 번역했다.

이 책의 저자 폴링 박사는 미국 유학 시절 나에게 학문적·심리적·영적 용기와 동기를 부여해준 은사이자 정신적 지주이다. 그는 1960년대 미국 민권운동에 참여해 약자의 입장에 서서 정의와 인권을 주창한 목회신학자이며, '목회신학을 위한 사회(The Society for Pastoral Theology)' 학회를 창설한 석학이기도 하다. 그는 또한 폭력이라는 주제에서 지식과 실천력을 겸비한 독보적인 인물이다.

나는 폴링 박사로부터 커다란 학문적 영향을 받았다. 특히 그가 과정 신학과 자기심리학에서 이룬 업적은 나의 목회신학의 틀을 세우는 데 결정적 역할을 했다. 나는 이 방법론을 통해 한국 사회와 교회 공동체에 대한 창의적이고 건설적인 관점뿐 아니라, 신학의 단순성과 배타성에 비판을 제기하는 방법론을 만들 수 있었다. 내가 폴링 박사의 첫 번째 한국인 제자라는 사실에, 또 매우 훌륭한 선생님을 만났다는 사실에 아주 큰 자부심을 느낀다. 폴링 박사는 전형적인 목회자의 상을 소유한 온유하면서도 배려심이 넘치는 사람이다. 그는 부탁받은 것이라면 어떤 일에서든 최선의 노력을 기울인다. 하지만 동시에 차별과 억압 등 정의롭지 못한 것에 대해서는 매우 단호한 태도를 갖고 있다.

폴링 박사의 저술은 논리의 전개가 매우 분명하다. 쉽고 분명하게 이해할 수 있는 어휘를 구사한다는 점에서, 그는 훌륭한 능력을 지닌 학자이다. 폴링 박사는 자신의 철학과 가치를 학문에 접목했고, 그 명쾌한 논리로 목회신학의 수준을 제고했다.

사람들이 이 책을 통해 한국 교회에 드리워진 폭력의 그림자를 직시할 수 있기를 소망한다. 폭력은 모든 문화에서 발생할 수 있는 현상이며, 이 사실이 한국 사회와 교회 공동체에 의미하는 바는 크다. 나아가 폭력의 문제를 다룰 때 피해자 못지않게 가해자 또한 치유의 대상으로 여겨야 한다는 사실도 지적하고 싶다. 이 책의 저자는 상황에 따라 가해자 역시 피해자일 수 있다고 말한다. 당사자 모두의 입장에서 문제를 보고 해결해야 한다고 주장한다는 점에서, 이 책만의 독특한 가치가 있다고 할 수 있다.

이 책을 번역하는 데 기도와 용기로 지지한 아내 이순옥, 아들 주성, 그리고 독자들이 쉽게 이해할 수 있도록 감수해준 신기용 선생, 박준규 편집자와 한울출판사 김종수 사장님에게 감사한다. 또한 이 책을 출판할 수 있도록 기회를 주신 관계자들에게도 감사한다.

2014년 봄,
영남신학대에서
박중수

한국 사회에는 급격한 사회 변동과 양극화, 그리고 뿌리 깊은 남아선호사상 등으로 발생한 폭력이 만연해 있으며, 그 주된 피해자는 여성과 아동이다. 통계적으로 볼 때, 대략 모든 아동의 4분의 1과 모든 여성의 3분의 1가량이 남성 폭력을 경험했다. 그러나 아직도 한국의 교회와 그 목사들은 이 문제에 대해 대부분 침묵하고 있으며, 가해자가 폭력과 학대를 자행하는 것을 묵인한다. 한국의 목사들과 목회상담자들 중 다수가 가정 폭력의 피해자들을 돕기 위한 교육을 받지 못했으며, 폭력의 가해자들을 상대할 준비 또한 되어 있지 않다.

연세대학교에서 두 학기 동안 가정 폭력에 대한 강의를 한 이래, 필자는 이 책이 한국어로 출간되는 순간을 고대해왔다. 독자들이 이 책을 통해 인종적·경제적 역동성이 복잡하게 얽힌 역사적이고 사회적 요인들을 고려하면서 남성 폭력을 이해해보길 권하고 싶다.

영남신학대학교 교수인 박종수 박사는 20여년에 걸쳐 교류해왔던 친구이자 동료이다. 목회신학자인 그는 젠더(gender)에 관한 연구에서 선구자적인 식견을 가지고 있다. 그와 함께 수년에 걸쳐 공동연구를 해왔다는 사실을 매우 영광스럽게 생각하며, 이 책이 출간되는 현시점에서는 감회가 더 새롭다. 필자는 한국의 목사들과 교회 지도자들이 가해자들을 더 효과적으로 상대하는 데, 그리고 가정이 안전을 되찾고 치유 받는 데 이 책이 도움을 줄 수 있으리라 생각한다.

제임스 뉴톤 폴링
게렛 신학대학원 목회상담 및 목회신학 은퇴교수

차례

들어가며

오늘날 여성, 아동, 그리고 다른 남성에 대한 남성 폭력은 심각한 문제이다. 모든 여성의 3분의 1에서 2분의 1이 평생 한 번은 신체적·성적 학대를 당한다. 젊은 여성이 응급실로 오는 원인의 35퍼센트는 구타에 의한 부상이다. 해마다 미국에서 수천 명의 여성과 아동이 배우자와 부모에게 살해당한다.

대부분의 기독교 교회는 최근까지 이러한 문제들에 대해 침묵하고 있었다. 아동과 가족을 위한 사회적 정의에 평범한 수준의 관심을 쏟은 것 외에는, 20세기가 끝날 때까지 실질적으로 남성 폭력에 관한 심도 있는 신학적 숙고가 없었다.

1960년대에 현대 페미니즘의 비판적 사고가 등장하면서 여성들은 지원 단체를 중심으로 결집하게 되었다. 그녀들은 자신들에게 공통점이 하나 있음을 발견했는데, 바로 인간관계에서 폭력을 경험했다는 사실이다. 그들 거의 모두가 근친상간, 강간, 구타, 성학대 또는 성차별을 경험한 적이 있었다. 이런 초기 통찰이래 거의 모든 문화에 속한 여성들이 남성 폭력을 분석하는 일을 해오고 있다. 강간위기센터, 구타 여성을 위한 대피소, 위험에 처한 아동을 위한 구조 활동 등 성폭력 및 가정 폭력과 관련된 프로그램과 운동들이 만들어졌다. 공공정책의 관점에서 볼 때, 이러한 운동은 미국 내 모든 주에서 성공적으로 성폭력과 가정 폭력에 관한 법률 개정을 이끌어냈다. 그뿐 아니라 미국 법무부는 여성과 아동을 보호하는 법의 집행을 강화하고자 여성에 대한 폭력(Violence Against Women)과 관련된 부서를 조직했다. 또 사고의 혁신이라는 관점에서 볼 때, 이 운동을 통해 남성 폭력의 위험을 대중에 알리는 수많은 논문과 책이 출간되었다.

남성 폭력에 저항한 페미니스트 역사의 초기에, 기독교 여성들은 교회의 적극적인 지지를 간청했다. 성폭력과 가정 폭력을 규탄하는 교단의 공식 성명들이 1970년대에 처음으로 나타났다. 신학, 윤리학, 성서 연구, 실천신학의 분석적 도구를 사용하는 책들이 학자와 평신도 사이에 신학적 숙고를 위한 새로운 발판을 마련했다. 많은 독창적 논문이 캐럴 아담스(Carol J. Admas), 매리 포천(Marie Fortune)에 의해서 집대성되었는데, 그것이 『여성과 아동에 대한 폭력: 기독교 신학 자료집(Violence Against Women and Children: A Christian Theological Source Book)』(1995)이다. 남성은 남성 폭력을 예방하기 위한 운동에 뒤늦게 참여했고, 오늘날에도 많은 남성들이 이 논란에 저항감을 느끼고 있다. 당연한 일이지만 기독교 남성들은 자신이 폭력과 동일시되는 것을 좋아하지 않는다. 불행하게도 기독교 남성들이 폭력의 악영향 ─ 남성보다 여성에게 훨씬 치명적인 악영향 ─ 을 이해하기까지는 오랜 시간이 걸렸다. 대부분의 남성은 자신의 삶에서 주체적인 행위자였기 때문에, 위협을 받은 여성들이 왜 반격하지 못하는지를 이해하지 못했다. 남성 폭력에 노출된 여성을 취약하게 만드는 억압적 가부장제를 이해하기 위해서는 깊은 숙고와 분석이 필요하다.

나의 젊은 시절을 돌이켜보면, 나는 남성 폭력의 문제를 자각하지 못했고 오직 여성에게만 가해지는 성적 억압도 이해하지 못했다. 나는 예전에 민권운동을 하면서 인종과 계층에 대한 분석을 접한 적이 있다. 이를 통해 사회적·정치적·경제적 체계가 어떻게 미국에 있는 많은 집단의 일상적 삶을 통제하는지를 이해하기 시작했다. 그러나 나는 이러한 통찰을 남녀 사이의 관계에 적용하지 못했다. 실제로 성, 인종, 계층이 서로 맞물리며 미국 사회 내에서 권력의 분배와 폭력에 대한 취약성을 결정하는 억압의 체계를 형성하고 있음에도 말이다.

나는 현대 페미니즘 운동이 시작되고 20년 넘게 지난 시점인 1985년이 되어서야 남성 폭력을 심각하게 생각하기 시작했다. 나는 가족 문제로서의 근친상간에 관심을 두고 아동 성학대 전문 치료기관에서 2년간 일했다. 이 경험을 바탕으로 나는 아동 성추행범, 강간범, 학대자들의 상담사가 되었다. 또 그 모든 시간 동안, 내가 협력자가 될 수 있다고 믿어주며 우정으로써 나의 영감을 길러준 많은 용감한 여성들이 나의 일에 동참해주었다. 로리 허쉬 메이어(Lauree Hersch Meyer), 트와넷 유진(Toinette Eugene), 에벌린 커클리(Evelyn Kirkley), 엘런 원드라(Ellen Wondra), 크리스티 뉴거(Christie Neuger), 낸시 램지(Nancy Ramsay), 캐리 돌링(Carrie Doehring), 일레인 그레이엄(Elaine Graham), 매리 포천(Marie Fortune), 세라 리스(Sarah Rieth), 텔마 버고니오 왓슨(Thelma Burgonio Watson), 캐런 다우트(Karen Doudt), 브렌다 루이즈(Brenda Ruiz), 로이스 리브지(Lois Livezey), 린다 크로킷(Linda Crockett), 낸시 폴링(Nancy Poling)이 그들이다. 남성 폭력 방지를 위해 필요한 중요한 종교 자료를 제공해준 워싱턴 주 시애틀에 소재한 '성폭력·가정 폭력 예방센터(Center for the Prevention of Sexual and Domestic Violence)'에도 특별한 감사를 전한다. 또 여러 해 동안 많은 학생이 나를 도왔다. 이외에도 나는 많은 이들이 보내준 지지와 격려 덕분에 남성 가부장제에서 벗어날 수 있었고, 다른 여성들과 힘을 합쳐 여성에 대한 폭력을 종식시키기 위한 작업을 할 수 있었다. 나는 남성 폭력을 방지하려는 운동가와 지식인을 연결시키는 일에 책임감을 느끼며 작업했고, 나의 저술의 정확성과 유익함을 평가받고자 여성들에게 정기적으로 나의 글을 보여주었다.

남성 폭력에 관한 나의 첫 논문 「아동 성학대: 신, 공동체, 목회에 대해 생각하기 위한 다양한 맥락(Child Sexual Abuse: A Rich Context for Thinking about God, Community, and Ministry)」은 1988년에 발표되었다.[1] 나의 초기 연구는 아동 성학대 치료기관에서 수행했던 작업에 기반을 두고 있다. 이후 나는 남성 폭력을 주제로 20편의 학술 논문과 5권의 책을 출간했다. 남성 폭력 방지는 나의 활동과 저술의 지배적 주제가 되었다.

지금도 남성 폭력은 미국 사회에서 심각한 사회적·종교적 문제로 자리 잡고 있다. 남성 폭력을 예방하는 일에서 종교가 어떤 역할을 할 수 있는가를 고민하는 종교 안팎의 전문가들을 위해, 나는 이 책에 지난 14년간 내가 작성했던 주요 논문들을 집대성했다. 나는 남성과 여성 개개인의 태도와 행동을 바꾸고 사회의 풍조를 바꾸기 위한 합치된 사회운동이 나타나기 전까지는 남성 폭력이 계속 사회적 문제로 존재할 것이라 확신한다. 또한 나는 남성 폭력을 방지하기 위해 종교 공동체가 유기적으로 노력해야 한다고 확신한다. 가부장제는 남녀가 함께 평등하고 정의롭게 살기 위해 반드시 퇴치해야 할 종교적 세계관이다. 종교 공동체는 이를 변화시키기 위한 중요한 요소를 제공한다.

제1장은 남성 폭력의 정의, 통계, 심리적·사회적 맥락, 목회적 돌봄의 원칙, 신학적 문제 등 남성 폭력 문제에 대한 전반적 견해를 담고 있다. 남성 폭력을 사회적·종교적 문제로서 인식하기 시작한 사람을 위한 포괄적 개요라 할 수 있다.

제2장은 내가 저술한 초기 논문 중 하나로, 이후로도 나를 지속적으로 고민하

---

1 *Journal of Pastoral Care* 42, no.1(Spring 1988), pp.58~61.

게 만든 주제인 아동 성학대에 대한 나의 근본적인 우려를 담고 있다. 나의 교육 경험은 모든 여성의 3분의 1이 아동 성학대의 희생자였다는 사실을 확인했으며, 나의 신학대학 수업에서 여성들은 이 문제를 자주 연구와 숙고의 주제로 선택했다. 비록 자기 자신의 치유에 대한 관심은 적었지만, 많은 남성들 역시 희생자였다. 이 논문에서 나는 이 문제에 대한 나의 인식을 나누고, 기본적으로 우리의 관심이 필요한 사회적·윤리적·목회적 돌봄의 쟁점들에 대한 방향성을 제공한다.

제3장은 남성 폭력을 이해하는 수단인 신학적 윤리학의 자료를 참고해 작성된 또 다른 초기 논문이다. 이 학술적 분야는 비록 하나의 문제로서 남성 폭력에 초점을 두지는 않았지만, 그것이 취했던 숙고와 분석의 형태는 내가 나의 주제를 이해하는 데 큰 도움이 되었다. 남성 폭력이 왜 잘못되었는가? 그것이 잘못된 이유는 파괴적 결과를 야기함으로써 하나님의 율법을 모독하기 때문인가? 아니면 공동체 고유의 성격과 그 속에 담긴 서사(敍事)에 반(反)하기 때문인가? 이 세 가지 형태의 윤리적 사고는 우리가 남성 폭력의 복잡성을 해결하려 할 때 도움이 된다.

제4장은 인종과 문화의 문제에 대한 세심한 통찰을 기를 수 있게끔 나를 도와준 흑인 페미니즘 학자 트와넷 유진 박사와 공동으로 수행한 10년간의 연구 결과이다. 아프리카계 미국인 여성에 의해 급성장한 문학 작품들은 남성 폭력을 심각한 문제로 규정했다. 백인 노예 소유주와 감독관은 여성 노예를 정기적으로 강간했고, 남성 노예를 모욕하며 인간 이하의 존재로 취급했다. 21세기의 백인 인종주의는 계속해서 부당한 성적·폭력적 이미지를 아프리카계 미국인 공동체에 투사한다. 그럼으로써 미국 사회는 아프리카계 미국인 공동체에 대한 파괴적 고정관념들을 재생산하며 그들을 경제적·사회적 박탈 상태로 몰아가고 있다. 아프리카계 미국인 공동체 안팎에 자리 잡고 있는 남성 폭력의 문제는 주의 깊

게 분석할 필요가 있는 매우 복잡한 문제이다. 백인 학자들에게는 특히 더 그러하다. 이 장에서 유진 박사와 나는 흑인 공동체 안에서 이루어지는 남성 폭력을 예방하는 데 도움을 주는 중요한 사안들을 이해하고 제시하기 위해 노력한다.[2]

제5장은 라틴 아메리카 문화와 사회, 특히 니카라과(Nicaragua) 안에서 벌어지는 남성 폭력을 이해하기 위한 나의 첫 번째 시도를 담고 있다. 목회상담사인 브렌다 루이즈의 도움으로 나는 11년 동안 여덟 번이나 이곳을 여행했다. 그 여행 중에 수십 명의 니카라과 여성과 남성을 만나 이야기를 나눌 수 있었다. 자신들의 이야기를 기꺼이 들려준 이들의 솔직함은 매우 감동적이었다. 극단적 가난, 전쟁, 자연재해, 정부 부패로 이곳의 사람들은 매우 어려운 환경에 처해 있었다. 나는 그들과 면담을 하면서, 그들 사이에서 매일 자행되는 끔찍한 폭력을 접하고 충격과 슬픔에 빠졌다. 그러나 동시에 서로를 향한 그들의 굳건한 사랑과 미래에 대한 희망에 설레기도 했다. 이 장은 라틴 아메리카의 문화 속에서 남성 폭력이 어떤 형태로 존재하는지에 관한 통찰을 얻은 여행의 일기이다.[3]

제6장과 제7장에서는 13년 동안 아동 성추행범, 강간범, 학대자들과 상담한 경험을 바탕으로 남성 가해자를 이해해보려 한다. 제6장은 치료를 받으며 자신의 삶 속에서 벌어진 비극적 사건을 극복하기 위해 노력했던 용감한 남성 몇 사람의 이야기에 초점을 둔다. 상담사에게 발생하는 강력한 역전이를 포함해 내가

2 아프리카계 미국인 사이의 남성 폭력에 관한 더 많은 정보를 읽으려면 다음 문헌을 보라. James N. Poling and Toinette Eugene, *Balm for Gilead: Pastoral Care for African American Families Experiencing Abuse*(Nashville: Abingdon Press, 1998); Poling, *Deliver Us from Evil: Resisting Racial and Gender Oppression*(Minneapolis: Fortress Press, 1996).

3 니카라과의 남성 폭력에 관한 더 많은 정보를 얻으려면 다음 문헌을 보라. James N. Poling, *Render Unto God: Economic Vulnerability, Family Violence, and Pastoral Theology*(St. Louis: Chalice Press, 2002).

그들을 대하면서 생각했던 목회상담의 주요 사항들을 요약한다. 제7장은 프로이트가 도라(Dora)에 관해 저술한 유명한 사례 연구와 그의 저술을 두고 벌어진 페미니스트 학자들의 논쟁을 요약한 것이다. 프로이트는 젠더 역동성에 대한 깊은 통찰력을 가지고 있었으며, 그가 정립한 섹슈얼리티와 성적 정체성의 주제들은 미국 문화에 상당한 영향을 끼쳤다. 그러나 동시에 프로이트는 여자가 남자에 의해 지배당하고 성적 대상으로 여겨지는 것을 즐긴다고 믿는 남성 가부장의 탁월한 실례(實例)이기도 했다. 왜 남성 폭력이 끈질기게 존속되는지, 왜 그것을 예방하기 어려운지 이해하려면 이 뿌리 깊은 가부장제의 구조를 파악하는 것이 우선이다.

제8장에서 제12장은 남성 폭력의 문제와 관련해 예배와 설교의 주제들을 다룬다. 제8장은 여성 생존자들의 글 — 특히 시(詩)의 형태를 취한 — 속에 담긴 그녀들의 목소리, 그 트라우마와 치유의 경험에 주의 깊게 귀를 기울인다. 나는 이러한 목소리들이 하나님의 행위에 관한 우리 시대의 증언, 새로운 종교적 증언의 전형이라고 믿는다. 많은 경우 폭력의 생존자들은 더 깊은 수준에서 하나님의 사랑을 이해하며, 그들의 증언은 교회가 새롭게 변화하도록 만든다.

제9장은 남성 폭력의 생존자인 캐런의 이야기를 살펴보고, 그녀가 의문을 제기한 하나님의 사랑과 정의에 관한 쟁점들을 조직신학적 관점에서 숙고한다. 캐런의 증언이 고발하는 현실의 본질은 무엇이며, 이러한 새로운 통찰을 통해 우리가 우리의 신학적 고백들을 제고하려면 어떻게 해야 할까?

제10장은 남성 폭력의 문제와 관련해 지역 교회 안에서 이루어지는 예배와 설교의 일부 문제점과 이론적 쟁점들을 짚어본다. 만약 교회가 대부분의 역사에서 남성 폭력을 무시해왔다면, 예배와 설교의 주제들에도 결함이 있을 것이다. 페미니스트 학자들은 성서적·역사적 전통에서 예배와 하나님 사랑의 선포를 탈바

꿈할 수 있는 원동력을 발견했다. 이 장에서 나는 이러한 통찰들을 남성 폭력에 관한 논의 속에 대입해보려 한다.

제11장은 남성 폭력의 문제에서 가장 어려운 쟁점 중 하나인 용서에 관한 설교를 쓰려고 시도한 것이다. 많은 기독교인들은 적에 대한 사랑과 용서야말로 기독교 복음의 정수이며, 이러한 교리 없이는 기독교 신앙을 제대로 이해할 수 없다고 주장한다. 하지만 많은 경우 교회는 성폭력과 가정 폭력의 생존자들에게 그들을 가해한 자들을 용서하고 그들과 화해하라고 요구함으로써 생존자들을 다시 한 번 학대한다. 많은 생존자에게 이 가르침은 끝나지 않고 지속되는 트라우마 — 신실한 기독교 여성으로서 다시 가정으로 돌아가 회개할 줄 모르는 아버지, 남편, 배우자의 폭력에 계속 시달리는 것 — 를 의미했다. 다른 생존자들에게도 용서와 화해의 요구는 수년에 걸친 자기비판과 교회 공동체로부터의 추방, 혹은 치유를 위한 도움의 거절을 의미했다. 교회 공동체의 가장 힘없는 구성원들이 위기에 빠지지 않으면서도 용서를 이해할 수 있는 또 다른 방법이 틀림없이 존재할 것이다. 이 설교는 이 문제를 다루려는 노력의 일환이다.

제12장은 미국 연합감리교회 목사이자 나의 제자였던 민한식이 쓴 글이다. 우리의 작업을 함께하면서 이 젊은이는 한 명의 남성이자 목사로서 자신의 태도와 행동을 바꾸어야 한다는 강한 확신을 갖게 되었다. 이 장은 가해자의 치유를 위한 예배의 문제로 고심했던 그의 최초의 시도를 담고 있다. 진심으로 자신의 폭력적 성향을 바꾸려 노력하는 남성들에게 목사가 도움을 제공하려면, 기독교 예배는 어떻게 이루어져야 할까? 그 예배에서 가해자에게 책임을 추궁하는 것과 신의 은총을 기원하는 것의 균형은 어떻게 맞추어야 할까? 이 용감한 고민은 남성이 스스로를 변화시킬 수 있고, 여성의 소중한 동료로서 함께할 수 있으며, 궁극적으로 남성 폭력을 종식할 수 있다는 희망의 증표를 남기며 이 책을 마무리

한다.

나는 이 책을 통해 교회가 예수 그리스도 안에서 나타난 사랑과 정의의 하나님에게 더욱 신실해지고 언약의 공동체 안에서, 또 이 세상 속에서 남성 폭력의 죄악을 다루는 데 더욱 담대해질 수 있기를 힘주어 기도한다.

제1장

여성과 아동에 대한 남성 폭력[1]

서론

유럽계 미국인이자 노동자 계층 남성인 로버트는 14세 딸에 대한 성학대로 체포된
후 목회상담을 찾았다. 그는 교도소에 수감되는 것을 원치 않았고, 자신의 결혼 생
활과 가족이 온전한 상태로 유지되기를 바랐으며, 몰몬 교회의 신실한 일원으로 남
기를 원했다. 그는 딸을 치유하는 데 필요한 모든 자원을 제공하기 위해 노력했다.
그는 딸에 대한 성학대를 자신이 대면해야 할 죄악으로 여겼고, 하나님과 교회가 언
젠가 자신을 용서하고 교회의 온전한 일원으로서 회복시켜주기를 희망했다.

아프리카계 미국인이자 전문직에 종사하는 남성인 토드는 그의 여자친구를 폭행한
일로 체포된 후 폭력을 저지른 남성들을 위한 심리교육 그룹에 합류했다. 그는 법
적인 문제에 더 깊이 연루되어 난처해지는 것을 피하려 했고, 가능하면 여자친구와

---

1 이 글의 원본은 다음과 같다. "Male Violence against Women and Children," *The Care of Men*,
  ed. James Poling and Christie Neuger(Nashville: Abingdon Press, 1977).

의 친밀한 관계도 유지하기를 원했다. 그는 또한 자신의 알코올 중독을 통제하고, 부모 세대로부터 물려받은 신체적·성적 학대의 악순환을 끊고 싶어 했다. 그는 자기 아버지를 닮아가고 있었기 때문이었다. 최근에 그는 어머니가 참석하는 침례교회로 돌아왔다. 중독 회복을 위한 프로그램이 있었기 때문이다.

위의 두 이야기는 10여 년간 폭력 범죄를 저지른 남성들과 목회상담을 하면서 들었던 이야기 중 희망적 사례이다. 로버트와 토드는 그들의 폭력에 수치심과 죄책감을 느꼈고, 더 많은 폭력을 저지르고 수감될 위험에 처하는 대신 더 나은 미래를 얻기 위해 필요한 노력을 아끼지 않았다. 그러나 여성과 아동에게 저지른 신체적·성적·정서적 폭력의 과거를 이해하려 할 때마다, 그들은 내적·외적으로 많은 장애물을 만난다. 그들의 문화, 인종, 계층적 위치는 그들로 하여금 남성으로서의 자신을 어떻게 받아들이고, 선택의 순간이 왔을 때 어떤 결정을 내려야 할지에 미친다.

로버트와 토드는 자신의 행위를 후회하며 그로 인한 결과를 회피하려고 노력하는, 폭력적인 남성들의 전형이라 할 수 있다. 그들은 결혼, 가족, 직업 혹은 자유를 놓치려 하지 않았다. 비록 대부분의 폭력적인 남성들이 교회와 법원의 불충분한 대응 때문에 계속해서 폭력을 휘두를지라도, 소수의 폭력적인 남성들은 법 체계와 다른 가족 구성원을 통해 자신의 폭력이 용납될 수 없는 행동이라는 것을 배운다. 또 대부분의 남성들이 자신의 폭력에 대한 책임을 회피하려 할지라도, 일부는 도움을 얻기 위해 목사나 목회상담사, 다른 전문가를 찾아간다. 따라서 교회는 여성과 아동에게 폭력을 휘두르고 그들을 지배하려 드는 자신을 진심으로 극복하고자 하는 남성들을 위해, 그들을 진단하고 전문가들에게 위탁하거나 돌봐줄 수 있는 능력을 갖출 필요가 있다.

어째서 여러 기독교인을 포함한 폭력적인 남성들은 여성과 아동에게 폭력을 휘두르고서도 목사나 관련 전문가들에게 도움을 요청하지 않는 걸까? 그것은 지금까지 교회가 남성 폭력을 절박한 윤리적·종교적 문제로 인식하지 않았기 때문이다. 왜 많은 교회는 남성 폭력을 여성, 아동, 가족의 건강에 대한 커다란 위협으로 보기를 거부하며 사회적 병폐에 대한 해결책으로서 ─ 남성중심적이고 이성애주의적인 핵가족의 ─ '가족의 가치'를 회복해야 한다고 주장하는 걸까? 이는 여성과 아동에 앞서 남성에게 우선권을 주는 교회의 가부장적 신학 때문이다.

이 장은 우선 남성 폭력이 교회의 관심이 필요한 윤리적·신학적 주제임을 밝히고, 목회적 돌봄이 폭력적인 남성의 요구에 어떻게 응답해야 하는지를 제시한다. 이 글의 또 다른 목표는 교회가 여성과 아동에게 자행되는 남성 폭력의 문화적·계층적·인종적 맥락을 이해할 수 있게끔 돕는 것이다.[2]

여성과 아동에 대한 남성 폭력에 관한 문헌의 관찰

여성과 아동에 대한 남성 폭력의 명칭은 "아내 학대(wife abuse), 부부 폭행(marital assault), 여성 구타(woman battery), 배우자 학대(spouse abuse), 아내 구타(wife beating), 부부 폭력(conjugal violence), 사적 폭력(intimate violence), 구타(battering), 배우자 학대(partner abuse)",[3] 아동 성학대(child sexual abuse), 아동

---

2 이 장에서 다루는 주제에 관한 더 많은 논의를 보려면 다음의 문헌을 참고하라. James Newton Poling, *The Abuse of Power: A Theological Problem*(Nashville: Abingdon Press, 1991); Poling, *Deliver Us from Evil: Resisting Racial and Gender Oppression*(Minneapolis: Fortress Press, 1996).

학대(child abuse), 신체적 학대(physical abuse), 강간(rape), 정서적 학대(emotional abuse) 등 다양하다. 이 장에서 나는 가해자의 행위와 그것이 피해자·생존자에게 가져오는 결과에 중점을 두고 남성 폭력을 정의할 것이다. 이러한 정의는 가해자의 행동 하나하나뿐 아니라 성적인 관계 속에 자리 잡고 있는 남성의 권력과 통제를 강조한다.

남성 폭력의 정의

여성을 향한 남성 폭력은 여성이나 여자아이가 위협, 침해, 폭행의 형태로 경험하게 되는 신체적·시각적·언어적·성적 행동들을 아우르는 것으로서, 이를 통해 가해자는 여성을 불쾌하게 만들거나 비하하고, 여성으로부터 다른 사람과 관계 — 성적인 것을 포함한 — 를 맺을 수 있는 능력을 박탈한다.[4]

가정 폭력은 성인 또는 청소년이 자신들과 친근한 사람들에게 휘두르는 신체적·성적·심리적 폭력뿐 아니라 경제적 강압을 포함하는 공격적·강압적 형태의 행위이다. 그러한 행위들은 신체적 공격, 성적 공격, 심리적 공격, 폭력과 상해의 위협, 소유물과 애완동물에 대한 공격, 위협 행위, 정서적 학대, 고립, 아동혹사, 경제력을 이용한 압력을 포함한다.[5]

---

3 Carole Warshaw and Anne L. Ganley, *Improving the Health Care Response to Domestic Violence: A Resource Manual for Health Care Providers*(San Francisco: Family Violence Prevention Fund, 1995), p.16.

4 Mary P. Koss, Lisa A. Goodman, Angela Browne, Louise F. Fitzgerald, Gwendolyn Puryear Keita, and Nancy Filipe Russo, Male Violence against Women at Home, at Work, and in the community (Washington, D.C.: American Psychological Association, 1994), xxi.

5 Warshaw and Ganley, pp.16~24; John Archer, ed., *Male Violence*(London: Routledge, 1994), p.2, 7; Emerson Dobash and Russell P. Dobash, *Women, Violence and Social Change*(London:

인간관계의 폭력 중 남성 폭력이 차지하는 비중은?

남성과 그들의 문제를 다루는 책에서 남성 폭력의 도덕적·신학적 측면에 주로 초점을 맞추는 것은 이해할 수 있는 일이다. 하지만 다수의 연구는 인간관계에서 벌어지는 폭력 중 여성과 아동에 대한 남성의 폭력이 대다수를 차지한다는 것을 보여주고 있다. 내가 본 가장 보수적인 지표는 경찰 보고서인데, 가정 폭력 신고 전화의 70퍼센트가 여성에게서 온 전화라고 한다.[6] 그러나 이러한 숫자들은 신뢰할 수 없다. 남성들이 법정 싸움에서 유리한 고지를 점하기 위해 자신의 여성 파트너를 경찰에 신고하는 경우도 있기 때문이다. 여성의 35에서 50퍼센트가 자신의 삶에서 최소 한 번은 남성 배우자로부터 폭행을 당했고, 가정 폭력을 경찰에 신고한 사람의 95퍼센트가 여성이라는 연구 조사도 있다.

지난 17년간의 실증적 조사에 근거해, 전문가들은 최근 12개월 동안 평균 400만 명의 미국 여성이 남성 배우자로부터 심각한 수준의, 또는 생명에 위협을 느낄 수준의 폭행을 경험했고, 여성 세 명 중 한 명이 성인이 된 이후에 최소한 한 번은 배우자로부터 폭행을 경험한 것으로 추정하고 있다.[7] 여성의 50퍼센트가 그들의 생애 동안 최소 한 번 애인(intimate partner)에게 폭행을 당할 거라고 예상한 연구자들도 있다. 이러한 통계는 여성이 매우 심각한 남성 폭력의 위협에 노출되어 있다는 것과, 여성을 향한 폭력이 남성에 대한 것보다 훨씬 더 보편적이고 잔혹하다는 것을 의미한다. 남성들은 여성과 아동을 향해 심각한 신체적 폭력을 휘두르며, 그 대부분은 주로 성폭력의 형태를 띠고 있다.[8]

Routledge, 1992).

6 Charlotte Krause Prozan, *Feminist Psychoanalytic Psychotherapy*(Northvale, N.J.: Jason Aronson, 1992), p.213.

7 Koss et al., *Male Violence against Women at Home, at Work, and in the community*, p.44.

여성 폭력은 어떤가?

일부 연구자들은 남성과 여성의 폭력이 동일하다고 믿고, '부부 폭력에서 성적 균형'이 존재한다고 주장한다. 이들은 관련 연구 자료들을 인용해 같은 수의 남성과 여성이 자신의 배우자에게 신체적 폭력을 휘두르며, 부부 살인 통계에서 남성과 여성의 희생자 수가 동등하다는 것을 보여준다.[9]

하지만 범죄 통계는 성적 균형을 주장하는 이들과는 반대로 남녀의 폭력 범죄 사이에 3 대 1 혹은 더 일방적인 비율이 존재한다는 점을 보여준다.[10] 또한 대부분의 연구자는 적의를 드러내거나 언어적으로 학대하는 것과 같은 작은 규모의 폭력에서 남성이 여성보다 신체적으로 더 공격적이라는 사실을 제시한다. 더 나아가 폭력의 결과를 고려할 때, 상해나 죽음, 혹은 이것들에 대한 공포를 초래하는 대부분의 공격적 행동은 남성, 특히 젊은 남성에 의해 이루어진다.[11]

남성에 의한 폭력과 여성에 의한 폭력 사이에는 최소한 두 가지의 기본적 차이점이 존재하며, 교회에 속한 사람들은 이것을 이해해야 한다.

· 여성은 남성보다 배우자에게 상해나 살해를 당하는 경우가 더 많다. 살해당한 여성의 절반 이상(52퍼센트)은 남성 배우자에게 죽임을 당한 것인데, 이는 살해당한 남성 중 오직 12퍼센트만이 여성 배우자에게 죽임을 당한 것과 대비된다.[12] 또한 병원 응급실이나 동네 개인 의사를 찾는 여성의 20~35퍼센트는 남편이나 애

---

8 Archer, *Male Violence*, p.6.

9 같은 책, p.4.

10 같은 책, p.3.

11 같은 책, p.4.

12 Lloyd Ohlin and Michael Tonry, *Family Violence: Crime and Justice: A Review of Research*(Chicago: University of Chicago Press, 1989), p.204.

인의 폭행으로 인한 후유증 때문에 그곳을 방문하는 것이다.[13] 구타로 인한 상해는 젊은 여성이 응급실을 방문하는 주요 원인이다.

· 여성이 폭력을 사용하는 것은 대개 남성의 폭력으로부터 스스로를 방어하기 위함이다. 여성은 구타로부터 자신을 지키기 위해 신체적 폭력을 이용하는 반면, 대부분의 남성은 배우자에 대한 권력과 통제력을 행사하려 폭력을 사용한다.[14]

게이와 레즈비언의 관계에서 벌어지는 폭력 또한 심각한 문제이기 때문에, 이것을 인식하고 그 역동성에 대응할 수 있는 분석과 중재의 방안을 고심할 필요가 있다. 이성 간의 관계에서 여성에 대한 남성 폭력의 패러다임은 게이와 레즈비언 간의 관계에도 그대로 적용된다. 가해자는 신체적 폭력을 가하거나 위협해 파트너를 협박하고 통제한다.[15] 논의할 필요가 있는 이 독특한 형태를 식별하기 위해서는, 게이와 레즈비언의 관계에 대한 더 많은 연구가 필요하다.

인종과 계층의 쟁점들

여성과 아동에 대한 남성 폭력은 유럽계, 아프리카계, 라틴계, 아시아계 미국인과 북미 원주민을 포함해 미국에 있는 모든 사회 계층과 모든 문화 집단에서 일어난다. 임상적 표본, 경찰과 기관의 공식 보고서 등에서 얻은 자료, 사회적 계층에 대한 통제 실패 경험을 이용하는 부적절한 조사 방법들로는[16] 가정 폭력의

---

13 Koss et al., *Male Violence against Women at Home, at Work, and in the community*, p.70.

14 Warshaw and Ganely, *Improving the Health Care Response to Domestic Violence: A Resource Manual for Health Care Providers*, p.25.

15 같은 책, p.26.

16 Koss et al., *Male Violence against Women at Home, at Work, and in the community*, p.51.

인종적·계층적 차이를 측정하는 데 많은 제한이 따른다는 것이 거의 명백해졌다. 전 세계 대부분의 문화권에서 여성과 아동에 대한 잔혹한 남성 폭력은 남성에 대한 여성의 폭력보다 더 보편적이고, 더 용인 받으며, 더 합리화된다는 것을 우리는 안다. 또한 남성 가해자들은 자신의 폭력을 정당화하기 위해 문화적 차이 등을 핑계로 자신의 파괴적 행동을 합리화하며, 피해자는 경제적 빈곤으로 인해 폭력으로부터 스스로를 보호하기 어렵다는 것도 우리는 안다. 그러나 문화적 합리화나 지배 문화의 편견을 방패삼아 연약한 사람에 대한 강압과 위협을 정당화하려 해서는 안 된다. 남성 폭력을 방지하기 위한 중재 수단은 희생자들의 요구에 문화적으로 민감해야 한다. 예를 들면 경찰과 법원은 효과적 중재를 위해 어떠한 인종과 계층의 차이 앞에서도 공정하게 행동할 수 있도록 훈련을 받아야 한다.[17]

남성 폭력의 만연

우리가 남성 폭력을 누군가의 신체적·정신적 상해 혹은 죽음을 야기하거나 야기할 수 있는 신체적·성적 행동으로 규정한다면, 그것이 얼마나 중대한 문제

---

17 Warshaw and Ganley, *Improving the Health Care Response to Domestic Violence: A Resource Manual for Health Care Providers*, pp.26~27. Robert L. Hampton, ed., *Violence in the Black Family: Correlates and Consequences*(Lexington, Mass.: Lexington Books, 1987), pp.21~22; Evenly C. White, ed., *The Black Women's Health Book: Speaking for Ourselves*(Seattle: Seal Press, 1994); Pearl Cleague, *Mad at Miles: A Blackman's Guide to Truth*(Southfield, Mich.: Cleague Group, 1989); Evenly C. White, *Chain, Chain, Change: For Black Women Dealing with Physical and Emotional Abuse*(Seattle: Seal Press, 1985).

인지를 실감할 수 있을 것이다. 남성 폭력에 희생된 사람들의 수는 얼마나 될까? 폭력을 휘두른 남성들의 수는 얼마나 될까? 보통 대중은 그러한 폭력이 매우 드문 일이며, 자신이 속한 사회 집단 안에서 더욱 그러하다고 여긴다. 대중은 다른 집단에 속한 수상한 사람에게 공격을 받거나, 강도질을 당하거나, 도둑을 맞거나, 죽임을 당하는 것은 경계하면서도 자신이 속한 집단 안에서는 그러한 폭력에 직면할 거라고 생각하지 않는다. 하지만 실제로 폭력은 같은 사회 집단과 가족 내부의 사람들 사이에서 가장 빈번하게 나타난다.

나는 폭력을 저지른 남성의 수를 측량하려는 연구를 보지 못했다. 이 주제에 대한 사회적 거부감와 남성 폭력에 대한 여성과 아동의 취약성을 직시하지 않으려는 풍조 속에서는 결코 신뢰할 수 있는 통계자료를 수집할 수 없다. 통계학자들은 최근 남성 폭력에 희생당한 사람들의 수, 특히 평생 어떤 형태로든 남성 폭력을 경험했던 여성과 아동의 숫자에 관한 연구에서 상당한 진전을 이루었다. 이 연구 결과는 사회가 지금까지 인정하지 않으려 했던 대단히 큰 문제에 직면하게 되었음을 보여주고 있다.

성폭행의 만연

성폭행에 대한 정의를 내릴 때나 자료를 수집하고 해석할 때나 항상 신중을 기했던 메리 코스(Mary P. Koss)는, 20개의 실증적 연구들을 검토하며 모든 여성 중 최소 14퍼센트가 완전한 형태의 성폭행을 당했다고 추정했다. 연구 결과의 범위는 8퍼센트에서 20퍼센트 이상에 걸쳐 있다.[18] 이는 놀라운 비율이다. 대부

---

18 Mary P. Koss, "Detecting the Scope of Rape: A Review of Prevalence Research Methods," Journal of Interpersonal Violence 8, no. 2(June 1993), pp. 198~222.

분의 연구에서 성폭행 시도까지 포함할 경우 희생자의 수는 두 배로 늘어난다.

아동 학대의 만연

아동에 대한 신체적 학대는 1년에 20만에서 400만 건에 이르는 것으로 추산된다. '아동학대방지위원회(The National Committee for the Prevention of Child Abuse)'는 매년 100만 명 이상의 아동이 심각한 학대를 당하고, 2,000에서 5,000명의 아동이 살해당한다고 보고 있다.[19] 주로 여성들이 근무하는 보육시설에서는 유아에 대한 신체적 학대에 여성이 심각하게 연루되기도 한다. 하지만 남성 또한 자주 유아를 학대하며, 아동과 청소년에 대한 학대는 대부분 남성에 의해 이루어진다. 또한 여자아이의 12퍼센트에서 28퍼센트, 남자아이의 3퍼센트에서 9퍼센트가 성적 학대를 당하는 것으로 추산된다. 이는 매년 21만 건의 아동 성학대가 벌어진다는 뜻인데, 그중 단지 4만 4,700건 정도만이 교사, 목사, 의사, 사회복지사와 같은 전문가들의 도움을 얻는다.[20] 또한 전문가들은 아동에 대한 신체적 · 성적 학대의 대부분이 당국에 보고되지 않는다고 믿는다.

구타의 만연

"우리는 기혼자가 결혼 생활 중 부부 폭력에 연루될 확률이 4분의 1을 웃돈다는 사실을 발견했다."[21] 더불어 동거 중이거나 데이트 중인 관계 역시 위험하다.

---

19 Dante Cicchetti and Vicki Carlson, eds., *Child Maltreatment: Theory and Research on the Causes and Consequences of Child Abuse and Neglect*(Cambridge: Cambridge University Press, 1989), p.48.

20 같은 책, pp.98~99.

21 Richard J. Gelles and Murray A. Straus, *Intimate Violence*(New York: Simon and Schuster, 1999), p.104.

폭력의 비율이 거의 그만큼 높기 때문이다.[22]

남성 폭력에 관한 신뢰할 수 있는 연구에 따르면, 최소한 여성과 아동의 25퍼센트가 남성에 의한 신체적·성적 폭력의 피해자라고 한다. 신체적·성적·정서적 학대를 당한 아동이든 폭행, 구타, 성폭행, 정신적 통제를 경험한 성인이든 모두 일생 동안 지워지지 않는 심각한 수준의 신체적·정신적 상해를 입게 된다. 성(대개 여성이 남성보다 더 자주 피해를 입는다) 이외의 다른 변수, 이를 테면 사회 계층, 인종, 종교, 혹은 성실하게 교회에 출석했느냐의 여부 등은 이 수치에 아무런 영향을 미치지 않는다. 이것은 보통 신자의 25퍼센트 이상이 어린 시절 아동학대를 받았거나 성인이 된 이후에 성폭행, 구타, 정신적 학대 등의 형태로 남성 폭력을 경험했다는 것을 의미한다. 만약 이것이 사실이라면, 사람들 사이에서 벌어지는 폭력과 그 결과에 대한 교회의 침묵은 필연적으로 직면하게 될 가장 우려할 만한 현실일 것이다. 덧붙이자면 직장과 전문적인 관계에서 일어나는 성추행과 성적 착취의 문제들도 여성에 대한 남성 학대에 속한다고 할 수 있다.

남성 폭력의 원인

경쟁하는 사회과학 이론

남성 폭력의 존재를 인정하는 과학자들은 그에 대해 몇 가지 이론, 각기 상이하지만 반드시 대립된다고만은 볼 수 없는 이론들을 제시한다. 유전자와 호르몬 이론, 진화론, 사회화 이론, 권력과 통제에 관한 페미니즘과 우머니즘(Woman-

---

22 Prozan, *Feminist Psychoanalytic Psychotherapy*, p.213.

ism. 흑인 여성을 중심으로 이루어지는 여권 운동이다. 기존의 주류 페미니즘이 철저하게 중산층 이상 백인 여성의 이익만을 대변한다는 비판에서 등장했다 — 옮긴이 주) 등이 그것이다.[23] 유전적·생화학적 해석을 선호하는 사람들은 인간의 공격성을 주관하는 염색체와 테스토스테론의 영향을 연구하며, 양자 간의 불균형은 일부 남성들의 폭력적 행동으로 표출된다고 설명한다. 남성의 폭력성에 대한 역사적 해석을 선호하는 사람들은 선사시대까지로 거슬러 올라가, 수렵과 채집으로 사회가 유지되던 때의 경험과 적자생존의 경험이 탈산업화 이후 민주주의와 기술 정보의 시대에 적응할 줄 모르는 인간을 만들어냈다고 설명한다. 또 어떤 이들은 뉴스, 영화, 텔레비전, 포르노, 스포츠, 총, 자동차, 군대 훈련, 전쟁 준비 등에 내재되어 있는 폭력적인 문화 속에 남성성이 구축되어 있다고 설명하는 사회학적 해석을 선호하기도 한다.

나는 남성 폭력에 관한 이론 중 여성·아동·자연에 대한 남성의 권력과 통제, 지배 및 서로를 지배하려 함으로써 인종차별주의, 전쟁, 경제적 억압을 유발하는 남성들의 경쟁에 초점을 맞춘 우머니즘과 페미니즘 이론을 선호한다. 이 이론은 그 나름의 진실성을 갖추고 있으면서도 다른 이론들과 대립되지 않는다. 그러나 권력과 통제의 이론은 개개인의 남성들로 하여금 그들의 폭력을 지속하게 만드는 적극적 동기를 제공한다. 겔러스(Richard J. Gelles)와 스트라우스(Murray A. Straus)는 그들의 책 『친밀한 사람 간의 폭력(Intimate Violence)』(1988)에서, '왜 남자들은 여성과 아동에게 폭력을 휘두르는가?'라는 질문에 이렇게 답했다. "그들은 휘두를 수 있기 때문이다."[24] 이 말은 남성이 폭력으로써 쟁취할 수 있기 때

---

23 Archer, *Male Violence*, pp.233~389. 다음의 책도 참조할 것. Bandura, *Aggression: A Social Learning Analysis*(Englewood Cliffs, N. J.: Prentice-Hall, 1973).

24 Gelles and Straus, *Intimate Violence*, p.17.

문에, 폭력의 책임을 지는 경우가 많지 않기 때문에, 폭력적인 인간이 되라는 부추김을 받기 때문에, 폭력이 권력과 통제의 수단으로서 기능하기 때문에 폭력을 휘두른다는 뜻이다. 남성이 다른 사람을 통제하려 할 때, 폭력은 작용한다. 이는 여성과 아동을 지배하기 위해 사용되는 남성의 폭력을 사회가 수용될 수 없는 것, 바뀌어야 하는 것으로 선언하기 전까지 계속될 것이다.

남성 폭력에 대한 종교적 해석

교회를 포함한 미국 사회는 남성 폭력을 극복해야 하고 변화시켜야 할 정도의 심각한 도덕적 문제로 규정한 적이 없다. 미국 사회에는 남성 폭력에 관한 적어도 세 가지의 서로 다른 종교적 해석이 있다. 첫째, 남성 폭력은 여성과 아동 위에 군림하는 가장으로서 남성을 세운 하나님의 본질적 위계가 붕괴한다는 신호이다. 둘째, 남성 폭력은 인간의 본질적인 사악함에 관한 문제이다. 셋째, 남성 폭력은 여성과 아동에 대한 남성의 지배를 강화하고, 인종차별주의, 계급주의, 이성애주의 등 다른 형태의 억압을 유지하기 위해 힘을 남용하는 것이다.

어떤 집단은 남성의 가장으로서의 지위가 하나님의 자연적인 질서의 한 부분이며, 하나님의 위계는 남성에서부터 여성과 아동으로 이어진다고 믿는다. 이러한 전통적인 보수적 관점은 남성 지배를 조장하고, 특정한 가족의 가치를 여성과 남성에게 교육해 폭력에 대한 욕구를 억제하고자 한다. 이러한 관점에서 보면 남성이 여성과 아동을 지배하는 자연적 위계가 위협을 받아 이를 다시금 정착시킬 필요가 있을 때 폭력이 일어난다. 남성 폭력은 폭력에 의지하지 않고는 자신에게 맡겨진 가장으로서의 소임을 다할 수 없는 일부 미성숙한 남성들 때문에 벌어지는 불행한 사건인 동시에, 우머니즘과 페미니즘에 경도된 다수의 여성들이 남성의 지도력에 반기를 들자 여기에 맞서 정당하게 자신의 지배력을 강화

하려는 남성들이 불가피하게 휘두르는 폭력인 것이다.[25]

어떤 집단은 폭력으로부터 자유로울 권리를 포함한 관념상의 인권을 믿어 의심치 않지만, 인간의 본성이 바뀔 가능성은 절망적이라고 생각한다. 이러한 전통적인 진보적 관점은, 타인에 대한 병적인 수준의 집착을 보이는 사람이 상대에게 온갖 종류의 위해를 가하면서 발생하는 불행한 결과가 바로 여성과 아동에 대한 폭력이라고 본다. 우리는 서로에게 폭력을 휘두르고자 하는 사람들의 욕구를 없애기 위해 그들을 지원하고 필요한 자원을 제공해줄 수 있는 교육 프로그램을 유지할 필요가 있다. 하지만 그 과정은 괴로울 정도로 느릴 것이다. 그 과정에서 우리는 서로를 학대하는 불행한 영혼들을 응징하려 해서는 안 되며, 다만 자비로운 태도로 그들이 더 나은 배우자가, 부모가, 연인이 될 수 있는 길을 발견할 수 있도록 도와주어야 한다. 이 견해는 여성과 남성이 똑같이 폭력적이라는 가설에 대체로 동조하는 경향을 보인다. 여성보다 남성이 훨씬 더 강하고 타인에게 더 많은 해를 입힌다는 것은 분명 애석한 일이다. 하지만 진정한 문제는 개개인의 사악함과 미성숙에 있으며, 이것은 장기간의 교육을 통해서만 해결될 수 있다는 것이 이 견해가 취하는 입장이다.[26]

이와는 대조적으로, 우머니즘과 페미니즘은 남성과 여성 간의 불평등이 사회 안의 계층으로 구축되면서 남성 폭력이 벌어진다고 본다. 대부분의 남성은 자신

---

25 성별 문제에 관한 복음주의 기독교의 더 심도 있는 논의는 다음의 글을 볼 것. Andy Smith, "Born Again, Free from Sin? Sexual Violence in Evangelical Communities," in *Violence against Women and Children: A Christian Theological Sourcebook*, ed. Carol J. Adams and Marie M. Fortune(New York: Continuum, 1995), pp.339~350; Susan D. Rose, *Keeping Them Out of the Hands of Satan: Evangelical Schooling in America*(New York: Routledge, 1988).

26 진보주의 교회 안에서 이루어지는 이 논의는 다음 글들에 요약되어 있다. Tracy Trothen, "Prophetic of Follower? The United Church of Canada, Gender, Sexuality, and Violence against Women," in Adams and Fortune, pp.287~313.

이 지배계급의 일원이라는 사실에서 개인적 정체성을 형성할 근거를 얻으며, 남성 폭력의 목적은 인종차별주의·계급주의·이성애주의 등 다른 형태의 억압들과 마찬가지로 여성과 아동에 대한 남성의 지배를 강화하는 것이라는 주장이다. 여성이 스스로를 억압된 계층 — 비록 인종, 경제적 상황, 성적 지향, 종교, 국가에 따라 각자가 각기 다른 형태의 억압을 경험했을지언정 — 으로 인식하게 되면서, 그들은 진보적인 견해와 보수적인 견해 모두에 이의를 제기했다. 그들은 성 불평등을 규정한 것은 하나님이며, 남성에 의한 지배가 회복되면 남성 폭력이 감소할 거라는 보수적인 견해를 받아들이지 않는다. 그들은 또한 폭력은 개인적 죄에 의해서 야기된다는 진보적 견해도 거부한다. 폭력이 타락한 인간의 본성에 기원을 두고 있다면 사회 구성원 모두가 공평하게 폭력을 경험해야 할 텐데, 실제로는 그렇지 않다. 오히려 여성과 아동, 특히 여자아이는 그 숫자에 비해 폭력을 경험하는 비율이 훨씬 높다.

우머니즘과 페미니즘은 성과 권력의 관계에 대한 복잡한 이론을 발달시키며 남성 폭력의 진정한 목적이 남성에 의한 지배를 유지하는 것임을 폭로했다. 따라서 남성 폭력은 성평등이 법과 우리 사회의 사회적 관례로 명문화되기 전까지, 또한 다른 폭력적 범죄들처럼 여성과 아동에 대한 폭력이 그에 상응하는 대가를 치르게 되기 전까지는 중단되지 않을 것이다. 이것은 종교에서부터 법, 교육, 그리고 경제에 이르기까지 모든 면에 걸친 대대적인 사회 변화를 필요로 한다.[27]

---

27 기존의 보수적·진보적 신학에 대해 페미니즘이 제시한 대안에 관한 논의는 다음의 글을 볼 것. Carol Adams, "Toward a Feminist Theology of Religion and the Statem," in Adams and Fortune, pp.15~35. Catherine MacKinnon, *Feminism Unmodified: Discourses on Life and Law*(Cambridge: Harvard University Press, 1989).

폭력 남성을 진단하고, 위탁하며, 목회적으로 돌보기 위한 안내서[28]

남성 폭력에 대한 보수적·복음적 견해와 진보적·자유주의적 견해는 많은 여성과 아동에게 비극적 결말을 불러왔다. 괴로움을 탄원하러 온 이들에게 교회가 적절치 못하게 대응한 경우는 셀 수 없을 정도로 많다. "그를 그렇게 화나게 한 당신은 도대체 어떤 아내입니까?" "당신이 더 신실한 신앙인이 된다면 하나님은 당신의 결혼 생활을 회복시키실 겁니다." "당신이 어떤 잘못을 저질렀기에 이런 갈등이 생긴 겁니까?" "결혼 상담을 통해 이 문제를 해결해야 할 것 같습니다."

이런 식으로 많은 교회가 가족의 단결, 결혼의 신성함, 기독교 가정 안에서의 사생활을 옹호한다. 그 결과, 목사를 찾아가 자신이 결혼 생활 또는 다른 친족 관계에서 수십 년 동안 경험한 폭력을 호소하려 했던 생존자는 스스로를 탓하며 남성의 행동이 자신의 책임이라고 말하게 된다. 또 일부 목사들은 가정 안의 여성과 아동이 얼마나 취약한지, 또 얼마나 큰 위험에 처했는지에 대한 고려 없이 부부 상담을 통해 그들 간의 갈등을 없애고 폭력을 멈추려 한다. 대부분의 사례에서 기독교 교인들은 폭력적 남성을 편들었는데, 이는 남성이 그 집안의 가장이거나, '집안싸움'에 끼어들려 하지 않았기 때문이다. 가령 새로 교회에 부임한 한 여성 목사는 그곳 교인들 간이나 대가족 내부에서 세 번이나 살인사건이 벌어졌음에도, 교인들이 남성 폭력의 역동성을 이해하지 못하고 있음을 발견했다.

남성 폭력은 목회적 돌봄과 상담의 범주 안에서 연구와 훈련으로써 해결할 수 있는 문제가 아니다. 그렇기에 우리는 아직 남성 폭력의 문제를 다룰 준비가 되

---

28 이 문제에 대한 더 많은 논의는 다음의 글을 볼 것. Marie Fortune and James Poling, "Calling to Accountability: The Church's Response to Abusers," in Adams and Fortune, pp.451~463.

어 있지 않다고 할 수 있다. 남성 폭력과 성 불평등의 문제가 간과되고 있는 현재의 상황을 고려한다면, 목사와 목회상담사는 폭력 남성들을 ─ 특별한 훈련을 거친 뒤 태도의 변화를 보이게 된 것이 아니라면 ─ 돌보고 상담하려 해서는 안 된다. 이 절에서, 나는 폭력의 피해자인 여성과 가해자인 남성을 향한 목회적 응답과 관련해 몇 가지 지침을 제안하려 한다. 이와 함께 수정해야 할 전통적인 목회적 돌봄과 상담 방법에 대해서도 몇 가지 쟁점을 제시하고자 한다.[29]

희생자의 안전과 돌봄이 최우선이다

나는 폭력의 피해자에게 마땅히 제공되어야 할 안전과 목회적 돌봄의 필요성을 고려하지 않고 폭력을 휘두른 남성에게 목회적 돌봄과 상담을 제공하는 것은 윤리적이지 못한 일이라고 생각한다. 만일 목사나 목회상담사가 보기에 과거나 현재의 친척이나 가족 관계에서 남성 폭력이 이루어졌다는, 혹은 이루어지고 있다는 판단이 들 경우, 우선적으로 점검해야 할 것은 남성 주변에 있는 여성과 아동의 안전이다. 예를 들어 어떤 남성에게 아동을 학대한 이력이 있다면, 최소한 누군가는 ─ 특히 그 사람이 이 이력을 알고 있는 유일한 사람이라면 ─ 그 남성이 접근하는 아이에게 잠재적인 위험이 있다고 가정해야 한다. 만약 한 남성이 과거에 주위 사람을 구타한 적이 있다면, 누군가는 그의 현재 애인이 위험에 처했다는 것을 알아야 한다. 뒤에 논하겠지만, 나는 폭력과 관련된 사항에서만큼은 일

---

29 폭력적인 남성의 진단, 위탁, 돌봄에 관해서는 다음 책들을 추천한다. Carol J. Adams, *Woman-Battering*(Minneapolis: Fortress Press, 1994); Carolyn Holderread Heggen, *Sexual Abuse in Christian Homes and Churches*(Scottdale, Pa.: Herald Press, 1993); Judith Lewis Herman, *Trauma and Recovery*(New York: Basic Books, 1992); Carrie Doehring, *Taking Care: Monitoring Power Dynamics and Relational Boundaries in Pastoral Care and Counseling*(Nashville: Abingdon Press, 1995).

반적인 신원 보호의 원칙을 적용해서는 안 된다고 생각한다. 폭력에 연루된 경력이 있는 남성이 다른 사람들 앞에서 자신의 위험성을 순순히 드러낼 것이라고 믿어서는 안 된다. 왜냐하면 그는 자신의 행동과 그 행동이 다른 사람에게 미친 영향을 최소화하거나 합리화한 과거가 있기 때문이다.

잠재적 희생자의 안전을 보장하려면 그 희생자와 직접 접촉하는 다른 전문가와 만나볼 필요가 있다. 아동 학대의 경우 지역 사회복지 부서나 아동 학대를 전문적으로 다루는 민간단체가 이에 해당할 것이고, 구타의 경우 지역 대피소, 강간위기 부서 또는 구타를 당한 여성에게 지원 서비스를 제공하는 기관이 그러한 역할을 맡을 것이다. 또한 정기적으로 폭력적인 남성을 상대하는 일을 하는 사람도 폭력의 희생자들을 돕는 여러 지역사회 기관으로부터 지속적으로 자문을 받아야 한다.[30]

지역사회의 광범위한 유책 기관을 이용하라

목사나 목회상담사가 폭력적 징후를 보이는 남성을 혼자서 상대하는 것은 가장 위험한 일 중 하나이다. 이것은 은폐와 기만의 구조를 영속시키면서 폭력을 조장하는 행위나 다름없다. 집 안에서든 밖에서든 여성이나 아동에게 신체적·성적 폭력을 휘두르는 것은 범죄이며 위법행위이다. 목사나 목회상담사가 가정 폭력을 알아내는 경우의 대부분은 해를 당한 여성이나 아동을 통해서이거나 그들 대신 말해주는 사람을 통해서이다. 근친상간의 경우, 나는 십대 피해자의 이모로부터 학대의 진상을 자세히 들을 수 있었고, 지역 건강 센터에서 임상 부서

---

30 안전에 관한 문제는 다음 글들에서 다루고 있다. Adams, *Woman-Battering*, pp.69~86, Herman, *Trauma and Recovery*, pp.155~174.

책임자의 감독 아래 그 가족에게 치료적 개입을 시작할 수 있었다.

아동 학대가 벌어졌을 때도 교사나 사회복지사, 정신보건복지사와 같은 전문 지도자들은 자신들이 보고 들은 의심스러운 사항을 지역 경찰이나 시청, 주(州) 정부, 연방 정부의 담당부서 직통전화를 통해 보고할 법률상의 의무가 있다. 주의 정책에 따라 성직자에게 아동 학대를 보고할 의무를 부여하는 곳도 있고 그렇지 않은 곳도 있지만, 나는 법률과 무관하게 목사나 목회상담사들에게는 학대를 보고할 윤리적 의무가 있다고 본다. 왜냐하면, 그것이 위험에 빠진 아동을 보호할 유일한 방법이기 때문이다.[31] 가족의 위기 상황이 벌어졌을 때 이러한 보고에 뒤따르는 일련의 조치를 제대로 취하려면 특별한 훈련과 감독이 필요하다.

지난 수십 년 동안 이런 위험한 일을 하면서 가정 폭력 네트워크의 리더들은 다양한 상황에 어떻게 대처해야 하는지를 배웠다. 사실 위험에 처한 여성을 돕는 방법을 배우기란 매우 어렵기 때문에, 목사들은 각각의 상황마다 지역사회의 전문가로부터 감독을 받아야 한다.

다시 한 번 강조하지만 대다수의 목사와 목회상담사는 가정 폭력에 대처하기 위한 준비가 되어 있지 않다. 우리는 여성쉼터를 감독하는 사람, 직통전화 팀 조직자, 경찰과 법원, 여성과 아동을 위한 변호사로 이루어진 커다란 공동체에 속한 폭력 대응반의 일원으로서 스스로를 볼 필요가 있다. 우리가 팀의 구성원으로 함께하지 않는다면, 우리의 중재는 약자들을 도리어 위험하게 할 따름이다.

---

31 Marie Fortune, *Violence in the Family: A Workshop Curriculum for Clergy and Other Helpers*(Clevelannd: Pilgrim Press, 1991), p.227; Carol Adams' chapter "Accountability" in *Woman-Battering*, pp.87~102.

학대자의 은폐와 기만과 투쟁하라

목회상담사에게 필요한 기술 중 하나는 연민의 마음을 갖고 가해 남성과 대면하는 것이다. 이것은 가해자의 책임의식을 일깨워주는 과정에서 그를 학대하거나 벌하려는 대신, 상대방의 성격에서 건강한 측면을 찾아내어 이를 기반으로 치유를 위한 단단한 정신적 연대를 맺는 능력을 말한다. 이것이 필요한 이유는 폭력 자체의 내적 구조 때문이다. 폭력적 행위의 목적은 자신의 뜻을 이루기 위해 다른 사람의 행동을 억압하는 것이며, 그러한 행위의 결과를 책임지지 않는 것이다. 폭력적인 남성은 인간관계 속에서 자신이 저지른 폭력적 행위의 본성을 숨기고, 관계당국이 실제로 일어난 일을 알지 못하게끔 그들을 속인다. '엄지의 법칙(the rule of thumb)'[32]에 따라 남성에게 아내를 때릴 수 있는 명백한 권리가 주어졌던 이전의 가부장제 사회에서는 이런 속임수가 필요 없었다. 여성과 아동에 대한 신체적·성적 폭력이 법으로든 사회적 관례로든 더 이상 용납 받지 못하는 사회를 이루기 위해서는 우리가 노력해야 한다.

폭력에 대한 남성의 방어적인 자기합리화의 변명은 다양하다. "나는 별로 그녀를 건드리지 않았어." "여자는 너무 쉽게 멍이 든단 말이야." "나는 붙잡아주려고 했는데 그녀가 넘어진 거야." "나는 스스로를 보호하기 위해 행동한 거야." "딸이 아내가 없을 때를 노리고 내 침실로 들어왔어." "그녀는 의붓딸이잖아."

파괴적인 행동에 대한 가해자 자신의 이중적인 감정과 죄책감에 의존할 수밖에 없는 목회상담의 기술로는 자신의 폭력적 행위를 합리화하고 정당화하며 그 책임을 회피하는 데 일생을 보냈던 남성 학대자를 상대하기에 역부족이다. 가해

---

32 많은 사람들이 '엄지의 법칙'이라는 표현의 기원을 잘 모른다. 이 표현은 남편이 아내를 때릴 때 자신의 엄지손가락보다 굵은 막대기로 때려서는 안 된다고 선포한 중세 시대 잉글랜드 법에 그 뿌리를 두고 있다. Prozan, *Feminist Psychoanalytic Psychotherapy*, p.211.

자들은 폭력의 책임을 회피할 때 내면적으로 아무런 모순도 느끼지 못하며, 그들의 지성과 감성 또한 여기에 맞추어 작동되기 때문에 그들을 변화시키는 일은 쉽지 않다. 이것이 바로 목회상담사가 가해 남성의 정신세계뿐 아니라 그 바깥의 맥락까지도 파악해야 하는 이유이다. 불행하게도 정신 내적인 영역에 관한 이론이나 가족 이론 대부분을 남성이 지배하고 있고, 남성의 공격성 장애와 한통속을 이루고 있다. 이 때문에 우머니즘과 페미니즘을 지향하는 외부 대리인 및 전문가들과 접촉하는 것은 학대자들의 은폐와 속임수에 대응하고 그들이 책임을 지도록 만드는 방안을 강구하는 일에서 절대적으로 중요하다.[33]

다른 전문가와 함께 일하기

목회상담사가 폭력 증상을 보이는 남성들을 상대하기 위해서는 그에 적합한 이론과 태도, 기술을 숙지하고 있어야 한다. 그 전까지는 이러한 기술을 가진 지역사회 전문가들의 자문을 구하며 그들의 조언을 따라야 한다. 개인 슈퍼비전과 단체 슈퍼비전을 받고, 교육 연수를 받으며, 희생자와 가해자를 상대하는 일을 하는 전문가들의 정규 네트워크에 참여함으로써 목회상담사는 이러한 사람들과 더불어 선한 일을 하는 데 필요한 변화들을 만들 수 있다.

전통적인 목회적 돌봄과 상담 방법의 수정

비밀유지. 전통적으로 교회가 비밀의 유지를 강조하는 것은 사람이 안심하고 교회에서 죄를 고백하도록 하기 위함이다. 정신 건강의 측면에서도 비밀을 유지

---

33 은폐와 속임수의 문제에 관한 더 자세한 연구는 다음의 자료를 볼 것. Domestic Abuse Intervention Project, Minnesota Program Development, 206 West Fourth Street, Duluth, MN, 55806.

하는 것은 사람들로 하여금 수치심을 느끼는 고민을 밝히고, 외부의 중재를 받아 문제를 해결할 수 있도록 한다. 그러한 비밀유지가 없다면 깊이 있는 목회적 돌봄이나 심리치료는 이루어질 수 없다. 이 원칙은 남성 학대자와 함께하는 상담에서도 유효하다. 그에게 학대를 당한 사람들의 안전에 관한 문제만 제외하면 말이다. 폭력을 휘둘렀거나 학대를 저질렀던 남성을 상담할 때 중요한 것은 그 개인의 파괴적이거나 자기파괴적 충동, 다른 힘없는 사람들을 희생시키려 하는 그 충동에 동조하지 않는 것이다. 적지 않은 경우, 이런 동조를 이끌어내는 것이야말로 인간관계 속에서 폭력적인 남성들이 발휘하는 최대 장기이기 때문이다.

목회상담을 시작할 때는 비밀을 어느 수준까지 유지할지부터 분명히 협의해야 한다. 목회상담이 다른 사람에 대한 폭력에 초점을 맞추기로 했다면, 목회상담사는 피해자들과 협력해 가해자가 폭력적 행동에 대한 책임을 지도록 해야 한다. 목회상담사로서 나는 피해자들의 안전과 관련되지 않는 한 모든 사항에 대해 비밀을 유지하고, 외부에서 접한 가해 남성에 관한 소식을 지속적으로 그에게 알리며, 가해자의 건강과 안전에 대한 내 관심에 그가 우려할 때 개방적인 태도로 함께 논의해야 한다고 생각한다. 상담 과정에서는 두 가지 상황이 주기적으로 발생한다. 하나는 다른 전문가로부터 내가 상담하는 남성이 배우자와 아이들을 학대하고 협박한다는 이야기를 전해 듣는 것이다. 그러면 나는 이렇게 접한 정보를 상담 과정에서 활용한다. 또 어떤 때는 그 남성 자신이 치료 과정 중에 누군가를 학대하거나 협박했다는 이야기를 나에게 들려주는데, 그러면 나는 거기에서 언급된 사람들에게 경고를 보낸다. 두 가지 상황 모두 외부인과 정보를 교환하는 것이며, 이는 비밀이 유지되기를 바라는 내담자의 기대와 모순된다.

나는 이것이 폭력적 남성들을 상담할 때 발생하는 비밀유지의 정당한 한계라고 생각한다. 목회상담사로서 나에게는 약자의 안전을 도모할 도덕적 책임이 있다. 또한 나에게는 가해 남성의 건강한 심리적 발달을 꾀하고, 그의 폭력적 충동과 행위에 동조하는 것을 거부할 도덕적 책임이 있다. 이는 그 남성으로 하여금 그 행동의 결과를 직시하도록 돕고, 가능하다면 그와 함께 치유를 위한 연합 관계를 유지하는 것을 의미한다. 과거에 폭력을 저질렀던 남성과 긍정적 관계를 유지하려 노력하는 것은 그 자체로 치유의 과정에서 중요한 일이다.

하지만 목사가 앞에서 설명한 비밀유지의 한계를 수용하는 것은 쉽지 않다. 이에 관한 몇 가지 '신성한' 규정들의 방해를 받기 때문이다. 이 문제에 대한 대응은 크게 두 가지로 나누어진다. 하나는 일반적인 목회상담을 고해성사 또는 죄악의 용서와 별개의 것으로 구분하는 것이다. 가톨릭이나 루터교의 경우 — 모든 목회적 대화에 적용되지는 않지만 — 고해성사에서 나온 말을 제한된 용도에 한해 상담에 활용하는 것이 가능하다. 이 경우 목회적 돌봄과 상담에는 신성한 고백의 비밀이 적용되지 않는다. 또 하나의 대응은 고해성사에 관한 신학 자체를 다시 생각하는 것이다. 누군가의 안전을 위해서라면 고백한 내용의 비밀유지에도 제한을 두는 것이 가능할까? 나는 그렇다고 믿는다.[34]

치유적인 중립성. 정신분석학과 시스템 이론을 활용하는 목회상담사들에게 중립성이란 매우 중요한 요소로 여겨진다. 목회상담사가 모든 목회 만남에서 긍정적 관심과 공감, 진정성을 제공하고, 치유 받기를 원하는 개인이 밟아나가는 과정을 존중하는 것은 분명 중요하다. 또한 그 사람에게 익숙하지 않은 가치와 목표를 새겨주려고 노력하는 과정에서 목회상담사가 그를 학대하거나 조종하려 들지 않는 것 역시 중요하다. 그러나 이러한 중립성이 목회적 돌봄과 상담에서

---

34 Fortune and Poling, "Calling to Accountability," 460. Fortune, *Violence in the Family*, pp. 230~231.

도덕적 맥락이 없어도 된다는 뜻이라고 혼동해서는 안 된다. 목회적 돌봄과 상담이 어떤 도덕적 지평 안에서 이루어져야 하는지를 다룬 연구는 이미 많이 나와 있다.[35] 그러나 폭력에 관한 쟁점들은 우리가 보통 중립성이나 공정함이라고 이해해왔던 개념들에 의문을 제기한다. 힘없는 이들에게 자행된 폭력의 결과는 폭력적인 사람에 대한 지속적인 감시가 필요하다는 사실을 보여주기 때문이다.

처음 치료 관계를 맺을 때, 치료사는 '무욕'과 '중립'을 유지하며 환자의 자율성을 존중할 것을 약속한다. '무욕'이란 치료사가 자신의 사적인 욕구를 충족하기 위해 환자에게 힘을 행사하지 않는 것을 의미한다. '중립'이란 치료사가 환자의 내적 갈등에서 어느 한쪽 편을 들지 않고 환자 스스로 삶을 결정하도록 인도한다는 의미이다. 치료사의 기술적인 중립성은 도덕적 중립성과 별개의 것이다. 희생자와 상담하는 일에는 헌신적인 도덕적 태도가 필요하다. 치료사는 범죄의 증인이 되라는 요구를 받게 된다. 이때 치료사는 자신이 피해자와 연대하고 있음을 확실히 해야 한다.[36]

사람과 사람 사이에서, 친밀한 관계에서 벌어지는 폭력에 반대하는 도덕적 입장을 가진 목회상담사는 폭력적 남성들과 목회상담을 하면서 다른 사람을 학대하거나 폭행하려 드는 태도 혹은 행동과 지속적으로 마주하게 될 수 있다. 심층적인 목회 활동 혹은 치유 활동을 위해서는 전통적인 도덕 가치들을 한데 묶어

---

35 Don Browning, *The Ethical Context of Pastoral Care*(Philadelphia: Westminister Press, 1976); James Poling, "Ethics in Pastoral Care and Counseling," in *Handbook of Basic Types of Pastoral Care and Counseling*, ed. Howard Stone and William Clements(Nashville: Abingdon Press, 1991), pp.56~69.

36 Herman, *Trauma and Recovery*, p.135.

서 다루는 것은 적절하지 않다. 왜냐하면 그것은 당사자에게 최선의 이익을 가져다주는 것을 가로막는 공모의 형태로 나타나기 때문이다. 그것은 로버트 랭 (Robert Lang)이 '거짓 치유'[37]라고 말했던, 치유와는 무관한 연합을 형성시킬 위험성이 있다. 남을 함부로 재단하거나 지나치게 엄격한 도덕적 잣대를 들이대지 않으면서도 비폭력의 명백한 도덕 원칙을 적용하는 법을 배우는 것은 치유 기술을 습득하는 데 중요한 관문이라 할 수 있다.

부부 및 가족 상담. 가정 폭력이 벌어졌을 때 부부 상담이나 가족 상담을 하는 것은 현명한 처사가 아니다. 왜일까? 폭력적인 남성의 배우자나 아동이 이야기하는 그 어떤 것도 미래에 벌어질 폭력의 단초가 될 수 있기 때문이다. 만약 폭력의 희생자가 가족의 비밀을 폭로한다면, 남성은 가족에 대한 통제력을 회복하기 위해 다시 학대자가 되어 폭력적인 결과를 불러올 수 있다. 그러한 폭력의 위협때문에 많은 폭력 희생자들은 이미 발생한 폭력에 대해 폭로하지 않을 것이며, 이는 목회상담사를 오도해 그가 잘못된 진단을 내리도록 할 것이다. 인간관계에서 폭력이 발생했을 경우, 언제나 희생자의 안전을 최우선시하는 원칙이 서 있어야 한다. 따라서 폭력이 폭로되거나 의심되는 모든 상황에서 목회상담사들은 반드시 자문을 구해야 하며, 관계 당국에 범죄가 일어나고 있다고 보고할 준비를 해야 한다. 또한 폭력 희생자들은 효과적인 안전 계획에 따라 보호받아야 하고, 학대자들은 자신의 행동을 거짓 없이 고백한 뒤 그 책임을 져야 한다. 아마도 가족 구성원들을 위한 재활 계획도 필요할 것이다.[38]

---

37 Robert Langs, *The Bipersonal Field*(New York: Jason Aronson, 1976).

38 더 본격적인 논의는 다음의 글을 볼 것. Adams, *Women-Battering*, pp.56~58; Gus Kaufman, "The Mysterious Disappearance of Battered Women in Family Therapists' Offices: Male Privilege Colluding with Male Violence," *Journal of Marital and Family Therapy* 18. no.3(July

희생자 및 다른 가족 구성원과의 상담. 폭력을 휘두른 남성을 상대하는 상담사가 희생자나 다른 가족 구성원들과도 직접 만나야 하는가에 대해서는 의견이 엇갈린다. 일부 사람들은 만나야 한다고 주장한다. 치료를 받는 동안 그 남성이 배우자와 아동들에게 위험한 행동을 하는지 아닌지를 알 수 있는 유일한 방법이기 때문이다. 하지만 어떤 사람들은 이를 부정한다. 배우자에게 가해 남성을 어떻게 생각하는지 밝히라고 요구하는 것은 그녀를 더 위험하게 만들 수 있기 때문이다. 폭력적인 남성이 말하는 정보에 전적으로 의존하지 않는 것은 가장 기본적인 상담의 원칙이지만, 그의 행동에 관한 지속적인 정보를 얻을 수 있는 방안을 강구할 때는 가족 구성원들을 더 위험하게 만들지 않도록 유의해야 한다.

전이와 역전이. 폭력적인 남성과 협력 관계를 형성할 때는 강렬한 감정들이 유발된다. 폭력적인 남성들에게는 그들에게 익숙한 나름의 방식이 있다. 그들은 다른 사람을 조종하는 데, 윽박지르는 데, 속이는 데, 위협하는 데 전문가이다. 그리고 다른 사람을 통제하는 것을 정당시한다. 이것은 그 남성의 행동에 제한을 둘 때 그가 분노하고 저항하리라는 것을 의미한다. 그 반면, 이러한 남성들은 자신의 취약함으로 야기된 정서적 욕구를 직시하거나 상호 의존 관계를 맺는 데에는 이상할 정도로 무능하며, 이로 인해 상처를 받고 수치스러워한다. 이러한 전이 문제들을 관리하는 것은 어떤 치료사에게든 매우 어려운 일이다.

목회상담사에게 발생하는 주된 역전이 현상 중 하나는 바로 두려움이다. 폭력적인 남성들은 어떻게 다른 사람을 위협하고 어떻게 그들의 두려움을 지속시키는지를 잘 알고 있다. 그들은 아마도 권력과 통제의 욕구를 충족하기 위해 몇 년에 걸쳐 가족들이 자신을 두려워하도록 만들었을 것이다. 이것은 목회상담사에

1992), pp.233~244.

게 또한 공포를 유발시킬 수 있다. 이때 중요한 것은 목회상담사가 자신의 공포에 자연스럽게 대응하는 동시에 그것을 치유 관계를 형성하면서 가해자가 느끼는 불안의 신호로 이해하는 것이다. 목회상담사가 두려움을 느끼게 되면 여성과 아동, 심지어는 치료사 자신이 실제로 위험에 처하게 될 수 있다. 따라서 두려움은 다른 사람들의 안전 여부를 평가하는 과정의 일부로서 불안 신호의 한 형태로 다루어져야 한다. 일부 사례에서는 목회상담사가 두려움을 느끼자 가해 남성 역시 두려움을 느끼고, 안도감을 얻기 위해 다른 사람들을 위협한 경우도 있었다. 이때 왜 그 남성이 두려워했고, 왜 권력과 통제에 의지하려 했는지를 아는 것이 중요하다.

또 다른 역전이의 문제는 분노이다. 상담사가 두려움으로부터 스스로를 지키는 방법 중 하나는 권력과 통제에 의지하는 것이다. 우리의 분노를 받아 마땅한 사람이 앞에 있을 때, 정당한 분노를 표출하고 싶은 욕구는 한층 강렬해진다. 아동 추행범들에 대한 대중의 반응이 좋은 예일 것이다. "그들을 감금해라." "그들을 거세해라." "그들이 겁탈 당하게 해라! 얼마나 좋아하는지 한번 보자." 누군가가 다른 사람의 폭력으로 인해 개인적인 모욕을 당하게 되면, 분노는 권력과 우월성의 환상을 선사한다. 두려움과 분노로 인해 상담사는 자신이 상대하는 폭력적인 남성을 닮게 될 위험이 있다. 폭력적 남성은 다른 사람을 위협하기 위해 분노를 이용하는 일, 다른 사람들이 자신에게 복종하도록 통제하고 조종하는 일, 지배와 공포의 책략을 구사하는 일에서 전문가이다. 비록 상담사에게도 인간적인 감정들이 있겠지만, 목회상담은 상대에 대한 연민이라는 더 큰 맥락 안에서 그러한 감정들을 억제할 수 있어야 비로소 가능해진다. 이러한 역전이 문제들은 상담사가 폭력적 남성들을 상대할 때 정기적으로 감독받아야 할 필요가 있는 주제이다.[39]

남성 폭력의 종교적 문제[40]

여성과 아동에 대한 남성 폭력은 신학적으로 숙고해봐야 할 다양한 논쟁거리를 제기한다. 교회와 신학이 남성 폭력에 대해 그렇게나 오랫동안 침묵해왔다는 점에서, 교회 역시 이 문제에 어느 정도 공모해온 것이 명백한 사실이다. 다음의 교리들은 여성과 아동에 대한 남성 폭력이라는 쟁점에 의해 한층 두드러진다.

구원

얼마나 많은 성서의 이야기들이 폭력으로부터 안전과 자유를 얻는 일에 초점을 두고 있는가를 되새겨본다면 놀라지 않을 수 없다. 보통 구원을 받는다는 표현은 죽음과 파괴로부터 구출되는 것을 의미한다. 하나님은 하갈과 이스마엘을 사막과 그곳에서의 굶주림으로부터 구원한다. 하나님은 요셉을 웅덩이에서 구원하고 이집트로 보낸다. 하나님은 노예였던 이스라엘 민족을 해방시킨다. 하나님은 예레미야를 물웅덩이에서 구원한다. 하나님은 예수를 무덤에서 다시 살린다. 하나님은 바울과 실라를 감옥과 그 밖의 위험에서 자유롭게 한다. 그러나 부유하고 사회적으로 안정된 계층의 사람들로 구성된 기독교인 공동체의 경우에

---

39 James Poling, "Child Sexual Abuse: A Rich Context for Thinking about God, Community, and Ministry," *Journal of Pastoral Care* 42, no.1(Spring 1988), pp.58~61; James Poling, "Issues in the Psychotherapy of Child Molesters," *Journal of Pastoral Care* 43, no.1(Spring 1989), pp.25~32.

40 종교적 문제에 관한 추가적인 논의는 다음 글들을 볼 것. Adams and Fortune, *Violence against Women and Children*; Joanne Carlson Brown and Carole R. Bohn, eds., *Christianity, Patriarchy and Abuse: A Feminist Critique*(New York: Pilgrim Press, 1989); Emile M. Townes, ed., *A Troubling in My Soul: Women Perspectives on Evil and Suffering*(Maryknoll, N.Y.: Orbis Books, 1993); Elisabeth Schüssler Fiorenza and Mary Shawn Copeland, *Violence against Women*, Concilium Series I(Maryknoll, N.Y.: Orbis Books, 1994).

는 구원을 정신적 의미로 해석하는 경향이 있다. 수치심과 죄책감으로부터 일종의 심리적 내면의 자유를 얻는 것이 구원이라는 것이다. 하지만 인간관계에서 폭력을 당한 희생자들이 폭력으로부터의 안전과 자유라는 구원의 본의미를 다시 찾아주고 있다.

'폭력으로부터의 안전과 자유'라는 의미에서의 구원은, 폭력적인 남성들을 위한 영적 자원이 될 수도 있다. 사건을 과장하지 않고 폭력의 가해자와 피해자 사이의 차이를 과소평가하지도 않는다면, 폭력적 행동을 일종의 감옥으로 보는 것도 가능하다. 인간관계에서 폭력을 휘두르는 사람은 잠시 동안 자신이 힘을 가진 것처럼 느낄 수 있고, 다른 사람을 통제하는 경험에서 우쭐해질 수도 있다. 그러나 궁극적으로 인간관계에서 폭력을 사용한 사람은 외톨이가 되고, 타인들로부터의 고립이라는 감옥에 갇히며, 자기 자신으로부터 소외된다.

나는 수년 동안 과격한 남성들에게 목회적 심리치료를 해오면서 그들이 속박되어 있다고 느꼈다. 본래의 자신으로 돌아온 그들은 자신이 지금까지 자기 자신이나 다른 사람을 결코 사랑할 수 없었다는 것을 깨닫는다. 그들이 다른 사람에게 가한 폭력은 자신에게 그대로 돌아온다. 이러한 내적 감옥으로부터의 구원은 곧 폭력으로부터 안전과 자유를 보장받는 것이라 할 수 있다. 실제 어떤 남성들은 '나를 나 자신의 폭력으로부터 구원해주소서'라고 기도하는데 이것은 과장된 말이 아니다. 기독교인을 죽인 바울의 회심과 밧세바와 우리아에게 폭력을 행한 다윗 왕의 회개는 똑같이 유용하다. 피해자들에게 구원은 폭력으로부터의 안전과 자유를 의미할 수 있다. 그것은 또한 다른 사람들에게 해를 가하는 행동으로부터의 안전과 자유를 의미할 수도 있다.

고백, 회개, 성화, 피해보상[41]

일부 폭력적인 남성들의 울부짖음에 깃든 가장 심오한 의문은 이것이다. "내가 변화할 수 있을까요?" "내가 다시금 나의 아이들과 배우자에게 안전한 사람이 될 수 있을까요?" 다행스럽게도, 기독교 전통은 인간 변화에 대한 필요성과 가능성을 강력하게 강조한다. 예수는 사역을 시작하면서 그를 따르는 자들에게 회개하라고 요구했다. 바울이 그를 눈멀게 만든 빛과 마주쳤을 때 그리스도가 그에게 물었다. "왜 네가 나를 핍박하느냐?" 이 순간이 바울의 생을 변화시켰으며 그로 하여금 자신을 되돌아보고 탈바꿈하도록 이끌었다. 그는 이후 다른 사람들을 회개시키며 자신에게 남겨진 사역을 다했다.

하지만 불행히도, 기존의 교회들은 회개의 기본적인 개념을 영적인 의미로 해석하는 경향을 가지고 있어서 이름 없는 죄와 악을 값싸게 면죄해주었다. 그래서 학대자가 종교를 조작과 통제의 또 다른 형태로 만들어버리는 경우가 많다. 사법 제도에 붙잡혀 위협을 느낀 일부 학대자는 전향을 날조한다. "판사님, 나는 예수님을 만났습니다." "나는 새 사람입니다. 다시는 이런 일이 없을 것을 맹세합니다."[42] 사람들의 내면 깊은 곳에 자리 잡은 폭력의 근저(根底)를 충분히 알지 못하는 교회 지도자들은 자주 이러한 신앙고백을 진정한 변화로 받아들인다. 매리 포천은 이 문제에 대해 다음과 같이 말했다. "만약 그것이 진정한 경험이라면, 이러한 전향은 감금되고 수개월간 치료를 받을지도 모르는 가해자에게 매우 귀중한 자원이 된다. …… 만약 그것이 진정이 아니라면, 목사는 사실상 가

---

41 다음 글에 나온 논의들을 볼 것. Heggen, *Sexual Abuse in Christian Homes and Churches*, pp.121~134; Marie Fortune, *Sexual Violence: The Unmentionable Sin: An Ethical and Pastoral Perspective*(New York: Pilgrim Press, 1983), pp.211~215.

42 Marie Fortune, "Forgiveness: The Last Step," in Adams and Fortune, p.204.

해자의 거짓을 선언할 수 있는 권위를 가진 유일한 사람이다."[43]

고백, 회개, 성화, 피해보상은 폭력적 남성에게 필요한 치유와 인격적 변화에 이르는 긴 여정을 묘사하는 성서적 용어들이다. 고백은 여러 범죄와 그것들이 타인에게 끼친 영향, 그리고 타인을 해하는 행위들 뒤에 자리 잡고 있는 태도와 믿음에 대해 완벽하게 개방적이고 정직해지는 것을 의미한다. 그것은 비밀, 기만, 거짓, 합리화, 축소화, 그리고 자신의 행동의 결과를 회피하는 것의 종결을 의미한다. 온전한 고백 그 자체만으로도 폭력에 의지하는 삶을 살았던 남성들에게는 매우 의미 있는 일이 될 수 있다.

회개는 삶의 방향을 바꾸어 새로운 방향으로 나아가는 것을 의미한다. 곧, 폭력을 선택했던 모든 옛 행태를 근절하고 새로운 가치, 믿음, 행위, 관계를 추구하는 것이다. 많은 경우, 이것은 자신이 속한 개별집단의 문화와 동료 관계로부터 벗어나 어떠한 태만과 자기기만에도 맞설 수 있는 능력과 기술을 갖춘 동료 집단, 정신적 지도자, 영적 인도자를 추구하는 것을 의미한다.

성화란 새로운 행위 양식을 그것이 제2의 본성이 될 정도로 성실하게 실천하는 것을 의미한다. 즉, 과거의 자신은 죽고 새로운 자신이 태어나는 것이다. 새로운 자신이 굳건해질 때까지는 보통 오랜 시간이 필요하다.

피해보상이란 자신이 해를 입힌 피해자에게 필요한 도움을 주는 것을 의미한다. 많은 경우 폭력으로 인한 피해는 매우 심각하기 때문에 가해자는 피해자와 직접 대면하려 해서는 안 되며, 가해자가 이전의 피해자와 새로운 관계를 맺으려 하는 것도 억제해야 한다. 이는 피해자에게 앞으로 가해자와 어떤 관계를 형성할지 결정할 힘을 주기 위함이다. 가해자가 새로운 관계를 맺으려 접근하는

---

43 같은 글, pp. 204~205.

것은 피해자에게 추가적인 학대로 받아들여질 수 있으며, 그 자체로 공포로 가득한 경험일 수 있다. 그 대신 피해보상은 피해자가 치유 받고, 교육 받으며, 독립된 삶을 시작하기 위해 필요한 자원을 제공하는 형태로 이루어질 수 있다.

아동 학대와 구타가 이루어진 순간, 폭력 남성은 그 아이에게 상상을 초월할 정도로 엄청난 빚을 지게 되며, 그 빚은 오랫동안 남아 있을 수도 있다. 고백, 회개, 피해보상은 이러한 관계에서 정의의 균형을 회복하기 위해 무엇이든 하겠다는 의지로 이루어진다. 피해자를 돕는 것이 불가능할 경우, 자신의 폭력으로부터 회복 중인 남성은 폭력을 경험하고 치유 받기를 원하는 다른 피해자들을 위해 재정적 혹은 다른 종류의 도움을 제공할 수 있다. 그들의 기여는 지역 여성들을 위한 대피소를 만드는 데, 성적 학대를 당한 아이와 성인들에게 저렴한 비용으로 제공되는 치료 서비스를 조직하는 데, 교회와 학교 기업, 법률 기관 등의 태도와 관행을 바꾸는 교육 프로그램을 짜는 데 도움을 줄 수 있을 것이다. 만약 폭력적인 남성의 상당수가 심경의 변화를 겪고 폭력으로 고통 받는 모든 여성과 아동을 지원하기 위해 기꺼이 자신의 것을 내어준다면, 우리 사회는 새로운 시대를 볼 수 있을 것이다.

용서[44]

용서의 의미는 기독교 교회에 의해서 싸구려가 되어버렸고, 이로 인해 사람들 사이의 치유와 화해에서 용서는 거의 쓸모가 없어졌다. 회개와 피해보상의 과정 없이도 모든 사람에게 자동적으로, 무조건적으로 용서가 내려졌기 때문에 용서

---

44 다음 글들을 참조할 것. Frederick W. Keene, "Structures of Forgiveness in the New Testament," Adams and Fortune, pp.121~134; Fortune, "Forgiveness," pp.201~206.

에 관한 교리는 해결책의 일부가 아니라 오히려 문제의 일부가 되었다. 예를 들면 학대자는 자신들의 폭력이 드러난 후, 목사를 찾아가 기도와 용서를 요구하며 자신의 평판을 높인다. 너무 많은 사례에서 목사들은 이러한 무의미한 의식에 기꺼이 참여한 뒤 공포에 질린 그의 가족들에게 학대자를 돌려보냈다. 그 결과, 많은 피해자는 그들의 치유 과정에서 용서가 그리 중요한 것이 아니라고 여기게 되었다. 용서는 하나님과의 관계 회복의 상징이 아니라, 학대와 치욕의 도구로서 자리 잡았다. 분노에 사로잡힌 생존자들은 용서할 마음이 들 때까지 교회를 떠나 있으라는 부당한 요구를 자주 받는다. 피해자들이 그들 자신의 영적인 건강을 위해 교회를 떠날 때, 그들을 학대한 남성들은 지도자의 자리를 유지한다. 교회의 용서가 모든 과거의 기억을 정화시킨 것으로 여기며 말이다.[45]

일부 생존자는 용서에 대한 이런 잘못된 신학적 해석에 반대하며 용서의 진정한 의미를 재해석하고자 한다. 그들은 망각, 잘못된 화해, 과거를 덮는 것, 약자에게 부과하는 의무로서의 용서를 거부하며, 그것을 치유 과정의 마지막 단계 중 하나로 본다. 피해자가 폭력에서 안전해진 후, 폭력의 경험으로 발생한 많은 상실을 충분히 슬퍼한 후, 원래 꿈꾸던 형태대로 자신의 생활을 회복한 후, 내적인 힘과 하나님과의 관계를 얻은 후에야 비로소 용서를 고려할 수 있을 것이다.

피해자에게 용서란 트라우마, 피해자에게 지속적으로 공포를 심어주고 그의 가능성을 제한하는 기억을 방면하는 것이다. 사람은 기억이라는 렌즈를 통해 세상을 본다. 용서는 그 렌즈를 옆에 치워두면서도 손닿는 위치에 두는 것이다. 용서는 학대의 기억이 더는 학대를 지속하지 못하도록 하기 위한 선택이다. 그러

---

45 Annie Imbens and Ineke Jonker, *Christianity and Incest*(Minneapolis: Fortress Press, 1992), p.15.

나 이 치유의 단계는 어디까지나 피해자의 시간표에 따라 수행되어야 한다.[46]

이 맥락에서 용서는 피해자의 영적인 부분에 대한 내적 치유만이 아니라, 다른 사람들을 아우르는 관계망의 치유로서도 재정의된다. 하나님의 망(網), 즉 그물은 여러 사람을 한데 묶어주며 그들이 서로 사랑하게끔 하는데, 폭력은 이것을 찢어놓는다. 치유로서의 용서는 피해자와 생존자, 그들의 지지자들을 결속시켜 그들 사이에 새로운 사랑의 그물을 만든다.[47] 용서에 대한 이러한 재해석은 자신의 행위가 잊히고 간과되길 원하는 가해자들의 욕망, 그럼으로써 생존자에 대한 재학대로 이어지곤 하는 단순한 욕망을 넘어선다. 이런 맥락에서, 용서는 일대일의 화해가 아니라 폭력으로 야기된 내면화된 증오가 생존자의 사랑의 정신 안에서 극복되었음을 의미한다. 학대자의 증오가 더 이상 한 사람의 삶을 움직이는 근원적인 힘이 되지 못할 때, 치유는 영적인 깊이로 전개된다.[48]

권력과 섹슈얼리티의 신학

남성 폭력에 대한 오해는 부분적으로 교회가 권력과 섹슈얼리티를 혼동하기 때문에 발생한다. 역사적으로 성폭행은 여성이 유혹하기 때문에 벌어지는 일로, 구타는 여성이 반항하기 때문에 벌어지는 일로, 심지어 아동 학대는 아이들을 훈육시키며 그들에게 권위에 대한 존경심을 심어주기 위해 부모가 마땅히 행해야 할 일로 여겨졌다. 여성과 아동이 학대와 폭력에 대해 호소할 때, 대부분의 교회

---

46 Fortune, "Forgiveness," p. 203.

47 관계망을 수리한다는 개념은 다음 책에서 아주 잘 나타나 있다. *Christine Smith, Weaving the Sermon: Preaching in a Feminist Perspective*(Louisville: Westminster Press, 1989).

48 이 생각들은 내 책 *The Abuse of Power*의 제3장 저자인 Karen Doudt로부터 많은 영감을 받은 것이다.

지도자들은 그들의 이야기에 귀 기울이는 대신 그 상황을 통제할 권위가 있다고 여겨지는 남성들의 편에 섰다. 권력과 폭력의 문제에 대한 고려 없이 가족 안의 이성애적 관계를 축복함으로써, 여성과 아동을 위험한 상황으로 몰아간 것이다.

다행히도, 최근에는 권력과 섹슈얼리티의 문제에 관한 다양한 연구가 이루어졌다. 매리 포천의 『성적인 폭력(Sexual Violence)』[49]은 이 문제를 처음으로 규명한 사례 중 하나이다. 그 밖에도 이 영역에서 다른 많은 연구가 이어졌고, 이를 통해 교회의 신학을 재고하게 해주었다.[50]

남성 폭력의 죄와 악

여성과 아동에 대한 남성 폭력은, 교회와 그곳의 신학자들이 다시 한 번 죄와 악에 대한 의문을 고려하도록 했다.[51] 폭력적인 남성들과 대면하는 목회 활동에서 겪는 주된 문제 중 하나는, 자신이 사랑한다고 생각했던 사람을 고의적으로 해쳤다는 현실을 그들이 어떻게 받아들여야 하는지 모른다는 점이다. 성서에 나오는 애굽 장자들의 죽음, 사사 시대 인간과 짐승들에 대한 살육, 베들레헴의 모든 남자아이를 죽이라는 헤롯의 명령과 예수가 겪은 고문과 죽음에도 불구하고, 교회는 사실상 여성과 아동에 대한 남성 폭력의 문제에 침묵해왔다.

만약 기독교인의 25퍼센트 이상이 남성의 손에 의한 성적·신체적 폭력을 경험했다면, 이러한 침묵은 무엇을 의미하는가? 이는 교회와 그곳의 신학자들이

---

49 Marie Fortune, *Sexual Violence: The Unmentionable Sin: An Ethical and Pastoral Perspective* (New York: Pilgrim Press, 1983).

50 다음 글들을 볼 것. Poling, *The Abuse of Power*; and, "Sexuality: A Crisis for the Church," in Couture and Rodney Hunter, eds., *Pastoral Care in a Society in Conflict*(Nashville: Abingdon Press, 1995).

51 Poling, *Deliver Us from Evil*을 볼 것.

교회 구성원들 사이에 만연한 가장 보편적인 악에 제대로 대처하지 못했다는 것을 의미한다. 폭력적인 남성은 교회에 질문할 권리를 가진다. "내가 어떻게 나의 사랑하는 사람에게 폭력을 휘두를 수 있었던 거지요?" "교회는 어째서 내가 그런 천벌을 받을 행동을 하도록 방치하고, 어째서 나를 하나님의 심판과 은혜로 인도하려 하지 않았던 겁니까?" 나를 찾아와 도움을 구한 남성들 대부분은, 스스로에게 던진 이러한 질문들에 매우 당혹스러워했다. 그들은 여태껏 이러한 의문들에 답하는 설교, 성경 공부, 기도, 영적 인도를 들어보지 못했기 때문이다. 이렇게 방치된 남성들은 그들의 경험이 갖는 종교적 중요성을 스스로 찾아내야 했으며, 그들의 사고 과정은 남성들을 심지어 더 파괴적 방향으로 이끌었다.

나는 여성과 아동에 대한 남성 폭력이 죄와 악에 대한 교회 신학의 일부분으로서 다루어지는 시대를 꿈꾼다. 그러한 신학은 어떤 모습일까? 그것은 인간관계에서 발생하는 포악한 권력 — 그것이 신체적인 힘의 행사이든, 성적인 학대이든, 남성에 의한 지배이든 — 을 무시하지 않는 신학일 것이다. 그것은 힘없는 사람들에게 권력을 남용하는 인간이 처한 영적인 위험을 직시하는 신학일 것이다. 그것은 성 불평등, 강요된 성적 학대, 남성의 권력과 통제, 폭력의 결과와 그 책임으로부터의 면책과 같은 악과 정면에서 마주하는 신학일 것이다. 악을 다루는 새로운 신학은 교회가 가족을 우상화할 때, 부모의 권위를 이상화할 때, 우리 문화에 만연한 남성의 지배에 찬동할 때, 섹슈얼리티와 권력을 혼동할 때 이러한 위험들이 영원히 지속되리라는 사실을 알아야 할 것이다. 나는 교회가 남성 폭력의 악에 직면하기 위해서는 교회 신학의 많은 부분을 재해석할 필요가 있다고 믿는다. 사람들이 여태까지 이 같은 거대한 악을 간과했던 것은 '남성 지배'라는 이름의 악이 복음의 눈을 흐리게 하는 동안 교회가 이를 방치했기 때문이며, 이는 결국 기독교인 사이에 실존하는 폭력을 간과하는 결과로 이어졌다.

예수: 폭력 없는 권위

예수라는 인물이 폭력 없는 권위의 이미지로 재구성될 수 있을까? 가부장에게 권위를 부여하는 문화에서, 그리스도론은 많은 문제를 내포하고 있었다. 이에 일부 진보적 그리스도론은 비폭력적이면서도 권위적이지 않은 온순한 예수상을 제시했다. 예수의 순종, 복종, 오래 참음, 온유함과 같은 덕목들은 오히려 19세기에 '진정한 여성상'으로 제시된 경건, 순수, 복종, 가정 등의 가치들과 아주 밀접하게 상응한다.[52] 기독교에서 제시하는 사랑의 덕목들은 격동하는 산업경제의 냉혹함으로부터 멀리 떨어져 집에 머물렀던 여성들에 의해 가장 잘 보존된다고 여겨졌다. 한편, 보수 신학자들은 예수의 권세와 승리를 강조했다. 그들에게 예수는 막강한 힘을 행사해 패배자들에게 끔찍한 결과를 가져다주는 하나님 아버지의 오른손이었다. 이 예수는 승리에 대한 온전한 확신으로 십자가를 졌으며, 전지전능하신 하나님을 대신해 세상을 통치할 권세를 가지고 있다.

하지만 이런 그리스도론 중 어느 것도 자신의 폭력적 행태로부터 회복되기를 원하는 남성들에게 도움이 안 된다. 그들에게는 내적인 힘의 이미지를 드러내는 새로운 그리스도론이 필요하다. 그러한 내적인 힘은 자신의 폭력적 성향에 대한 책임을 인정하고 과거 학대하고 통제했던 사람들에 대한 책임을 받아들이도록 한다. 그들에게는 기존의 것과는 다른 권위, 즉 비폭력적일뿐 아니라 모든 사람에 대한 상호 존중, 평등, 존경을 중시하는 권위를 제시하는 새로운 그리스도론이 필요하다. 오랜 역사 동안 지속되었던 가부장적 신학으로 인해 새로운 그리스도론이 제대로 자리 잡기 위해서는 많은 시간이 필요할 것이다. 다행스럽게도 이러한 신학적 탈바꿈을 위한 여성들의 운동이 이미 시작되었으며, 여기에 기독

---

52 Hazel Carby, *Reconstructing Womanhood*(New York: Oxford University Press, 1987), p.23.

교 남성들 역시 합류할 필요가 있다.[53]

결론

이 장에서는 '여성과 아동에 대한 남성의 폭력'이라는 복합적인 주제에서 제기되는 목회적 돌봄과 상담에서의 쟁점들을 정리·요약했다. 많은 여성들이 교회를 찾아와 기독교 가정 안에서 벌어지는 남성 폭력을 호소하며, 심지어는 교회를 고소하기도 한다. 자신의 폭력적 행위와 태도를 걱정하며 교회의 목사를 찾아 지도 받기를 청하는 소수의 남성들도 있다. 교회는 이러한 목회적 요구에 대응할 준비가 되어 있지 않았다. 남성 폭력은 최근에야 조명된 문제이며, 교회는 자신들 역시 이 문제에 공모했다는 현실을 받아들이고 있지 않기 때문이다.

이 장에서 나는 남성 폭력에 관한 최근의 몇몇 문헌을 요약했고, 이러한 목회 문제에 대응하기 위해 개정될 필요가 있는 목회적 돌봄과 상담의 몇 가지 방안을 제안했다. 마지막으로 나는 교회의 교리와 실천을 위해 몇 가지 신학적 암시들을 제시했다. 나는 교회가 여성과 아동에 대한 남성 폭력의 쟁점을 정면에서 마주보며, 모든 하나님의 자녀들 ― 그들이 폭력의 희생자나 생존자이든, 자신의 삶이 구원 받기를 바라는 회복 중인 가해자이든 ― 을 목회적으로 돌보는 사명을 완수하기를 바란다.

---

53 Kelly Brown Douglas, *The Black Christ*(Maryknoll: Orbis Books, 1994); Jacquelyn Grant, *Black Women's Jesus and White Women's Christ*(Atlanta: Scholar's Press, 1989); Maryanne Stevens, ed., *Reconstructing the Christ Symbol: Essays In Feminist Christology*(New York: Paulist Press, 1993).

제**2**장·

아동 성학대의 사회적·윤리적 쟁점들[1]

"이제는 아동 성학대를 포함한 아동 학대의 다양한 형태들을
교회가 단호하게 직시해야 할 때이다."

이 장은 금지된 주제, 금기를 다룬다. 나는 처음에 이 문제를 심각하게 생각하지 않았다. 이것은, 다시 말하지만, 금기시되는 주제였기 때문이다.

제1장에서 나는 여성과 아동에 대한 남성 폭력의 쟁점들과, 이에 대응하기 위해 교회와 그곳의 지도자들이 취해야 할 적절한 목회적 돌봄의 큰 그림을 제시했다. 이 장에서 우리는 아동에 대한 남성 폭력의 한 형태인 아동 성학대를 더 자세히 살펴보고자 한다. 나는 처음에 목사로, 나중에는 목회심리치료사로 활동했지만, 그럼에도 이 문제를 깨닫기까지는 수년간의 시간이 걸렸다. 이 문제는 스스로가 생각하는 나 자신, 남자로서의 내 정체성, 목사로서의 내 신학, 신의 성품과 같은 기본적 교리에 대한 내 이해에 던져진 커다란 시험이었다. 여러분은 내

---

1 이 글의 원본은 다음과 같다. "Social and Ethical Issues of Child Sexual Abuse," *American Baptist Quarterly* 8, no. 4(1989), pp. 257~267

가 처음으로 성인 또는 청소년인 남성이 아동의 무력함을 이용해 그들에게 평생 지속될 상처를 입히는 상황을 이해하려 애쓰던 당시의 모습을 보게 될 것이다. 더 강한 사람이 더 약한 사람을 학대하고 이에 대한 면죄부를 받는 가부장제 사회를 보는 거울로서, 아동 학대를 직시한다는 것은 무엇을 의미하는가?

성인 여성인 스테이시는 어린 시절 아버지와 할아버지에게 학대를 받아왔다. 그녀는 자살을 시도했고 이후 입원 생활을 하며 서서히 회복되었다. 그녀의 목사로서, 나는 그녀가 경험한 것을 이해할 수는 없었지만 그녀가 겪어야 했던 무서운 고통은 알 수 있었다. 나는 그녀를 돕고 싶었다. 하지만 방법을 몰랐다.

브렌다는 15살의 소녀였다. 그녀는 아버지가 가슴을 만지고 자신에게 성관계를 맺고 싶다고 말한 일로 나를 찾아왔다. 그녀의 아버지는 주일학교 교사였음에도 자신이 무엇을 잘못하고 있는지 알지 못했다. 그러나 내가 그와 만났을 때 그는 앞으로 그런 행위를 하지 않겠다고 약속했다.

신학대학 교수 시절에는 교회에서 성장한 무수한 젊은이들의 이야기를 들을 수 있었다. 게일의 아버지는 교회 집사였지만, 밤마다 딸의 침대로 찾아와 강제로 그녀의 입에 성기를 넣으려고 했다. 탐은 12살 때 '체벌로서' 아버지로부터 구강성교를 강요받았다.

심리치료사 시절에는 아동을 상대로 성학대를 자행했던 여러 가족들과 상담했다. 이 부모들은 자신의 자녀들에게 끔찍한 일들을 저질러왔으며, 그 과격한 행태는 내가 목사 시절 봐왔던 것들과 거의 동일했다.

목회 활동의 경험을 통해, 나는 교회와 사회에서 벌어지는 아동 성학대가 굉장히 특이한 일이 아니라는 결론을 내리게 되었다. 많은 아동이 성학대의 경험으로 심각한 피해를 입었다. 이런 경험들은 장기간 영향을 미친다. 성적으로 학대를 당한 아동 중 다수는 성인이 되어서까지 우울증, 알코올과 마약 중독, 자살 충동 등의 증상을 겪으며 고통을 받는다. 그들은 보통 성인이 된 뒤 자신의 아이들을 학대하며, 건강한 관계를 형성하는 데에도 어려움을 겪는다.

아동 성학대의 현실은 내 마음속의 금기를 서서히 깨뜨렸다. 나는 궁금했다. 아동의 성폭력이 매우 광범위하고 그 영향이 매우 심각하다면, 왜 교회는 지금 하는 일 이상의 것을 하려 하지 않는가? 왜 교회는 침묵하는가?

내가 찾은 답은 조금 괴로운 것이었다. 아동 성학대는 그저 광범위하게 벌어지는 아동 학대의 한 가지 형태일 뿐이다. 아동의 고통에 대해서 더 많은 것을 알게 될수록, 나는 나 역시 내 아이들에게 무감각했다는 사실을 알게 되었다. 내 아이가 무언가를 요구할 때, 그 어린아이의 부모였던 내가 가장 애용한 말은 "안 돼!"였다. 그리고 그들이 감히 나에게 도전할 때마다, 나는 항상 화를 내며 대화를 끝내버리곤 했다. 내가 아이들을 지나치게 엄하게 대하는 것 때문에 나는 아내와 자주 다투기도 했다. 아이들이 자라는 몇 년 동안, 나는 내가 그들을 나와는 다른 욕구를 가진 인간으로서 보지 못했다는 사실을 서서히 깨달았다. 나는 명령과 통제에 대한 내 욕구만을 최우선시했고, 그것이 자녀들에게도 유익할 것이라며 스스로의 행동을 합리화했다.

부모로서 부적절했던 자신의 태도를 깨닫게 되면서 나에게 위기가 찾아왔고, 이때 비로소 나는 금기의 근원을 이해하기 시작했다. 목사 시절 내가 목격했던 가족들과 심리치료사 시절 내가 상담했던 가족들은 나 자신의 가족과 크게 다르지 않았다. 내가 교회에서 아동 학대에 대해 말하기 위해서는, 나 자신도 잠재적인 학대자였음을 말해야 했다. 하지만 어떻게 기독교인이 아동 학대 행위를 고백할 수 있을까? 불경한 말을 입에 담는 것, 교회에 잘 가지 않는 것, 문제의 소지가 있는 영화를 보는 것과 같이 교회에서도 어느 정도 용인해주는 죄의 목록들이 있기는 하다. 그러나 아동 학대는 어떨까? 나는 기독교인들이 이런 말을 하는 것을 들어본 적이 없다. 나 역시 앞장서서 그런 행동을 한 적이 없다.

이 일로 나는 교회가 왜 아동 학대의 언급을 금기시하는지 좀 더 잘 이해하게 되었다. 아이를 양육하면서 우리가 드러내는 부모로서의 결점을 직시하고 싶지 않기 때문이다. 우리는 자주 자녀들에 대한 불평을 늘어놓지만, 우리 자신의 실수나 부적절한 행동에 대해서는 거의 언급하지 않는다. 금기는 우리가 우리의 약점, 부모로서의 삶에서 아픈 부분을 건드리지 못하도록 막고 있다.

그러나 나는 아동 학대가 금기시되는 주제인 데에는 또 다른 이유가 있다고 의심한다. 우리가 지키는 불문율 중 하나는 부모를 비판하지 않는 것이다. "그들은 최선을 다했다"고 둘러대면서 말이다. 부모를 비판하는 것은 그들의 희생을 외면하는 배은망덕한 행위이다. 우리는 언젠가 우리의 부모에게 느꼈던 분노를 외면하려 하고, 우리가 어린 시절 겪었던 고통을 떠올리려 하지 않는다. 하지만 우리가 고통을 인정하려 들지 않는다면, 그것을 치유하는 것은 불가능하다. 만일 부모의 실수를 인정하지 못한다면, 우리는 우리가 받은 상처를 평생의 짐으로 떠안고 침묵 속에서 살아가야 하며, 우리의 자녀에게도 같은 행동을 하라고 무의식적으로 가르칠 것이다. 금기는 매우 강력하다. 그것을 깬다는 것은 가족과 우리 자신에게 아무런 문제가 없다는 암묵적인 합의를 깨고 그것을 풀어헤치는 행위나 다름없기 때문이다.[2]

이제는 아동 성학대를 포함한 아동 학대의 다양한 형태들을 교회가 단호하게 직시해야 할 때이다. 비록 그 관찰이 고통스럽다 할지라도, 그것이 가족과 섹슈얼리티에 관한 우리의 거룩한 신화를 시험하는 일이 된다 할지라도, 우리는 더

---

2 이것의 발전된 논의는 다음 책을 볼 것. Alice Miller, *For Your Own Good*(New York: Farrar, Strauss, Giroux, 1983).

이상 우리 자신을 감싸려 해서는 안 된다. 이 장에서는 아동 성학대에 관한 몇 가지 사실과 신화를 드러내고자 한다.

아동 성학대의 윤리적 문제

아동 성학대와 그 영향에 관한 연구는 점점 더 많아지고 있다.[3] 그런 훌륭한 연구들에 의하면 아동 성학대의 실태는 다음과 같다.

· 여중생 100명 중 12명이 친척에게 성적인 학대를 받았다.
· 여중생 100명 중 20명이 친척이 아닌 사람에게 성적인 학대를 받았다.
· 여고생 100명 중 38명이 최소한 1번 이상 성학대를 받은 경험이 있다.[4]

다른 연구에 의하면 남학생의 20퍼센트가 어린 시절 성학대를 당했다고 한다.[5] 이러한 연구들은 합당한 관심을 받지 못하고 있는 거대한 고통을 보여준다. 이 자료들에는 교회와 사회가 유념해야 할 강력한 윤리적 암시가 담겨 있다.

첫째, 교회와 사회는 아동 성학대에 희생당하는 아동들을 보호할 윤리적 책임이 있다. 성학대의 트라우마로 피해 아동의 인격에 생긴 상처는 오랫동안 사라지지 않고

---

3 아동 성학대에 관한 연구는 다음 책에 훌륭하게 요약되어 있다. Dante Cicchetti and Vicki Carlson, eds., *Child Maltreatment*(Cambridge, U. K.: Cambridge University Press, 1980), pp.95~128

4 Diana Russell, *The Secret Trauma: Incest in the Lives of Girls and Women*(New York: Basic Books, 1986).

5 David, Finkelhor, *Child Sexual Abuse*(New York: Free Press, 1984).

남는다.[6] 이럴 때 중요한 것은 개입과 보호이다. 성학대로 인해 아동이 받게 되는 상처는 몇 가지 이유에서 매우 치명적이다. 아동은 언제나 성인의 보호에 의존할 수밖에 없는데, 성학대는 성인의 보호가 실패 — 설사 이 실패가 의도치 않았거나 불가피한 것이었다 할지라도 — 했다는 것을 의미하며, 이는 아동이 절망감과 무력함에 사로잡히는 결과로 이어진다. 게다가 아동 성학대는 부모, 친척, 친구, 공동체의 지도자처럼 아동이 신뢰했던 성인의 배신으로 발생하는 경우가 많다. 설령 학대가 외부인에 의해 이루어진 것이라 할지라도, 그 아동은 성인 세계에 대한 배신감을 느끼게 된다. 아이들은 어른을 존경하며 따르라고 배웠기 때문에 성인으로부터 상처를 받았을 때 세상에 대한 그들의 신뢰는 위태로워진다.

아동이 누군가에게 자신이 겪은 일을 말할 때 추가적으로 해를 받으리라는 위협이 성학대의 역학의 한 부분을 이루는 경우가 자주 있다. 절망, 배신, 위협으로 발생한 격렬한 감정은 아동이 학대당한 사실을 비밀에 부치는 이유가 된다. 대부분의 아동은 피해를 당한 것이 그들 자신의 잘못 때문이라고 믿으며, 또다시 벌을 받지 않을까 두려워한다. 이것은 아이들이 자신이 겪은 일을 털어놓을 때 그에 대한 반응이 굉장히 중요하다는 것을 의미한다. 어린 시절 학대를 받았던 성인 중 상당수는 그 당시에 누군가에게 그 사실을 털어놓았지만 아무 일도 발생하지 않았다고 토로했다. 고백을 들은 어른들은 어떤 행동을 취하는 것을 두려워했고, 이는 어린 시절의 피해자들에게 배신감과 절망감이 뒤섞인 감정을 선사했다. 아이들이 성학대는 분명 잘못된 것이라고 생각할 수 있는 사회적 분위

---

6 아동 성학대의 격렬한 특성에 관해서는 다음 책들에서 훌륭하게 논의되고 있다. Ellen Bass and Laura Davis, *The Courage to Heal: A Guide for Women Survivors of Child Sexual Abuse*(New York: Harper and Row, 1988); Mike Lew, *Victims No Longer: Men Recovering from Incest and Other Sexual Child Abuse*(New York:: Nevraumont, 1988).

기를 만들어야 한다. 아이는 어른이 자신에게 부적절한 행위를 했을 때 그것을 다른 어른에게 말할 수 있어야 하며, 자신을 위해 최선의 노력을 다하는 어른에게 의지할 수 있어야 한다. 아이에게 그런 이야기를 들었을 때 충격을 받는 대신, 우리사회 모든 아동의 20퍼센트에서 40퍼센트가 이런 경험을 한다는 사실을 알아야 한다. 아동 성학대는 드문 일이 아니며, 그것이 발생할 때마다 심각한 결과를 낳는다.

성적으로 학대당한 아동은 즉각적인 보호를 받으며 신변의 안전을 느낄 수 있어야 한다.7 또한 그들은 분노, 두려움, 성인 세계에 대한 신뢰의 상실, 상처받은 자의식 등을 치료받아야 한다. 우리는 아이들에게 성적인 학대에 대해 가르침으로써 그들이 필요할 때 더 나은 보호를 받고 더 나은 도움을 얻을 수 있도록 해야 한다. 또 아동 성학대가 벌어진 것을 알게 된 성인은 반드시 이를 관계기관 — 피해 아동과 다른 아동들이 받은 피해를 정확히 진단하고 그들을 보호할 수 있는 — 에 보고해야 한다. 우리는 교육, 방지, 적극적인 개입을 위한 프로그램을 만들 필요가 있다. 아동 복지사들은 이미 이것을 알고 있지만, 사회의 다른 영역은 아직 이를 제대로 수용하지 못하고 있는 실정이다.

둘째, 교회와 사회는 어린 시절 학대를 받은 성인에게 적극적인 치료 프로그램을 제공할 윤리적 책임이 있다[아동기 성추행을 당한 성인들(Adults Molested As Children: AMAC)과 같은 조직이 자주 거론된다].8 성인 기능장애를 초래하는 원인 중 아동 성

---

7 다음 책들에서 비효율적인 개입 전략의 주요 문제점들에 관한 가장 훌륭한 논의가 이루어졌다. Susan M. Sgroi, *Handbook of Intervention in Child Sexual Abuse*(Lexington, Mass.: D.C. Health, 1982); Mary D. Pellauer, Barbara Chester, and Jane A. Boyajian, eds., *Sexual Assault and Abuse: A Handbook for Clergy and Religions*(New York: Harper and Row, 1987).

8 Euan Bear, *Adults Molested as Children: A Survivor's Manual for Women and Men*(Brandon, Vt.: Safer Society Press, 1988).

학대가 차지하는 비중은 과거의 추정치를 훨씬 상회한다. 여성의 30퍼센트와 남성의 20퍼센트가 어린 시절 학대를 당했다고 추정할 경우, 아동 성학대는 여러 성인 장애 증상의 기여 요인(contributing factor) 중 하나라 할 수 있다. 치료를 받는 성인들을 관찰한 바에 따르면, 아동은 주로 부인(否認)과 해리(解離)를 통해 성학대로 인한 트라우마에 저항한다고 한다. 사실 이 두 가지 방법은 압도적인 트라우마에 대응하는 보편적인 심리적 방어기제이다. 부인이란 과거의 경험을 억눌러 의식적인 기억에서 지우는 것이다. 치료를 받는 사람 중 다수는 수년에 걸친 치료에도 학대받은 사실을 기억해내지 못한다. 너무나 고통스러운 경험 때문에 자아가 그 기억을 받아들이지 못하는 것이다. 그 결과 치료 초기 시점에서 많은 성인들은 자신이 학대받았다는 사실을 기억해내지 못한다.[9]

해리는 또 다른 보편적 방어기제이다. 이 경우에 학대의 사실은 기억할 수 있지만, 상처와 아픔은 그 경험과 분리된다. 학대의 기억에서 아무런 느낌을 받지 못하게 되는 것이다. 그것은 실제로 일어난 일이지만, 피해자는 그것을 대수롭지 않은 일로 여긴다. 이 방어기제는 고통에 압도당하지 않도록 자아를 보호한다. 얄궂게도 사회 또한 부인, 해리와 거의 똑같은 방어기제를 이용한다. 여태껏 우리 사회는 아동 성학대의 존재를 부인해왔으며, 그로 인한 심각한 문제들도 대수롭지 않게 여겨왔다. 프로이트조차 어린 시절 받았던 학대가 성인 병리학에서

---

9 다음 책들에서 성인 희생자/생존자들의 생생한 증언이 길고 짧은 이야기들로 소개되어 있다. Charlotte Vale Allen, *Daddy's Girl*(New York: Berkeley Books, 1982); Maya Angelou, *I Know Why the Caged Bird Sings*(New York: Random House, 1970); Louis Armstrong, *Kiss Daddy Goodnight*(New York: Simon Schuster, 1978); Ellen Bass and Louise Thornton, eds., *I Never Told Anyone: Writings by Women Survivors of Child Sexual Abuse*(New York: Harper and Row, 1983); Katherine Brady, *Father's Days*(New York: Dell Books, 1979); Martha Janssen, *Silent Stream: I am a Victim of Incest*(Philadelphia: Fortress Press, 1983).

그리 큰 의미를 갖지 않는다고 믿을 정도였다. 우리는 이제 아동 성학대의 경험이 성인 증상들의 주요 요인으로 다루어질 때 치료의 질이 엄청나게 개선된다는 사실을 알 만큼의 충분한 경험을 얻었다. 치료사들이 자신의 환자가 하는 말을 곧이곧대로 받아들여 그에게 어린 시절의 트라우마가 존재한다는 사실과 그 중요성을 인정하지 않을 경우, 치료는 결국 원래의 트라우마를 지속시키는 일이 되어버릴 것이다. 어린 시절 경험한 성학대로 입은 상처를 치료받아야 할 성인들의 수는 결코 적지 않다.

셋째, 교회와 사회는 아동 성추행범을 이해하고, 그들에게 치료의 기회를 제공할 윤리적 책임이 있다. 아동 성추행범들이 심리치료를 원하는지, 그들에게 치료를 받을 가치가 있는지, 이러한 치료가 실효성이 있는지는 아직도 윤리적인 논쟁거리이다. 그럼에도 내가 이 논쟁을 다루지 않는 이유는 이것이 아동이나 성인 희생자보다 가해자에게 더 주목하도록 만들기 때문이다. 이 문제에서 가장 우선시되어야 할 일은 아동을 보호하고 아동 성학대를 예방하며, 성적인 학대를 당한 아동을 치유하는 것이다. 그다음으로 우선시되어야 할 일은 어린 시절에 학대를 경험한 성인을 치유하는 것이다. 하지만 우리는 아동 성추행범의 다양한 범주를 이해하기 위해 그 행동의 원인과 진단, 예후와 이에 대한 적절한 치유 방안 등을 주제로 활발하게 토론할 필요가 있다.

나는 아동 성추행범에 대한 사회의 도덕적 책임이 우려스럽다. 그들에게 인간으로서 치유를 받을 가치가 있든 없든 말이다. 미국 사회는 아동 성추행범들을 돕는 데 그리 윤리적인 노력을 기울이지 않았다. 아동 성추행범들은 심각하게 망가진 인간들이며 그중에는 아동학대를 당했거나 자아를 박탈당한 이들도 많다.[10] 그들은 우리 사회 속 가족, 학교, 군대, 직장에 만연한 폭력의 악순환을 지속시킨다. 이러한 내적 구조의 결함을 메우기 위해서는 적절한 외적 구조를 만들어 사회를 폭력으로부터 보호해야 한다. 하지만 그들의 폭력과 학대를 막기 위한 확고한 규제 – 보호관찰기관이든, 사회 복귀 훈련 시설이든, 감옥이든 – 가 이미 있을 경우, 치료사들은 아동 성추행범들을 이해하고 치유하는 일에 힘을 쏟아야 한다. 어떤 내적인 고통이 다른 사람을 향해 파괴적인 행동을 하도록 만들었는가? 그 고통은 어떻게 형성되었는가(원인 파악)? 그 고통은 어떠한 내적 구조로 이루어졌는가(진단)? 그 고통은 어떤 증상들로 나타날 수 있는가(예후)? 내적·외적 파괴성에 사로잡힌 사람이 희망을 느끼도록 해줄 수 있는 적절한 치료법은 무엇인가(치료의 목적)?[11]

아동을 학대했던 남성들과 상담했던 목회심리치료사로서의 내 경험에 비추어 보건대, 아동 성추행범들은 인간으로서 허약하고 미숙하다. 아동은 성추행범에게는 매력적인 대상이다. 아동에게는 성추행범 자신의 공허함과 대조되는 충만한 생명이 있기 때문이다. 작고 취약한 아동은 미성숙한 성인들에게 상대적 힘의 우월감을 불러일으킨다. 성추행범은 스스로를 방어할 능력이 없는 아동을 상대로 원초적이고 파괴적인 충동에 따라 행동하기 때문에 위험하다. 보통 사람들은 성추행범의 원초적이고 무의식적 충동을 마주하게 되었을 때 겁에 질리며, 이때 자신의 두려움을 적개심 뒤에 숨기려 한다. 그리고 그 결과, 아동 성추행범들은 우리 사회에서 가장 가혹한 처우를 받는 희생양이 되었다.

아직 우리에게는 대부분의 아동 성추행범을 성공적으로 다루기 위한 충분한

---

10 D. W. Winnicott은 *Depression and Delinquency*(London: Tavistock Publishing, 1984)에 학대를 경험한 아동과 성인의 반사회적 행동 및 정신 내적 고통 간의 관계에 관한 가장 뛰어난 논의를 담았다.

11 아동 성추행범에 대한 진단과 치료는 다음 책에 훌륭하게 요약되어 있다. George W. Barnard, et al., *The Child Molester: An Integrated Approach to Evaluation and Treatment*(New York: Brunne/Mazel, 1989).

임상적 지식과 기술이 없다. 그러나 우리는 아동 성추행범이 우리에게 불러일으키는 분노의 원인을 이해해야 하며, 이러한 분노에서 벗어나기 위해 다른 사람에게 그것을 표출하지 않아야 한다. 아동 성추행범들은 그들이 살면서 끊임없이 느꼈던 무력과 분노를 타인의 내면에도 똑같이 불러일으키기 때문에, 치료사들은 바른 의학적 판단을 위해 그들 자신의 감정을 조절할 수 있어야 한다.

아동 성학대의 사회적 문제

아동 성학대는 진공 상태에서 일어나는 일이 아니다. 이것은 남성과 여성, 성인과 아동, 친밀함과 폭력에 대한 이미지가 서로 혼동되고 어긋나는 사회 안에서 발생한다. 정신 질환은 그저 개인적인 현상에 국한되지 않는다. 그것은 사회가 앓는 병일 수도 있다. 즉, 정신 질환을 사회적인 병리 현상에 대한 고발이라 해석할 수 있다. 우리는 아동 성학대와 같은 일탈을 검토함으로써 하나의 문화가 그 구성원들에게 자행하는 폭력을 예리하게 분석할 수 있다.

정신 질환을 그것이 발생한 사회에 관한 은유로 이해하는 전통이 있다. 여성과 아동에게 성적으로 폭력적인 시대였던 빅토리아 시대에, 프로이트는 주로 여성에게 발생하는 장애였던 히스테리를 연구했다. 그것이 성폭력의 결과라는 사실을 알아냈을 때, 프로이트는 너무 충격을 받은 나머지 그 진실을 밝히는 대신 히스테리가 어린 시절의 환상 때문에 발생한다고 결론지었다. 그러나 히스테리는 섹슈얼리티가 억압되고 성적 학대가 부인되었던 사회에서 예측될 수 있는 여성의 정신 질환임이 판명되었다. 사회의 배반 속에서 여성은 고통당했다. 프로이트의 또 다른 발견은 강박 신경증인데, 이는 철저한 순종을 요구하는 산업사회에 대한 반역의 한 형태이다. 이 이론에 의하면 강박 증상은 권위에 대한 분노에서 나오는데, 프로이트는 그 원인이 아버지와의 갈등으로까지 거슬러 올라간다고 추정했다. 하지만 이것은 사실 남성들을 통제하려 들면서 그들이 느끼는 감정과 개인적인 힘에 대한 권리를 무시하는 문화에서 발생할 수 있는 증상이라고 한다.[12] 히스테리와 강박장애는 단순한 개인적 병리 현상이 아니다. 그것은 그 사회를 보여주는 상징이자 정치적 질서에 대한 비판이기도 하다. 아동 성학대는 최소한 세 가지의 사회적 병리 현상을 드러내는 은유이다.

1. 여성과 아동에 대한 폄하. 미국 사회는 여성에 대한 불의와 그 문화에 내재된 여성과 아동에 대한 파괴적인 이미지를 직시하려 하지 않는다. 여성을 지나치게 이상화하면서도 다른 한편으로 폄하하는 것은 미국 문화에서 매우 지배적인 현상이었고, 이로 인해 우리는 그것을 당연시하는 지경에 이르렀다. 이 나라에서는 지난 140년 동안 강력한 페미니스트 운동이 벌어졌지만, 광고와 영화 속의 여성은 남성에게 복종함으로써 자신의 정체성을 발견하는 원초적인 성적 존재로 묘사되고 있다. 사회적 정의를 개혁해야 한다는 목소리는 드높지만, 여전히 여성은 직장에서 남성의 절반에도 못 미치는 임금을 받고 있다. 어떤 통계에 따르면, 편모(偏母) 가정에서 자라는 아동의 30퍼센트가 평균 수준 이하의 가난에 허덕이며 살아간다고 한다. 미국 사회에서 여성이 겪는 불평등은 강간이나 신체적 학대와 같이 여성에 대한 폭력이 제대로 다루어지지 않는 원인 중 하나이다. 아동에 대한 성학대 또한 남성을 과대평가하고 남성이 어떻게 여성과 아동을 대해야 하는지에 대해 진지하게 고민하지

---

12 프로이트가 이용한 상징에 관한 논의는 Don S. Drowning의 책 *Religious Thought and the Modern Psychologies*(Philadelphia: Fortress Press, 1987), 특히 32~60쪽에 있는 제3장 "Metaphors, Models, and Morality in Freud"을 볼 것.

않는 사회적 태도의 연장선이라 할 수 있다.[13]

2. 가족에 관한 이데올로기. 아동 성학대의 대부분은 가정 안에서 벌어지며, 특히 이 경우 아동 성학대는 외부에 드러나지 않고 수년 동안 지속되는 경우가 많다. 미국 사회에서 아이를 돌보는 것은 전적으로 부모의 책임이며, 그들이 속한 사회는 여기에 개입하지 않는다. 즉, 자신들이 속한 공동체의 관심을 끌지만 않는다면 부모는 아이를 거의 완벽하게 통제할 수 있는 것이다. 또한, 사회는 부모가 필요할 경우 완력을 사용해서라도 아이를 통제하도록 허용하고 있다. 앨리스 밀러(Alice Miller)는 거의 100년 전으로까지 거슬러 올라가는 과거의 '지침사항'들을 통해, 사회가 어떻게 자녀에 대한 부모의 간섭을 조장했는가를 연구했다.[14] 그러한 지침들은 대개 충동적으로 행동하려는 아동의 자연적 경향을 통제하고, 아동을 세련된 시민으로 양육해야 하는 부모의 책임을 강조했다. 심지어 스포크(Spock) 박사가 강조한 육아법은 부모의 훈육에 대한 강력한 이데올로기를 바탕으로 체벌과 기타 가혹한 처벌의 사용을 권장했다. 부모에게는 자녀에 대한 모든 권한이 있으며, 그들은 자녀를 예의 바르게 양육할 사회적 책임을 진다는 이데올로기는 학대받는 아동이 사실상 사회의 보호를 받지 못하도록 만들었다. 물론 아동 성학대는 불법이지만 사회는 부모의 행동에 간섭하는 것을 주저한다. 설령 그들이 자신의 자녀들을 학대하고 있다 해도 말이다. 부모의 권리는 자녀의 권리보다 훨씬 더 강력하게 보호받는다. 대개

---

13 이 주제에 대한 페미니즘의 논의는 Hester Eisenstein의 *Contemporary Feminist Thought* (Boston: G. K. Hall, 1983), 특히 27~34쪽에 있는 제3장, "Rape and the Male Protection Racket" 과 116~124쪽에 있는 제12장, "Sexual Politics Revisited: Pornography and Sadomasochism"에 요약되어 있다.

14 Miller, *For Your Own Good*; and *Thou Shalt Not Be Aware*(New York: Farrar, Strauss, Giroux, 1983).

아동을 학대한 소아성애자들이 혹독한 처우를 당하는 것은 그들이 아이에게 상처를 입혔기 때문이 아니라 가족의 경계를 범했기 때문이다. 그리고 이 경우 피해 아동은 그들에게 필요한 치료를 받지 못하는 경우가 많다.[15]

3. 섹슈얼리티와 폭력의 혼동. 아동 성학대가 단호하게 다루어지지 않는 이유 중 하나는 그것이 폭력 행위가 아니라 성적 공격으로 받아들여지기 때문이다. 남성 검사와 판사들은 아버지, 형제, 아저씨의 성적 공격을 대수롭지 않게 여기는데, 이는 성인 남성이 어린아이들에게 정말로 상처를 입힐 거라고는 상상도 못하기 때문이며, 이러한 학대가 정말로 심각하다는 것을 이해하지 못하기 때문이다. 내가 겪은 가장 근심스러운 사례 중 하나는 아동 성학대 혐의로 고소를 당했던 한 부유한 남성의 경우이다. 법원은 그에 대한 고소를 기각했는데, 이는 부분적으로 그가 다니는 교회의 목사가 그의 고상한 인품을 증언했기 때문이다. 결국 그는 5년간 지속적으로 십대 딸 두 명과 성교를 해왔다는 사실을 인정했음에도 유죄를 선고받지 않았다. 우리의 사회 체계는 그러한 행위를 아이의 인격에 대한 폭력 범죄가 아니라 성적 문제로 보는 경향이 있다. '설령 책임감 있는 시민이 가벼운 성적 문제를 일으켰다 한들, 무슨 큰 문제가 있을까?'라는 식이다. 사실 남성들은 서로를 보호하려는 경향이 있다. 그들에게는 온갖 종류의 성적 문제들이 그리 낯선 일이 아니기 때문이다. 그러나 아동 성학대와 여성에 대한 성폭력이 폭력 범죄로 간주된다면 ─ 그것은 실제로 폭력 범죄이다 ─ 우리의 이러한 태도와 정책은 바뀌어야 할 것이다. 섹슈얼리티와 학대가 혼동되는 한 우리는 성폭력의 해악을 과소평가하게 될 것이다.[16]

---

15 종교적인 가정의 이데올로기에 관한 논의는 Pellauer 등이 쓴 *Sexual Assault and Abuse: A Handbook for Clergy and Religions*, 특히 Marie Fortune과 Judith Hertze이 쓴 67~83쪽의 제8장 "A Commentary on Religious Issues in the Family"을 볼 것.

아동 성학대를 폭력에 관한 문화적 상징으로서 이해한다는 것은 무엇을 의미하는가? 이러한 사회적 비판이 암시하는 것은 무엇인가? 아동 성추행범들을 상담했던 내 제한된 경험에 의하면 그들은 욕구와 방어 능력이 원초적인, 미숙한 사람들이다. 그들은 자신이 원하는 것을 마음대로 빼앗을 자격이 있다고 생각하며, 이때 자신의 행동이 다른 사람들에게 미치는 영향 따위는 고려하지 않는다. 그들은 어떠한 규제도 박해로 받아들인다. 그들은 사회적 활동에서 지켜야 하는 일반적인 규율에 구애받지 않는다. 하지만 그들은 또한 연약하고, 쉽게 절망, 공포, 무력감에 사로잡힌다. 나는 이런 모습들이 현대 사회의 남성성을 말해주는 깊은 은유라고 생각한다. 아동 성학대가 최근까지도 공공연한 도덕의 문제로서 표면화되지 않은 이유 중 하나는 이것 자체가 유럽과 미국의 이상적인 남성상에 대한 비판을 이끌어내기 때문이다. 프로이트는 당대의 남성들이 여성 가정교사와 아동을 성폭행했을 가능성이 있다는 사실을 참을 수 없었다. 그래서 그는 자신이 무시할 수 없었던 데이터, 말하자면 주로 여성이었던 그의 성인 환자들에게 이루어진 성폭력의 보고서를 설명하기 위해 유아 성욕(infantile sexuality) 이론을 발전시켰다.

아동 성학대가 부각되려면 두 가지 진전이 선행되어야 한다. 첫 번째는 여성들이 자신의 목소리를 내기 시작하는 것이다. 여자들이 자기 경험을 말하기 시작함으로써 아동 성학대가 공공 도덕의 쟁점으로 드러났다. 이는 페미니스트 운동의 직접적 결과이다. 여성들은 자신의 사회적 발언권을 인식하고, 자신의 경험이 권위 있게 다루어지는 것을 보면서 의식의 성장을 이루게 되었다.[17] 두 번

---

16 다음 책에 섹슈얼리티와 폭력의 혼동에 관한 좋은 논의가 담겨 있다. Marie Fortune, *Sexual Violence: The Unmentionable Sin: An Ethical and Pastoral Perspective*(New York: Pilgrim Press, 1933).

째는 남성들 중 일부가 서서히 여성의 목소리에 귀를 기울이며 그들 자신의 경험의 가장 깊고 어두운 부분에 주목하는 것이다. 여성, 아동, 소수 인종, 적, 빈곤층, 환경을 향한 우리의 문화적 폭력은 중지되어야 한다. 그리고 남성들은 이러한 폭력이 그저 시스템이나 문화적 상징만이 아니라 바로 그들 자신의 정신에서 기인한 것임을 발견해야 한다.[18] 여기서부터는 내가 다른 남성들을 위해 말하는 것으로 오인 받지 않도록 하기 위해 1인칭으로 이야기하겠다.

나는 내 마음 속에서 우리 사회의 폭력과 짝을 이루는 부분을 발견했다. 어떤 의미에서, 미국 사회와 내 마음은 서로를 비추는 거울이다. 나는 이 두 장소에서 권력을 향한 욕망과 그 권력을 타인에게 자아도취적인 형태로 ─ 그것이 나 자신과 타인에게 가져올 결과를 고려하지 않고 ─ 행사하고자 하는 의지를 발견한다. 다시 말해 나는 아동 성추행범, 자기 자신의 욕구와 자신의 행동이 타인에게 가져올 결과를 제대로 인식하지 못한 채 그저 쾌락을 위해 타인을 착취하는 인간에게서 나 자신과 우리 사회의 모습을 발견한다.

때때로 나는 왜 그렇게 아동 성추행범 같은 인간들을 상대하고 싶어 하느냐는 질문을 받는다. 이것은 나에게 매우 힘든 질문이었다. 여기에 대답하기 위해서는 내가 나 자신의 폭력성으로 인해 어떤 갈등을 겪고 있으며, 어떤 계기로 내 안에 자리 잡은 잠재적인 아동 성추행범을 자각하게 되었는지를 장황하게 이야기해야 하는데, 나는 이런 이야기를 하는 데 저항감을 느낄 수밖에 없기 때문이다. 내 내면에 있는, 아직 해결되지 않은 무의식적인 영역에 대해 털어놓지 않는 한

---

17 Eisenstein의 *Contemporary Feminist Thought*을 볼 것.

18 James Nelson, *Embodiment: An Approach to Sexuality and Christian Theology*(Minneapolis: Augsburg, 1978); and *The Intimate Connection: Male Sexuality, Masculine Spirituality* (Philadelphia: Westminster, 1988).

말로 설명하기는 어렵지만 나는 아동 성추행범과 동질감을 느낀다. 그러나 그들과 나누었던 대화 속에서 나는 나를 놀라게 하면서도 위로해준 어떤 통찰을 발견했다. 나로 하여금 이 일을 하도록 이끌었던 것은, 아동 성추행범에 대한 동일시뿐 아니라 치료 과정에서 만난 일부 남성들의 용기였다는 사실이다. 아동을 학대했다는 현실과 그로 인한 공포와 직면하는 것은 어떤 남성에게도 매우 어려운 일이다. 그것은 자신이 다른 사람에게 입힌 상처를 직시하는 것이고, 그러한 파괴적인 행동을 하도록 만든 자기 내면의 공허감을 직시하는 것이다. 나는 이런 식으로 자기 자신과 직면하고, 기나긴 치유의 여정 속에서 고뇌하는 남성들을 봐왔다. 나는 이 모습에 고무되었다. 만약 아동 성추행범들이 치유를 통해 더 나은 자신이 될 수 있다는 용기와 희망을 얻을 수 있다면, 나 역시 폭력으로 통제되지 않는 세상에 대한 희망을 품을 수 있게 될 것이다. 만약 아동 성추행범이 자신의 한계를 직시하고 그 안에서 다른 사람에게 또 다른 상처를 주지 않으며 살아가는 방법을 배운다면, 나 또한 내 삶 속의 폭력을 직시할 수 있을 것이다. 그리고 이때 아마도 미국 사회는 열정적인 영혼을 다시 발견할 수 있을 것이다. 만약 치료 과정 속에서 아동 성추행범들이 보여준 용기에 힘입어 우리가 우리의 개인적·사회적 폭력과 직면할 수 있다면, 통제할 수 없는 폭력으로 파멸의 위기에 처해 있는 세상에 다시금 희망을 품을 수 있을 것이다.

제3장

윤리적 문제로서 남성 폭력을 이해하기[1]

대부분의 기독교인은 성폭행이 잘못된 일이라고 여기지만, 불과 얼마 전까지도 왜 성폭행이 잘못된 일인지, 왜 교회가 이러한 형태의 악이 만연해 있는 것에 침묵했는지에 대한 세심한 논의는 거의 이루어지지 않았다. 대부분의 사람들이 성폭행은 잘못된 것이라는 데 동의한다면, 왜 그것은 지속되고 있는가? 왜 그것을 방지하고, 범죄자를 징벌하기 위해 더 많은 노력을 기울이지 않는가? 이러한 의문에 대해 고민하는 과정에서, 나는 여성과 아동에 대한 남성 폭력을 이해하기 위해서는 성서신학, 역사신학, 조직신학, 윤리신학을 포함한 다양한 신학 분야를 연구할 필요가 있다는 것을 알게 되었다. 목회 활동의 와중에 성서신학과 윤리신학의 쟁점들에 대해 생각하면서 나는 성서가 이야기하는 윤리적 의무를 명확

---

1 이 글의 원본은 다음과 같다. "An Ethical Framework for Pastoral Care," *Journal of Pastoral Care* 42, no. 4(Winter 1988), pp. 299~308.

하게 정리할 수 있었고, 이는 내 새로운 목회 활동의 원동력이 되었다.

성서 속 윤리의 사례

사무엘하 13장은 다윗과 그의 세 자녀인 암논, 압살롬, 다말의 이야기이다. 다윗의 장자 암논은 그의 이복누이인 다말에게 욕정을 품고, 흉계를 꾸며 그녀를 유인해 강간한다. 다말은 저항하지만 힘에 눌려 치욕을 당하고, 후에 자신의 수치를 공개한다. 압살롬은 그녀에게 피난처를 제공하며 복수를 계획하고, 결국 암논을 살해한다. 필리스 트리블(Phyllis Trible)은 그녀의 책 『공포의 기록(Texts of Terror)』에서 이 이야기에 대해 주목할 만한 주석을 붙였다.[2] 이 이야기를 소리 내어 읽은 후, 나는 학생들에게 두 가지 질문을 했다. 이 이야기에서 무엇이 잘못되었는가? 어떤 근거로 그것이 잘못되었다고 말하는가?

이러한 질문에 답하기 위해, 우리는 여러 인물들을 중심으로 이 이야기를 살펴볼 수 있다. 이 이야기는 무엇을 말하고 있는가? 암논은 "자기의 이복누이 다말을 사랑하였으나, 처녀이므로 어찌할 수 없는 줄을 알고, 병이 나고 말았다". 후에 그는 증오에 사로잡히게 된다. 다말은 이스라엘인의 윤리적 원칙들에 호소하며 암논의 폭력적인 위협에 용감히 맞선다. "나에게 치욕을 주지 마세요. …… 이스라엘에서는 이런 짓을 하지 않아요. 짐승처럼 행동하지 마세요. …… 내가 어디로 간들 이 치욕을 숨길 수 있겠어요? 왜 나에 대해 왕에게 말하지 않으세요? …… 그분은 저와 결혼하는 것을 허락해주실 거예요." 압살롬이 말한다. "네

---

2 Phyllis Trible, *Texts of Terror*(Philadelphia: Fortress Press, 1984), 37ff.

오라비 암논이 너와 함께 있었느냐? …… 그는 네 오라비이니, 지금은 아무 말도 하지 말거라. …… 마음에 담아 두지 말거라." 압살롬은 자신의 누이 다말을 욕보인 암논을 증오했다. 다윗은 매우 분노했다. 그러나 다윗은 장자인 암논을 사랑했기에 그를 책망하려 하지 않았다(사무엘하 13장 1~22절. 저자가 일부 표현을 각색함).

이 이야기에서 무엇이 잘못되었는가? 기독교적 전통에서 볼 경우 여러 가지를 떠올릴 수 있을 것이다. 강간, 성폭행, 근친상간, 처녀성 상실, 남성의 재산권 침해, 가족 화합의 붕괴, 공동체 규범 위반, 여성에 대한 폭력, 보편적 법칙에 대한 위반 등등.

이것들 각각이 잘못되었다고 주장하는 근거는 무엇인가? 여기에서는 최소한 네 가지 유형의 윤리적 논쟁이 가능하다.

(1) 하나님의 율법 위반. 십계명과 그것을 축약한 예수의 계명은 보편적인 윤리 기준으로 수용되는 경우가 많은데, 이 이야기에서는 여러 율법이 위반되었다. 네 이웃의 것을 탐내지 말라, 도둑질하지 말라, 네 부모를 공경하라, 간음하지 말라, 살인하지 말라, 하나님을 사랑하고 네 이웃을 네 몸과 같이 사랑하라(출애굽기 20장, 마태복음 5~7장). 이러한 유형의 윤리는 특정한 도덕적 기준이 자연적으로 주어진다고 주장하며, 이를 위반하는 것은 인간 공동체의 도덕적 구조가 파괴되는 결과로 이어진다고 말한다. 암논의 행동은 이러한 기준을 위반하고 이 가족이 서로를 사랑할 수 있는 구조를 파괴한다.

(2) 파괴적 결과. 이 이야기의 문제는 사건의 파괴적 과정 속에서 악은 점차 커지고 선은 점차 작아진다는 점이다. 암논의 속임수는 다말의 강간으로 이어졌고, 이 일

은 압살롬의 복수, 즉 암논의 살해와 이후 이어지는 가족 간의 폭력을 야기했다.[3]

(3) 공동체의 성격과 역사에 대한 위반. 다말은 중요한 언급을 했다. "이스라엘에서는 이런 짓을 하지 않아요." 이것은 공동체의 성격과 덕목에 호소하는 것이다. 하지만 그녀의 호소에는 문제가 있다. 바로 '이런 짓'이 과거 이스라엘에서 벌어졌다는 점이다. 다윗은 밧세바를 학대했고 우리아를 죽였다. 어떤 의미에서 볼 때 암논은 자신의 자매를 학대함으로써, 압살롬은 암논을 살해함으로써 아버지를 발자취를 따랐다고 할 수 있다. 이 사건은 중요한 문제를 제기한다. 그렇다면 이스라엘의 성격과 덕목은 무엇인가? 우리는 어떤 종류의 사람인가?

(4) 사회적 불의. 해방 윤리는 권력의 침해에 대해 의문을 제기한다. 만약 우리가 여성, 다말의 입장에서 사건을 본다면 한 가지 사실을 분명하게 알 수 있다. 그녀의 윤리적 용기와는 무관하게, 다말에게는 도덕적 신념을 실현할 수 있는 사회적 힘이 없었다는 점이다. 암논은 그녀를 욕보였고, 다윗은 그녀를 무시했으며, 압살롬은 그녀의 의견을 묻지 않고 복수를 감행했다. 다말이 침해를 당하고 주변으로 밀려나는 모습은 그녀가 여성으로서 경험한 불의를 드러낸다. 사회적인 의미에서 '주변으로 밀려난 자'의 입장에서 보면, 이 이야기는 권력과 도덕성의 왜곡을 단적으로 드러내는 이야기이다.

---

3 전통적인 윤리적 논쟁은 특정한 행동이 근거를 둔 원칙을 중시할지, 아니면 그 행동이 가져오는 결과를 중시할지, 또는 그 두 가지를 절충할지를 놓고 벌어지는 논쟁이다. 의무론과 목적론 사이의 논쟁은 우리가 직관(본질)에 따라 옳고 그름을 판단할지, 아니면 목적(인간이 선택한 결과)에 따라 옳고 그름을 판단할지에 관한 논쟁이라 할 수 있다. William K. Frankena, *Ethics*(Englewood Cliffs, N.J.: Prentice-Hall, 1963).

윤리의 유형

이러한 분석으로 우리는 네 가지 다른 유형의 윤리를 살펴볼 수 있다.

(1) 직관의 윤리. 우리는 경험이 아니라 직관, 양심, 계시, 이성을 통해 옳고 그름을 안다. 도덕성은 존재의 구조 또는 하나님의 계시로 우리에게 주어진다. 여기에서 중요한 질문은, '우리는 어떤 원칙을 따라야 하는가?'이다.

(2) 목적의 윤리. 우리는 결과, 즉 인간의 결정으로 벌어진 상황을 통해 옳고 그름을 안다. 여기에서 중요한 것은 선(善)의 총량이 증가하는가의 여부이다. 우리가 내리는 선택의 목적은 무엇이며 그에 따르는 결과는 무엇인가?

(3) 성품의 윤리. 올바름이란 특정한 공동체의 역사와 관점에 따라 좌우된다. "이스라엘에서는 이런 짓을 하지 않아요"는 중요한 선언이다. 우리의 선택을 통해 우리는 어떤 성격의 사람, 또는 공동체가 되는가? '우리는 누구인가?'라는 질문에 대해 우리는 어떠한 관점을 가지고 있는가?[4]

---

4 스탠리 하우어워스(Stanley Hauerwas)는 특정한 집단 내부에서 통용되는 행위에 관한 추상적인 규칙들은, 그 집단의 외부에서는 의미가 없다고 주장한다. 이런 면에서 본다면, 보편적인 규칙들은 윤리적 토론의 대상이 되지 말아야 한다. 그는 자신의 책 *A Community of Character*(성격의 집단)에서, '모든 공동체에는 그들의 정체성을 규정하는 규범이 있으며, 이를 통해 그들이 중시하는 가치를 정의하고 개개의 구성원이 따라야 할 인간상을 제시한다'라고 주장한다. 행위에 관한 질문에 답하려면, 이 질문이 제기된 특정한 공동체에 대해 먼저 알아야 한다. 심지어는 무엇이 윤리적 질문인가에 대한 정의조차도, 그 공동체 특유의 맥락 안에서 새롭게 만들어질 수 있다. 기본적으로 하우어워스는, 권위에 대한 일반적인 정의에 의문을 제기하는 입장을 취하고 있다. 전통적 윤리는 항상 확고한 '보편적 경험'의 존재를 상정한다. 이러한 가정은, 단 한 사람이 윤리를 실천해도 그가 속한 집단 전체가 한층 더 윤리적인 존재가 된다는 관점을 취한다. 하우어워스

(4) 해방의 윤리. 우리는 공동체에서 소외되었던 이들의 관점을 취함으로써 옳고 그름을 안다. 이 관점은 어떠한 도덕적 선택이 허용되는지를 결정하는 왜곡된 권력 관계를 드러낸다. 권력은 어떠한 방식으로 선택, 즉 사람들이 윤리가 실천될 수 있는 체계를 만들기 위해 내리는 선택을 받아들이거나 배제하는가?[5]

윤리의 이러한 네 가지 형태에는 각각의 공헌과 한계들이 있다.

(1) 어떤 원칙들은 실제로 보편적이다. "다른 사람을 해하지 말라." "사회적 권력과 특

는 가치와 덕목에 대한 합의가 제대로 이루어지지 않는 세상에서는 급진적인 다원주의가 나타날 수 있다고 지적한다. 이것은 지금까지의 윤리적 논쟁에서 제대로 목소리를 낼 수 없었던 이들에게 힘을 실어줄 수 있다. 다원주의는 특히, 상식에서 벗어난 집단으로 여겨졌던 이들로 하여금 충성과 헌신의 삶을 통해 그들이 가진 윤리적 신념을 드러낼 수 있도록 한다. 이러한 관점은 믿음을 '헌신과 충성으로 살아가는 방식'이라 규정한 제임스 파울러(James Fowler)의 주장과 일치한다. Stanley Hauerwas, *A Community of Character: Toward a Constructive Christian Social Ethic*(Notre Dame, Ind.: University of Notre Dame Press, 1981).

5 해방신학은 윤리를 사회적 정의와 해방이라는 관점에서 정의한다. 이 관점에서 전통적 윤리는 비판을 받는다. 그것은 인간관계에서 발생하는 억압에 대한 의문에 충분한 주의를 기울이지 않기 때문이다. 권력으로 인한 학대는 인간 고통의 주된 원인이며, 모든 규범적 윤리에 관한 논쟁의 중심이 되어야 한다. 예를 들어 아프리카계 미국인들의 역사에서, 그들의 행위는 인종차별의 맥락 안에서 그 의미를 이해해야 한다. 역사적으로 아프리카계 미국인 가정은 인종차별적 억압 속에서 자신들의 정체성과 가치를 정의하기 위해 고민해야 했다. 따라서 그들의 윤리를 설명하려면 우선 그들의 증언부터 들어야 한다. 이와 유사하게, 페미니즘 이론은 여성들의 경험을 통해 그것의 윤리적 체계를 구성했다. 페미니즘 이론의 관점에서 전통적 윤리는 비판의 대상이 되는데, 이는 그것이 남성의 편견, 즉 여성이 직면하고 있는 불의와 불평등을 이해하려 하지 않는 남성 편견을 내재하고 있기 때문이다. 해방신학은 사회적 비평과 연계해 윤리를 다시 정의한다. 억압당하는 집단의 입장에서 보는 윤리적 질문들과 윤리적 방법들은, 지배적 문화의 이데올로기의 입장에서 볼 때와는 매우 다를 것이다. 고통과 권력의 관계는 윤리에서 핵심적인 개념이다. Archie Smith, Jr., *The Relational Self: Ethics and Therapy from a Black Church Perspective* (Nashville: Abingdon Press, 1982); Barbara Hilkert Andolsen, Christine E. Gudorf, and Mary D. Pellauer, eds., *Women's Consciousness, Women's Conscience: A Reader in Feminist Ethics* (San Francisco: Harper and Row, 1987).

권을 남용하지 말라." 임마누엘 칸트(Immanuel Kant)는 인간 사회가 존속되려면 나 자신과 타인을 자유의 중심으로서 존중해야 한다고 주장한다. 그렇지 않으면 인간으로서의 삶은 불가능해진다. 이러한 유형의 윤리가 갖는 한계는, 복잡하고 구체적인 상황 속에서 무엇이 원칙인가를 아는 것이 매우 어렵다는 점이다. 무엇을 해야 할지 확신할 수 없는 상황에서 존중이란 무엇을 뜻하는가? 가령 필리스 트리블은 압살롬의 복수를 암논의 성폭행보다 덜한 악으로 간주한다. 그것은 다말을 위해 저지른 행동이기 때문이다. 그러나 어떤 면에서 보면 압살롬의 도덕은 다른 사람의 도덕처럼 이기적이다. 결과적으로 그가 왕좌의 계승자가 되었기 때문이었다.

(2) 결과가 중요하다. 파괴적 결과를 야기하는 행동은 잘못이다. 다말의 성폭행 이야기는 다윗의 밧세바 학대와 우리아 살해, 암논의 다말 학대, 압살롬의 암논 살해, 다윗의 압살롬 살해와 같은 일련의 가정 폭력 중 하나에 지나지 않는다. 악을 키우는 어떠한 행위도 부도덕하다. 우리는 타인을 향한 사랑을 더욱 증가시키기 위해 서로 사랑해야 할 의무가 있다. 이 견해의 한계는 우리가 우리의 행위와 결정의 결과를 충분히 헤아릴 수 없다는 점에 있다. 행위의 동기가 결과를 예측하는 우리의 능력을 왜곡시키는 경우가 자주 있다. 또 다른 한계는 증가해야 할 도덕적 선에 대해 합의가 부족하다는 점이다. 한 집단 안에서 선하다고 여겨지는 것이 다른 집단에서는 가치 없는 것일 수 있다.

(3) 선과 악은 공동체의 관점과 성격에 따라 다르다. 우리는 다원적인 관점과 덕목이 혼재하는 세상에서 살고 있다. 어떤 상황에서는 선한 것이 다른 상황에서는 선하지 않을 수 있다. 현대적인 관점에서 보면, 우리는 이 이야기에서 남성의 권력이 남용되는 모습을 볼 수 있다. 그러나 남성의 권리가 절대적이었던 초기 구약성서의 상

황 안에서 볼 경우, 다말의 윤리적 신념과 압살롬이 자신의 누이를 도운 사실은 놀랄 만한 것일 수 있다. 하지만 이 이야기가 진행됨에 따라 다말은 무시되고 잊혀졌다. 이 이야기는 특정한 공동체의 관점과 윤리의 관계에 초점을 두고 있다. 그것은 또한 이 견해의 한계를 드러낸다. 상대주의에 빠지지 않고 특정 공동체의 상황에 참여하려면 어떻게 해야 하는가? 각기 다른 도덕적 신념을 가진 집단들이 평화롭게 공존하기 위해서는 어떠한 기준을 세워야 하는가?

(4) 불의와 억압은 윤리와 관련되어 있다. 해방 사상가들은 '객관적·합리적 윤리'라 간주되었던 것들의 대부분이 사실은 권력을 가진 특권층을 편들고 소외된 이들을 무시하는, 검증되지 않은 지배적 이데올로기를 지탱한다는 사실을 밝혀냈다. 전통적 윤리는 보편적 경험의 존재를 상정하지만, 사실 특권과 권력을 가진 이들의 경험과 소외된 이들의 경험은 근본적으로 다르다. 불의한 권력은 윤리의 내용과 방법 모두를 완전히 변화시킨다. 다말의 관점에서 이야기를 볼 때 이것은 명백해진다. 그녀는 선택권을 박탈당했고, 성폭행 후 그녀의 미래는 비극적으로 제한되었다. 이처럼 근친상간을 당하는 아이는 자신의 아픔을 알릴 사회적 힘을 박탈당한다. 그리고 성폭행을 당한 흑인 여성은 인종차별주의자 경찰이 그녀의 집단을 헤집고 다니도록 할지 말지를 선택해야 한다. 이러한 선택들은 사회적 권력이 부족하기 때문에 벌어지는 일이다. 따라서 가난한 사람을 위한 윤리적 논쟁은 특권을 가진 사람들의 그것과는 매우 다르다. 하지만 이러한 견해도 한계가 있다. 권력에 대한 어떠한 분석도 왜곡되기 쉽다는 점이다. 권력을 가진 한 집단을 다른 집단으로 교체한다고 해서 반드시 윤리적으로 개선된 결과를 가져오는 것은 아니다.

윤리적 방법

윤리적 사고의 유형을 확인하는 것에 더해 우리에게 필요한 것은, 이러한 사유들을 가지고 결정을 내리는 구체적인 방법이다. 어떻게 해야 "하나님은 사랑이시다"와 같은 은유에서 "어떤 성적 행동이 허락되는가?"라는 질문에 대한 구체적인 답을 도출해낼 수 있는가? 이는 구체적인 것에서 추상적인 것으로, 추상적인 것에서 구체적인 것으로 움직이는 일이다. 이러한 이동은 세 가지 수준을 포함한다. (1) 윤리 체계 자체라는 추상적인 수준: 역사, 은유, 사회적 맥락, 규범, 목표, 결과. (2) 자명한 이치라는 중간 수준: 윤리 체계에 근거를 둔 원칙들이 제공하는 구체적인 행동지침. (3) 결정을 내리는 구체적인 수준: 특정한 상황 안에서의 실제 선택.

만약 우리가 어떤 윤리적 물음에 대해 앞에서 본 네 유형을 함께 놓고 생각하면서 추상적인 수준으로부터 중간의 자명한 이치를 통해 구체적인 수준으로 움직인다면, 우리는 더 완전한 윤리적 방법을 발전시킬 수 있을 것이다. 가장 구체적인 것에서 가장 추상적인 것으로 이동할 때는 다음과 같은 요소들이 있다. 이 방법은 생각과 실천 사이의 리듬을 타고 위아래 수준들로 움직이는 체계라고 이해할 수 있다.[6]

1. 결정
2. 규율: 중간의 자명한 이치

---

6 James Poling and Donald E. Miller, eds., *Foundations for a Practical Theology of Ministry* (Nashville: Abingdon Press, 1985), 69ff.

3. 규범: 직관과 목적

4. 억압과 권력에 관한 사회적 분석

5. 공동체의 역사와 관점

   a. 인류학: 어떤 종류의 사람들인가?

   b. 교회학: 어떤 종류의 공동체인가?

   c. 하나님의 교리: 어떤 종류의 하나님인가?[7]

---

7 이러한 윤리적 요소들은 윤리적 방법을 개발하기 위한 다른 시도들과 비교해볼 수 있다: 제임스 M. 구스타프슨(James M. Gustafson)은 *Theology and Christian*(신학과 기독교인)에서 도덕적 대리인 또는 도덕적 대리인으로서의 인간 그 자체의 중요성을 강조한다(Gustafson, 1974). 아치 스미스(Archie Smith)의 윤리적 방법에는 다섯 가지 요소가 있다. 행동, 자아인식, 성찰, 실천, 그리고 사후 비판적 반성이 그것이다. 마지막 것은 앞의 네 가지에 추가된 것이다. 내가 이해하는 한, 마지막 것은 윤리적 방법론 그 자체에 대한 반추를 의미한다. 이 방법론은 소외된 집단 — 지배적인 이데올로기를 대표하는 권력자들이 윤리적 논쟁의 조건을 정할 때 배제되었던 사람들 — 의 비판을 설명하기 위해서 명확하게 규정될 필요가 있다. 준 오코너(June O'Connor)는 네 단계를 제시했다(Andolsen et at., 265ff.). 0 = 기초 단계, 경험 그 자체. 1 = 일상적인 경험에 대한 반추: (a) 사실 수집, (b) 그곳에서부터 법칙 — 원인과 결과, 역사, 여러 감정 — 을 발견, (c) 미래의 결과 예측(대안을 상상), (d) 결정, 판단. 2 = 세계관, 형이상학, 삶에 대한 관점: 우리가 자유로운 행위자인지의 여부, 관계의 규모, 충성도, 권위. 3 = 인식론: 자신이 안다는 사실을 내가 어떻게 아는가? 당신의 지식의 근원은 무엇이며 그것을 신뢰하는 이유는 무엇인가? 인식론을 강조한 점은 스미스의 '사후 비판적 반성'과 유사하다. 나는 그녀가 1단계의 네 가지 수준으로 단순화시킨 윤리적 방법을 좋아하는데, 그것은 실제 사람들의 의사결정 과정과 서로 맞물리는 것처럼 보이기 때문이다. 1단계가 제대로 작동하지 않을 때, 우리는 최초의 가정을 검토하게 된다. 그리고 가정이 부적합한 것이었다는 사실이 밝혀졌을 때, 인식론과 권위에 대한 쟁점이 논의의 중심으로 부각된다. 이것은 특히 윤리적 대화의 규칙이 힘을 가진 자에게만 적용될 때 배제되었던 소외된 집단에게 중요하다. 제임스 넬슨(James Nelson)은 *Embodiment: An Approach to Sexuality and Christian Theology*(체현: 섹슈얼리티와 기독교 신학을 향한 접근)에서 일곱 가지 범주를 제시했다. (1) 결정을 내리는 자로서의 자아. (2) 기초적인 종교적 신념. (3) 의사결정의 유형(순종, 열망, 응답). (4) 방법, 동기, 의도, 행동 그 자체의 성향, 결과. (5) 사실과 해석. (6) 규범, 원칙, 규율. (7) 도덕 공동체로서의 교회. 비록 우리가 지금까지 논의했던 것들과 유사점이 있긴 하지만, 이 목록은 몇 가지 흥미로운 의견을 담고 있다. '사실과 해석'이 중요한 개념이라는 점과, '동기와 의도'가 일을 미묘하게 다른 것으로 만들어버린다는 점이다. 또 '도덕 공동체로서의 교회'도 내가 좋아하는 개념이다. 캐롤 랍(Carol Robb)은 9개의 목록을 제시했다(Andlosen et al., 211ff.). (1) 윤리의 출발점(여성의 경험). (2) 역사적 상황. (3) 억압. (4) 충성. (5) 가치에 대한 이론. (6) 의사결정의 형태(의무론, 목적론, 상황론). (7) 권위의 원천. (8) 윤리적 행동의 결과 예측. (9) 동

다말의 사례에 관한 윤리적 숙고

이러한 방법을 다말의 사례에 어떻게 적용할 수 있을까? 이야기는 암논이 악을 행하기로 결정했을 때 시작된다. 이 이야기에서 그의 의사결정 과정을 기록한 부분에 주목해야 한다. 암논은 자신의 욕망에 따랐으며 다말이 이스라엘의 윤리적 전통에 호소할 때 그녀를 무시한다. 이스라엘 사회의 규율은 학대로 인해 다말이 직면하게 된 실제 문제에 대한 그녀의 호소로 드러난다. 나를 욕보이지 마세요, 짐승처럼 행동하지 마세요, 이 수치를 어떻게 견딜 수 있겠어요? 다말이 인용한 규범은 욕망이 아닌 사랑에 따라 행동하고, 정직하게 말하며, 가족들에게 충실하라는 암묵적 관례를 담고 있다. 이스라엘의 역사와 관점은 하나님 앞에서 신실해지려 노력하지만, 끝내 실패하고 마는 사람들에 관한 것이다. 이 이야기에서 하나님은 어디에 있는가? 추악한 악에 굴하지 않는 다말의 순수한 진실성 속에 있는가? 아니면 왕좌에 오르지 못하게 될 것을 각오하고 누이의 복수를 한 압살롬의 충성스러움 속에 있는가? 이 이야기의 역설은 악은 실재하고 파괴적인 결과를 불러오지만, 그럼에도 인간의 용기는 악에 의해 완전히 파괴되지 않는다는 점에 있다. 하나님은 진정한 악(암논의 욕망과 행동)이 존재하는 세상을 창조한 이인 동시에 악에 대면할 용기(다말의 확고한 도덕적 신념)를 가지고 행동하는 이이며, 이를 통해 우리가 경험하는 악에 대면할 수 있도록 용기를 주는 이이다.

이 이야기는 거대한 악을 행할 수도 있고 위대한 용기를 발휘할 수도 있는 인간의 본성을 드러낸다. 암논은 욕망에 굴복했다. 자신의 깊은 고독과 고통을 직

ㄱ. 나는 그녀의 목록 역시 좋아하는데, 이것은 충성, 권위의 원천, 동기, 윤리의 출발점과 같이 내가 제시했던 목록에서는 다소 추상적으로 표현되었던 항목들을 명쾌하게 드러내고 있다.

면할 수 있는 힘이 부족했기 때문이다. 반면 다말은 자신이 악에 직면했다는 것을 알았을 때 자기 자신의 온전함을 위해 싸웠다. 다윗은 비겁했다. 압살롬은 다말을 위해 충실하게 행동했지만, 그 행동의 이면에는 권력을 향한 그의 또 다른 동기가 작용하고 있었다는 점에서 기만적이었다. 이 이야기는 개인적인 차원에서 보면 비극이다. 인간의 선 대부분이 악에 굴복했기 때문이다.

이 이야기에서 우리는 자신의 한계를 넘지 못하는 신앙 공동체의 모습을 볼 수 있다. 그것은 여성을 과소평가하고 남성을 과대평가하며, 이를 통해 권력과 정의에 관한 논쟁을 잘못 이해하도록 이끌고 있다. 특이하게도 이 이야기의 화자는 다말과 압살롬을 묘사하면서 그들이 갖춘 일말의 품위를 언급하기는 하지만, 그 실낱같은 품위가 그들을 승리로 이끌지는 않는다. 자신들 속에 있는 불의와 악을 직면할 수 없는 공동체는 내부에서부터 파괴될 것이다.

하나님은 여기에서 특별한 응원을 해주지 않는다. 이 이야기 속에는 천둥소리도, 강물처럼 흐르는 정의도 없다. 이 이후 다말은 이야기에 등장하지 않는다(다만 압살롬의 딸 '다말'을 통해 그녀에 대한 기억을 확인할 수 있을 뿐이다). 다음 장의 주된 관심사는 시간이 흘러 암논의 죽음을 어느 정도 잊은 다윗이 압살롬의 귀환을 허락할지의 여부이다. 한 여성 예언자가 다윗으로 하여금 압살롬을 집에 맞아들일 수 있도록 한다. 그러나 정의의 실현을 미루는 일은 곧 정의의 실현을 거부하는 일이다. 여기에서 정의는 거부된 것처럼 보인다. 정의가 실현되어야 할 순간에 하나님은 어디에 있는가? 불의에 희생당한 모든 이들의 입장에서 이 이야기를 보면, 하나님은 인간에게 무심하다.

해방론자들은 억압받는 이들의 경험에서 윤리가 시작되어야 한다고 말한다. 이 이야기는 우리 세대에게 여성이 남성 개인과 가부장적 사회에 의해 어떻게 희생당하는지를 보여준다. 다말을 함정에 빠뜨린 속임수는 특정한 남성과 그에 공모한 다른 남성의 사악함을 보여준다. 게다가 이야기의 관심은 여성에 대한 학대에서 남성들 간의 드라마로 전환되는 것처럼 보인다. 여성의 경험에 대한 압살롬의 단편적인 감성은 상실되고 가부장제는 다시 튼튼하게 확립된다. 심지어 화자조차 여기에 의문을 제기하지 않는다. 하지만 이 공동체가 기억하는 이야기는 우리에게 여러 가지로 의미심장하다.

필리스 트리블은 이것을 공포의 기록이라고 부른다. 다말이 경험한 공포는 모든 여성이 경험하는 공포를 대표하는 것이기 때문이다. 그러나 이 이야기가 수없이 되풀이되면서도 그 공포를 온전하게 확인하는 작업은 이루어지지 않았다. 우리가 어떻게 악을 아는가? 우리가 어떻게 사랑을 아는가? 우리의 생각이 옳다고 입증하고 싶은 충동에 휩싸일 때, 우리는 어떤 악을 무시하는가? 선과 악을 아는 것은 끝나지 않는 인간의 숙제이다. 우리는 그 차이를 알아야 한다. 그렇지 않으면 악의 패턴은 체계화된다. 그러나 역사는 선과 악을 알아내려는 인간의 노력이 엉망진창으로 실패했음을 보여준다. 우리는 우리의 최선의 노력이 항상 원하는 결과를 가져오지 못한다는 것을 숙지한 상태에서 헌신과 신뢰라는 위태로운 일을 계속해야 한다. 우리는 사회적 권력이 불공정하게 분배되고 있다는 단서를 얻기 위해 고통 받는 사람들의 목소리에 귀를 기울여야 한다. 만약 다말이 그렇게 느슨하게 악을 다루지 않는 공정한 사회에서 살았다면, 그녀는 자신의 경험을 이야기하고 공공의 보호와 변호를 받을 수 있었을 것이다.

목회적 돌봄의 윤리는 고통과 권력의 관계에 관한 것이다. 목회적 돌봄의 전문가들인 우리는 개인과 공동체를 돌보고 그들의 고통을 덜라는 소명을 받았다. 그러나 그런 우리를 지속적으로 압박하는 것이 있다. 바로 혜택을 누리는 우리의 사회적 위치이다. 이것은 기존의 권력 구조와, 그 구조가 승인하고 지지하는 고통을 유지하라고 우리를 압박한다. 우리가 이 중산층의 굴레에서 스스로를 해방시킬 수 있느냐의 여부는 우리가 한층 더 자기비판적인 태도를 가질 수 있느냐의 여부, 또 현재의 권력에 항의하는 일탈 공동체의 목소리에 민감하게 귀를 기울일 수 있느냐의 여부에 달려 있다. 이는 우리의 인식과 사랑의 도덕적 지평을 비판적으로 검토하는 것을 뜻한다. 여성의 고통, 흑인의 고통, 학대받는 아동의 고통, 가난한 이의 고통은 교회와 사회 양쪽에서 너무 오랫동안 감추어져왔다. 목회적 돌봄 운동의 윤리적 소명은 불의한 사회질서에 대한 비판으로서 그 고통을 돌아보는 것이다.

제4장
아프리카계 미국인 학대 희생자 및
생존자와 함께하는 목회적 돌봄[1]

트와넷 유진(Toinette Eugene)과 공동 저술

"당신은 아름다운 하나님의 자녀다.

당신은 학대를 받지 말아야 한다."

(가족 폭력의 희생자를 위로하는 어느 흑인 목사의 말)

　목회적으로 돌보는 사람이 우리의 교회와 이웃의 여러 사람들이 내는 목소리에 반응하기 위해서는 성폭력 또는 가정 폭력과 연관된 다양한 문화적 논쟁점들을 숙지하고 있어야 한다. 나는 이번 장에 아프리카계 미국인 가정들에 대한 목회적 돌봄의 이야기를 담았다. 이 책의 독자가 아프리카계 후손들의 문제에 더욱 관심을 기울이고, 더 나아가 다양한 문화에 대한 시야를 넓혀 자신과는 다른 문화를 가진 집단을 배려할 수 있도록 돕기 위해서이다. 미국의 노예와 인종차별의 역사를 돌이켜보면 오래된 편견 한 가지를 발견할 수 있다. 바로 아프리카계 미국인은 다른 집단보다 더 폭력적이며, 이 때문에 교회는 아프리카계 미국인

---

1 이 글의 원본은 다음과 같다. James Poling and Toinette Eugene, "Pastoral Interventions with Victims and Survivor of Abuse," in *Balm for Gilead: Pastoral Care for African American Families Experiencing Abuse*(Nashville: Abingdon Press, 1998).

희생자와 가해자를 제대로 도울 수 없다는 편견이다. 이러한 편견은 학대가 모든 문화 집단에 존재하고, 폭력이 벌어지는 상황에서 돌봄을 제공하기 위해서는 여러 문화에 대한 섬세한 감각이 요구된다는 현실을 왜곡한다. 이 장에서는 아프리카계 미국인 가정에서 벌어지는 남성 폭력에 관한 여러 난제들을 논의하고, 이에 대한 효과적인 개입 전략을 제시하고자 한다.

흑인 공동체에서는 목사나 교회 지도자가 의사, 교사, 사회복지사, 상담사 같은 다른 전문가보다 가정 폭력에 대해 더 잘 알고 있는 경우가 많다. 이는 흑인 공동체의 신체적·정서적·영적 건강을 위해서는 가정에서 벌어지는 학대를 정확히 이해하고 여기에 개입할 수 있는 목사의 능력이 중요하다는 것을 의미한다. 이 장의 목적은 흑인 가정 폭력의 희생자들을 돕기 위해 적절한 목회적 돌봄의 윤곽을 그려내는 것이다.

희생자, 생존자와 함께하는 목회적 돌봄

흑인 가정 폭력은 하나 같이 매우 복잡한 상황 속에서 벌어지기 때문에 여기에 목회적 개입을 하는 것은 대단히 어려운 일이다. 스토킹과 살해 위협에 시달리는 사람에게 보호 공간을 제공하는 것은 일생 동안 신체적·성적 폭력을 경험해왔던 아동을 돕기 위해 노력하는 것과는 다른 일이다. 목회 단체가 흑인 가정을 위해 목회적 돌봄 활동을 할 때 직면할 수 있는 모든 변수와 그 복잡성을 이 장에 완벽하게 담아낼 수는 없다. 다만 삶과 죽음의 갈림길에 놓인 사람들을 도울 수 있는 몇 가지의 진단, 위탁, 지속적 도움의 원칙들을 제공하고자 한다.[2]

학대를 경험한 흑인들에게 좋은 목회적 돌봄을 제공하는 일에서 가장 많이 나타나는 장애물 중 하나가 바로 오진이다. 돌봄을 원하는 사람들은 대개 학대뿐 아니라 다른 여러 문제를 겪고 있다. 비행 아동, 육아 기술의 부족, 부부 간 의사 소통의 실패, 경제적 또는 다른 위기의 영향, 알코올과 약물의 남용 등의 문제가 그것이다. 하지만 설령 이것들이 흑인 가정에서 잘 나타나는 문제라 할지라도, 폭력이 벌어질 경우 우리가 내려야 할 일차적인 진단은 폭력을 중단시키는 것이며, 이것을 다른 모든 문제보다 우선시해야 한다. 이것은 대부분의 종교 지도자들이 알고 있던 목회적 돌봄의 방법에 변화를 주는 일이다. 지금까지 가정 폭력은 빈번히 무시되어오면서 당면과제로서 다루어진 적이 없기 때문이다.

가정 폭력을 일차적인 문제로 우선시하는 이유는 단순하다. 폭력에 의한 신체적·정서적 상해는 긴급한 개입을 필요로 하고, 폭력이 벌어지는 한 다른 문제들역시 효과적으로 다룰 수 없기 때문이다. 피해자의 입장에서 해를 입게 될 거라는 두려움은 다른 모든 문제들을 압도한다. 만약 어떤 말을 했다는 이유만으로 폭력을 당하게 된다면, 그 사람이 의사소통의 기술에 관심을 갖는 게 가능할까? 가해자의 내면에는 폭력의 패턴이 깊이 뿌리를 박고 있으며, 이것은 실제 행동으로 표출된다. 원하는 것을 얻는 데 효과적인 행동을 그가 왜 포기하려 하겠는가? 물론 다른 문제들 역시 궁극적으로는 다루어져야 하겠지만, 가정 안에 폭력이 현존한다면 다른 어떤 문제에도 집중할 수 없게 된다.

---

2 아프리카계 미국인 가정에서 벌어지는 가정 폭력에 관한 더 심도 있는 연구는 다음의 책을 볼 것. Robert H. Hampton, ed., *Violence in the Black Family: Correlates and Consequences* (Lexington, Mass: Lexington Books, 1987); Evenly C. white, ed., *The Black Women's Health Book: Speaking for Ourselves*(Seattle: Seal Press, 1994); Pearl Cleague, *Mad At Miles: A Blackwoman's Guide to Truth*(Southfiled, Mich: Cleague Group, 1989); White, *Chain, Chain, Change: For Black Women Dealing with Physical and Emotional Abuse*(Seattle, Seal Press, 1985).

안전 우선

학대를 경험하는 아프리카계 미국인 가정을 위한 목회적 돌봄의 첫 번째 원칙은 희생자의 안전이다.[3] 이 원칙은 가정 폭력이 자행된다는 진단이 내려졌을 때 더욱 두드러진다. 이는 공동체에서 가장 약한 사람들 ― 구약에서는 과부와 고아, 신약에서는 가난한 자, 흑인 공동체에서는 학대받는 아동과 성인 ― 을 돌보라는 성서의 명령에 따르는 것이다.[4] 가장 약한 사람의 안전에 중점을 두는 것이 목회적 돌봄의 합당한 원칙임에도, 누군가가 흑인 교회나 흑인 공동체의 저명한 지도자에게 항의할 때마다 이 원칙은 자주 위반되었다. 많은 교회는 신뢰받는 지위에 있는 가해자의 합리화를 믿고 배신당한 피해자의 호소를 묵살한다.

위험한 사람이 흑인 공동체 안에서 신뢰할 만하다고 여겨지는 사람일 때, 곧 부모, 배우자, 친척, 혹은 다른 권위자일 때, 안전이라는 것은 무엇을 의미하는가? 그것은 권위자에 대한 존중을 멈추고, 호소자의 항의가 진실이라고 판명되었을 때 위험에 빠진 그를 보호하기 위해 무엇을 해야 하는지를 묻는 것이다.

가정 폭력을 호소하려 하는 사람은 대개 교회를 찾아온다. 위험에 처해 있는 사람은 주로 같이 예배를 드리는 친척, 주일학교 교사, 어린이 성가대 지휘자, 목회 단체의 구성원에게 그 사실을 알리기 때문이다. 이러한 호소의 세부적인 사실들을 완벽하게 검증하는 것은 어려울 것이고 시간이 걸릴 수도 있다. 그러나 이에 대해 어른들이 보여주는 최초의 반응은 매우 중요하다.

---

3 안전을 가장 우선시할 때, 우리는 많은 가정 폭력 상담사들의 지혜를 얻을 수 있을 것이다. Judith Herman, *Trauma and Recovery*(New York: Basic Books, 1992), esp. pp.155~174.

4 Marie Fortune은 가정 폭력과 성폭력을 성서적 환대의 개념과 신중하게 연결·발전시켰다. Marie Fortune, *Violence in the Family: A Workshop Curriculum for Clergy and Other Helps*(Cleveland: Pilgrim Press, 1991).

호소가 이루어지는 시점에서는 반드시 다음과 같은 목회적 원칙을 따라야 한다. 우선 희생자의 이야기를 믿어라. 그리고 호소가 사실이라면 무슨 일을 해야 하는지 물어라. 이 원칙은 교회 지도자들이 가장 약한 사람, 즉 희생자의 안전에 대한 요구에 집중하도록 도와준다. 또한 더 많은 자원을 가진 사람들의 요구를 잠시 동안 무시할 수 있도록 해준다. 만약 호소가 사실이 아니라면, 추후에 실행할 수 있는 다른 대처 방안이 있을 것이다. 가해자의 사회적 위상과 관계없이, 심각하다고 여겨지는 모든 호소에 대해서는 조사가 이루어져야 한다. 흑인 학대 희생자들에 대한 목회적 돌봄을 시작하면서, 안전에 대한 요구는 가장 우선시되어야 한다. 그렇지 않으면, 희생자가 받게 될 상처는 끊이지 않을 것이다.

학대를 받은 이들은 자신이 당한 일을 주로 부모, 친척, 목사, 사회복지사 등에게 말한다. 이때 이 사람들의 반응은 희생자의 안전을 위해서뿐 아니라 신뢰가 무너진 사람의 희망을 되찾기 위해서도 중요하다. 만약 권위자가 피해자의 호소를 무시하고 가해자를 변호한다면, 학대는 계속되고 피해자는 선과 악에 관한 자신의 판단을 신뢰하지 못하게 된다. 그래서 우선 피해자의 이야기를 믿는 것이 중요한 것이다. 사실을 완전하게 검증하는 시간은 이후에도 있을 것이다. 만약 호소를 들어야 하는 최초의 어른이 이를 듣지 않으려 한다면, 피해자의 안전은 위험에 빠질 것이고 교회의 진실함에도 의문이 제기될 것이다. 만약 권위 있는 어른이 호소를 듣지 않는다면 피해자에게 그다음 선택지가 어디 있겠는가? 일반적인 경우, 피해자는 그 누구에게도 말하지 않으리라 결심한 뒤 학대받는 상황 속에서 자신의 삶을 포기할 것이다. 내가 아는 어떤 피해자는 어린 시절 가정에서 학대를 받았는데, 몇 명의 친척과 목사가 그녀가 겪는 폭력을 알고 있음에도 개입하지 않는 것을 보며 이후 누구에게도 자신의 이야기를 하지 않았다. 어린아이의 지혜로, 그녀는 자신이 신뢰받지 못할 것이라는 사실을 알았던 것이다. 어떤 목사는 남편에게 구타를 당한다는 한 여성의 이야기를 믿지 않으려 했고, 그 결과 그 아내는 남편의 폭력 속에서 17년을 더 살아야 했다. 가장 약한 사람들이 학대를 호소할 때 그 사람의 이야기를 믿어주는 것은 종교 지도자로서 우리가 맡아야 할 책임이다. 그래야 그 문제를 평가하고 예방하는 다음 단계로 나아갈 수 있다.

피해자의 이야기를 듣고 그것이 사실일 가능성이 있다고 판단했다면, 안전을 위해 다음으로 거쳐야 할 단계는 만약 호소가 진실일 경우 무슨 일을 해야 하는가를 묻는 것이다. 즉, 희생자의 안전을 확보하고 학대의 심각성을 평가하며, 이 문제를 전문가에게 위탁하는 일련의 과정을 시작하기 위해서는 어떤 단계를 밟아야 하는가? 이 시점에서 흑인 공동체의 목사나 기타 종교 지도자들은 필요한 안전을 제공하기 위한 기술과 자원이 자신에게 부족하다는 점을 깨닫게 된다. 목사를 포함한 대부분의 교회 지도자들은 가족의 신성한 영역에 개입할 권위를 갖추고 있지 못하다. 미국의 법률과 그 밖의 것들은 가정이 이웃, 친구, 정부를 포함한 기관들의 개입 없이 사적인 삶을 영위할 수 있도록 가정을 강력하게 보호하고 있다. 목사가 가족의 의지에 반해 그들로부터 아동이나 다른 약자를 데려오는 것은 어려운 일이며, 대개 이것은 그리 적절한 행동도 아니다. 따라서 흑인 공동체의 교회 지도자들은 자신이 아동과 모든 시민의 건강에 관심을 두는 더 큰 공동체 망에 속해 있음을 알 필요가 있다.[5]

범죄는 성적·신체적 학대로 아동이 위험에 처했을 때마다 발생하곤 했다. 그것은 교회가 그저 관심을 두는 것 이상의 역할을 해야 하는 중대한 사건이며, 따

---

5 흑인 공동체에서 '긴급대응기관'을 운영하는 것에 관한 좋은 논의는 다음 책을 볼 것. White, *Chain, Chain, Change*, pp.36~45.

라서 흑인 교회는 사법 당국 및 사회복지 기관과 협력해야 한다. 이때 흑인 공동체 내부에서는 경찰, 법, 복지제도에 대한 의구심이 작용한다. 의구심은 여러 가지이다. 아동이 경찰로부터 필요한 보호를 받을 수 있을까? 경찰이 아동의 삶에 또 다른 트라우마를 만들지는 않을까? 부당한 사법 체계의 개입으로 인해 가족과 그들의 생존 능력이 위험에 처하게 되지 않을까? 사회복지 체계는 가족이 자신들의 문제를 잘 다룰 수 있을 거라고 존중해주며 그들을 대할까? 이러한 의구심이 나름의 근거를 갖고 있다 할지라도, 종교 지도자들은 또 다른 일련의 질문을 던져야 한다. 만약 사법 당국과 사회복지 기관이 민첩하게 대응하지 않는다면 아동에게 무슨 일이 일어날까? 자신들의 문제를 직시하라는 법적 강요를 받지 않는 상태에서, 그 가족이 도움을 얻을 수 있을까? 폭력적인 가정에서 삶과 건강의 위기를 겪는 흑인 아동이 있을 때, 목사는 그 아이에게 사회에서 겪을 인종차별의 시범타를 견뎌보라고 말하는 대신 어떻게 사법 체계와 사회복지 체계를 이용해 그 아이를 보호할 것인지를 생각해내야 한다.[6]

가정 폭력으로 인해 한 성인의 생명과 건강이 위협받는 경우, 아동 학대의 경우보다 법을 적용하는 것이 더 애매할 때가 많다. 물론 가정 내에서 벌어지는 신체적·성적 폭력은 사법 당국에 신고할 수 있는 범죄이며, 일부 주에서는 희생자의 친고 없이도 가정 폭력의 가해자를 체포하고 재판할 수 있도록 하는 새로운 법이 제정되었다. 정당하게 적용될 때, 그러한 법은 가해자에게 맞설 책임을 피해자 한 사람이 아닌 더 큰 공동체가 지도록 할 것이다. 그러나 다수의 해묵은 법률들은 여전히 가정의 사생활을 보호하고, 자녀를 훈육할 성인의 권리를 인정하

---

6 White의 *Chain, Chain, Change*, 특히 46~53쪽에 있는 제6장 "The Legal System: Blacks and the Legal System"을 볼 것.

며, 어떤 경우에는 남편이 가장으로서의 권위를 가족에게 강요할 권리와 아내에 대해 이른바 '부부관계 권리'가 있음을 보장하고 있다. 그러한 법들이 개정될 때까지, 흑인 가정에서 이루어지는 성인에 대한 폭력은 길거리에서 벌어지는 폭력과는 다르게 취급될 것이다.

흑인 가정 폭력을 해결하려면 사법 체계는 필수적이지만, 그것만으로는 부족하다. 다행스럽게도 목회 지도자들은 다른 수단을 이용할 수도 있다. 대부분의 공동체에서는 구타당하는 여성과 강간 피해자를 보호하기 위한 24시간 긴급직통전화가 운영되고 있다. 목회 지도자들은 이곳에 연락해 자신이 목격한 난처한 상황에 관한 조언을 얻을 수도 있고, 희생자 자신이 직접 이곳에 연락하도록 용기를 북돋아줄 수도 있다. 이곳에서는 전문적인 훈련을 받은 사람들이 피해자의 말을 들어주며 그녀가 정서적인 안정을 되찾을 수 있도록 돕고, 현 상황에 대한 대안 행동을 알려주며, 어떤 공동체가 위기 상황에 개입해줄 수 있는지를 알려준다. 이 밖에 구타당한 여성들을 위한 대피소도 운영되고 있다. 이 대피소에는 훈련받은 직원들이 근무하고 있으며, 보안 시스템이 갖추어져 있어 생명과 건강의 위험에 처한 여성과 아동이라면 언제든지 찾아갈 수 있다. 대부분의 경우 대피소의 정확한 장소는 비밀로 취급되며, 모든 은신처는 필요할 때 긴급한 도움을 요청할 수 있도록 경찰서와 연계되어 있다. 목회 지도자들은 반드시 긴급직통전화와 대피소의 전화번호를 알고 있어야 하고, 대피소 및 다른 공동체의 지도자들과 협력해 흑인 가정 폭력을 다루는 워크숍을 개최·진행해야 한다. 목회 지도자가 성공적으로 대피소의 도움을 받을 수 있느냐의 여부는 그 또는 그녀가 대피소의 직원들을 얼마나 잘 알고 있는지, 또 그 사람들과 대피소에서 진행되는 프로그램을 얼마나 신뢰하고 있는지에 달려 있다. 다양한 문화와 계층 간의 문제에 관한 전문 지식을 갖추고 있는 대피소를 찾아내는 것은, 대부분의 흑인 가정

을 위한 목회 활동에서 매우 중요한 일이다.[7]

사법 당국과 사회복지 기관에 더해, 목회 지도자들은 의료 체계와 연계해 일하는 법도 알아두어야 한다. 많은 경우 목회 지도자는 피해자의 신체적 상해를 통해 가정 폭력이 자행되고 있음을 눈치 채게 된다. 그것은 가정의의 즉각적인 주의가 요구되는, 심지어는 즉각 응급실로 가야 할 정도의 심각한 생명의 위협일 수 있다. 따라서 목회 지도자가 피해자의 신체적 상해를 의심할 경우 의사에게 정밀한 진단을 요청해야 한다. 많은 경우 피해자들은 가해자가 또 다른 해코지를 할 거라는 두려움 때문에 자신이 입은 부상을 감추거나 축소하려 든다. 가령 어떤 가해자는 피해자에게 만일 의료 시설을 찾거나 누군가에게 신고할 경우, 죽이겠다고 협박하기도 한다. 뼈가 부러지거나 내부 장기가 손상될 정도로 심각한 구타를 당한 여성이나 아동이 의사를 찾는 것을 꺼리는 경우가 드물지 않다. 목회 지도자는 지역 내에서 이용할 수 있는 의료 서비스와, 가정 폭력의 문제를 잘 이해하고 있으며 그에 대처하는 기술을 갖춘 사람을 알고 있어야 한다.[8] 어떤 연구에 따르면 응급실을 찾는 성인 여성의 25퍼센트 이상이 가정 폭력의 피해자라고 한다.[9]

정신 건강의 위협을 받고 있는 몇몇 아동과 성인 피해자들은 목회 지도자를 찾아 자신의 사정을 이야기하기도 한다. 공황, 극심한 불안감, 우울증, 편집증, 빈번한 자살 충동, 인격분열과 같은 증상들은 가정 폭력과 연관이 있을 수 있다.[10] 목회 지도자들은 그러한 정신적 증상들을 분별해내고 이것들을 과거의 또

---

7 Fortune, *Violence in the Family*.

8 White, *Black Woman's Health Book*.

9 1992년 1월 16일 뉴욕에서 미국의학협회(American Medical Association)가 개최한 폭력에 관한 기자 회견에서 Antonia C. Novello 의무감(醫務監)이 발표한 내용이다.

는 현재의 가정 폭력과 연관 지을 수 있어야 한다. 흑인 교회에는 몇몇의 정신적 증상들을 과대망상이나 자기 연민, 무책임 등으로 치부해버리는 유감스러운 전통이 있다. 기도, 성경 공부와 같은 종교적 자원들은 오늘날의 목회적 돌봄에서 중요한 요소이지만, 정신 건강이 심각하게 위협받는 상황에서 목회자의 유일한 대응수단이 그것뿐이어서는 안 된다. 목회 지도자들은 기도하는 것에서 더 나아가 효과적으로 피해자를 응급실이나 정신과 의사, 지역 정신건강센터에 위탁하는 법을 알아야 한다. 물론 이러한 기관들이 아프리카계 미국인 가족들의 절실한 요구에 항상 민감하게 반응하는 것은 아니지만, 목회 지도자들은 이들 중 신뢰할 수 있는 곳을 조사하고 그들의 도움을 얻는 법을 배워야 한다. 만약 그 지역에서 양질의 정신 건강 서비스를 받을 수 없다면, 이것을 흑인 교회의 장기적인 과제로 삼아야 할 것이다. 우리는 흑인들에게 안전과 치유의 수단을 제공하는 것을 거부해서는 안 된다. 흑인 공동체의 치유를 위해, 종교와 정신 건강은 상호 보완적 형태로 발전할 수 있다.

가끔 가정 폭력의 희생자들은 사건이 발생한 직후, 혹은 그로부터 몇 년이 지난 뒤에 폭력의 경험으로 인한 자학 행위로부터 자신을 보호해달라고 요구하기도 한다. 보스턴의 정신과 의사 주디스 허먼(Judith Herman)은 가정 폭력의 장기적 영향이 아동과 성인의 성격 발달에 어떤 영향을 미치는지를 보여준다.[11] 폭력, 특히 장기간에 걸친 폭력은 인격을 파괴하는 결과를 가져온다. 지속적으로 자녀를 구타하거나 성적으로 학대하는 폭력적 가정에서 자란 아이는 폭력이 내면화된 인격을 갖게 된다. 성인의 여러 자학 증상은 가정 폭력의 만성적인 결과

---

10 Herman, *Trauma and Recovery*, pp.33~50.
11 같은 책, pp.166~168.

이다. 허먼은 또한 설령 어렸을 때 직접 폭력을 경험하지 않았다 해도, 주위의 가족이나 친척들 사이에서 구타가 자행되는 것을 보면서 자란 아이는 성인이 되었을 때 정신적인 문제를 겪을 수 있다고 주장한다.[12] 기형적이고 분열된 인격은 무서운 결과를 불러온다. 약물과 알코올 중독은 자기 학대의 일반적인 형태이다. 이런 물질들은 심리적 고통을 마비시키고 희열감을 주면서 고통스러운 현실을 감추어주기 때문이다. 알코올과 폭력은 흑인 가정에서 치명적으로 조합될 수 있다. 일부 폭력의 생존자들은 고통스러운 기억과 과거 학대의 후유증으로 남은 기능장애를 잊기 위해 알코올과 약물에 의존한다. 알코올과 약물을 이용하는 것은 몸의 건강을 허물고 일할 능력을 파괴하는 자학 행위이며, 경찰이나 의사, 직장 상사와 빈번히 대면하는 결과를 가져온다. 자학 행위의 다른 형태들로는 자해(칼이나 면도칼로 자기 신체의 일부를 자르는 것), 자살 시도, 난폭 운전, 총이나 칼에 대한 집착, 여러 험행(險行)으로 스스로를 위험에 빠뜨리는 것, 범죄 행위 등이 있다. 이러한 행동들에는 중독성이 있어서 그 사람에게 헛된 위세와 힘의 환상을 제공하고, 과거의 폭력으로 인한 내면의 고통을 외면하거나 왜곡시켜서 당사자가 거기에 집중하지 못하도록 방해한다. 목회 지도자는 자신에 대해, 혹은 타인에 대해 파괴적인 증상을 보이는 사람들을 만날 때마다 그들이 가족이나 다른 인간관계 속에서 폭력을 경험한 적이 없는지를 먼저 물어보아야 한다.

목회 지도자가 폭력을 당한 피해자의 안전을 가장 우선시할 경우, 앞에서 다루었던 모든 주제들, 즉 법적인 문제, 사회복지 서비스, 신체적·정신적 건강, 자학 행위를 고려할 필요가 있다. 더 심각한 폭력으로부터 피해자의 안전을 보장하려면 목회 지도자는 어떤 형태로 그 사람의 삶에 개입해야 할까? 그것은 학대

---

12 같은 책.

범죄가 벌어졌을 때 경찰이나 아동학대 긴급직통전화에 연락해 학대를 당한 아동에 대해 보고하는 것일 수 있다. 그것은 긴급직통전화나 대피소에 연락해 성인과 아동에게 안전한 거처와 기타 서비스를 제공할 수 있는 방법을 알아보는 것일 수 있다. 그것은 신체적·정신적 문제를 겪는 사람에게 의료 검진을 받아보라고 권유하는 것일 수 있다. 마지막으로, 그것은 폭력과 죽음을 야기할 수 있는 자학 행위의 위험성을 현실에 맞게 다루는 일일 수 있다. 흑인 가정 폭력의 상황 속에서, 목회 지도자들은 이러한 생각들을 항상 염두에 두고 있어야 한다.

안전 최우선의 원칙에 뒤따르는 다음 원칙은 피해자의 대처방식을 존중하는 것이다. 목회 지도자가 어떤 흑인 가정에서 폭력이 벌어진다는 사실을 알게 된 시점에서, 이미 폭력은 일정 기간에 걸쳐 자행되었을 것이다. 보통 목회 지도자는 폭력 사건이 터지자마자 그것을 전해들을 수 없다. 이는 피해자가 이미 몇 번의 폭력을 경험하고도 살아남았다는 것을 의미한다. 위기 상담의 중요한 원칙 중 하나는, 도움을 받고자 하는 사람의 자원을 이용하는 것이다. 그 사람에게 긴급하게 필요한 것이 무엇인지를 확인하는 것만으로는 충분하지 않다. 이미 여러 일을 겪고서도 살아남은 그 사람의 힘을 확인하는 과정 역시 필요하다. 목회적 진단을 내리는 과정에서 그 사람이 과거의 위기에 어떻게 대처했고, 현재의 위기를 해결하기 위해 이러한 내면의 자원을 어떻게 이용할지를 알아내야 한다.[13] 돌봄을 청하는 사람의 대처방식을 지원한다는 이 원칙에 따를 경우, 목회 지도자가 무력감에 빠지는 일을 막을 수 있다. 설령 공동체에 동원할 수 있는 모든 종류의 수단 - 경찰, 병원, 지역 정신건강센터, 대피소, 긴급직통전화, 전문 상담사 등 - 이 있다고 해도, 그것들의 이용 여부는 피해자가 결정해야 한다. 한 예로, 목회 지도자

---

13 David Switzer, *Pastoral Care Emergencies*(New York: Paulist Press, 1989).

가 피해자에게 지역 병원의 응급실로 가야 한다고 말했는데 피해자가 이를 거부할 수도 있다. 그 경우 목회 지도자는 좌절감을 느끼게 되거나 화가 날 수도 있다. 피해자가 목회 지도자의 조언에 따르는 것을 거부할 경우 목회 지도자는 가정 폭력의 성격에 대해 큰 혼란을 겪게 된다. 이럴 경우, 그러한 거부가 피해자에게 무엇을 의미하는지 반드시 물어봐야 한다.

왜 목회 지도자의 조언에 따르는 것을 거부하는 것일까?

· 가해자가 목회 지도자의 지시에 따르면 더 큰 해를 입히겠다고 위협했을 수 있다. 이는 거절의 이면에 현실적인 두려움이 있음을 뜻한다. 목회 지도자는 피해자의 삶의 일부가 된 두려움과 공포가 어느 정도의 수준인지를 알아야 한다. 사실 도움을 주는 전문가의 입장에서 보면, 그러한 공포는 이해하기 어려울 수 있다. 잠시 생각해보자. 만약 어떤 사람이 적극적으로 당신을 죽이려 하거나 상해를 입히려 한다면, 당신의 삶은 어떻게 변화할까? 이때 느끼는 감정을 당신이 도우려 하는 피해자의 대처방식에 대한 존중으로 탈바꿈시켜보자. 피해자의 자원을 동원할 수 있느냐의 여부는, 피해자가 자신이 처한 상황 속에서 지녀온 자원을 존중하느냐의 여부에 달려 있다.

· 그 피해자는 이미 과거에 공동체의 도움을 받으려 시도했으나 부당한 대우를 받았거나 무시당했을 수 있다. 구타당하는 흑인 여성들 중 일부는 이미 여러 번 응급실을 이용했으며, 자신이 그곳에서 어떤 치료를 받을 것인지도 알고 있다. 이는 피해자가 폭력이 벌어졌을 때 자신이 이용할 수 있는 수단의 상대적 가치를 목회 지도자보다 더 잘 알고 있다는 의미이다. 어떤 흑인 아동은 이미 학교 사회복지사에게 여러 번 자신이 겪는 문제에 대해 말했지만 오히려 그 때문에 훈계를 듣거나 비난을 받았을 수도 있다. 흑인 가정 폭력의 피해자들은 보통 개인적 · 제도

적 차별 때문에 다른 환자 또는 피보호자와는 전혀 다른 대우를 받을 때가 많다. 따라서 목회 지도자가 특정한 개인이나 가정에 민감할 수 있는 일을 계획할 때는 유연하게 행동해야 한다.

· 피해자에게는 목회 지도자가 원하는 일을 하는 데 필요한 내적 자원이 없을 수 있다. 폭력이나 폭력의 위협은 피해자의 능력을 박탈하거나 손상시킨다. 수년에 걸쳐 감금과 폭력이 이루어질 경우, 피해자 내면의 정신이 자신의 힘을 회복할 때까지 시간이 걸릴 수 있다. 물론 이것은 피해자가 나약하다는 의미가 아니다. 그때까지 생존하는 것만으로도 엄청난 힘이 필요하기 때문이다. 특정한 행동을 취하기에 앞서 피해자는 자신이 얼마나 준비되어 있는지를 스스로 판단해야 하며, 목회 지도자는 그 사람의 판단을 존중해야 한다. 폭력을 경험해본 적이 없는 사람에게는 그리 어렵지 않은 일이 폭력의 피해자, 즉 자신의 생활환경을 바꾸고자 노력하는 사람에게는 몹시 어려운 일일 수 있다.

요약하면, '안전 우선'이라는 원칙은 우리가 생각하는 것 이상으로 복잡한 목회적 개입의 원칙이다. '안전 우선'은 피해자 자신의 능력, 즉 자신의 삶을 책임질 수 있는 본인의 능력을 강조하는 일반적인 목회적 돌봄의 접근방식과는 다르다. 오히려 이 원칙은 반드시 해결되어야 할 내적·외적 위험이 실재한다는 점에 주목하고 있다. 이 때문에 목회 지도자는 폭력을 호소하는 피해자의 이야기를 믿어주며 그것이 진실일 경우 취해야 할 조치들을 묻고, 위기 상담을 통해 폭력의 수준을 진단하며 지역사회에서 활용 가능한 자원을 이용해 피해자에게 힘을 실어주어야 하는 것이다. 피해자의 대처방식을 존중한다는 것은 이후에 취할 행동을 계획하고 실행할 때 피해자의 과거 경험을 참고한다는 의미이다.

애도, 치유, 새로운 연결[14]

아동과 성인을 포함한 흑인 가정 폭력의 수많은 피해자들의 안전에 관한 논쟁은 현재진행형이다. 몇몇 흑인 가정들은 여전히 위험에 처해 있으며, 목회 지도자들은 가족으로부터의 위협을 받고 있는 희생자들을 지속적으로 관찰할 필요가 있다. 가정폭력의 희생자에게 절대적인 안전이란 것은 없다. 오히려 그들은 남은 생애 동안 안전하게 살기 위해 계속해서 내적·외적으로 투쟁해야 한다. 하나님을 믿는다는 것은 이 세상에서 비교적 안전하게 사는 법을 배우는 것을 의미한다. 그러나 가정폭력 생존자에게는 하나님을 믿는 데 필요한 신뢰가 이미 산산조각 나버렸다. 자신과 타인을 믿어도 된다는 내면의 확신 없이 비교적 안전한 세상에서 사는 법을 배우는 것은 무척 어려운 과제이다. 목회 지도자는 많은 흑인이 그들의 삶을 파괴해버린 두려움과 공포로 인해 일생 동안 괴로워한다는 사실을 기억해야 하며, 가족 또는 다른 친밀한 관계 속에 숨어 있는 위험을 늘 경계해야 한다. 목회 지도자는 두려워하는 생존자들을 보며 성급하게 그들이 나약하다는 판단을 내리는 대신, 그들이 처한 실제 위협에 주의를 기울여야 한다.

안전이 확보되었을 때, 목회적 돌봄의 두 번째 단계가 시작된다. 주디스 허먼은 이 단계를 기억, 애도, 그리고 '새로운 연결'이 이루어지는 시간이라 정의한다. 이 단계에서 목회 지도자는 피해자에게 계속 도움을 주는 한편, 상담사, 사회복지사, 치유 단체, 교육 프로그램 등과 연계해야 한다. 최초의 위기가 지나간 뒤, 흑인 교회가 피해자와 생존자에게 필요한 것을 모두 충족시켜줄 거라는 유혹에 빠져서는 안 된다. 생존자와 전문적으로 그들을 돌봐주는 사람들의 공동체에서 나오는 지혜는, 생존자를 위한 종교적 공동체의 부족한 부분을 메꿀 수 있다.

---

14 이 절의 주제는 주디스 허먼의 책 175ff에 나오는 치유에 관한 논의에서도 다루어진다.

아동이 가정 폭력으로부터 구출된 이후에도, 목회적 돌봄을 위해서는 아직도 많은 일들을 해야 많다. 그 아동이 다른 가족 구성원이나 친척, 가해자가 빠진 홀부모, 심지어는 여전히 가해자가 있는 가족과 계속 같이 사는 것은 드문 일이 아니다. 어떤 종류의 개입이 일어났는가에 따라 가해자는 교도소에 있을 수도 있고, 법원으로부터 접근금지 명령을 받아 따로 떨어져 있을 수도 있으며, 감독하에 아이들과 만나는 것을 허가받았을 수도 있고, 아이들과 같이 집에 살면서 엄격한 감시를 받을 수도 있다. 신체적·성적 폭력의 피해 아동에게 가장 위험한 상황은 감시받지 않는 가해자와 접촉하는 것이다. 따라서 목회 지도자는 아동과 정기적으로 접촉하면서 신뢰를 쌓고, 이를 통해 폭력이 발생했을 때 아동이 주저없이 말할 수 있는 환경을 조성해야 한다.

학대를 신고할 경우, 흑인 가정은 별거와 같은 급격한 변화를 겪게 된다. 이는 아동이 직면하게 되는 또 다른 손실이다. 모든 아동은 자신을 돌봐주는 성인들에게 강력한 감정적 애착을 느낀다. 많은 경우 학대받는 아동은 좋든 싫든 자신을 학대했던 성인들에게 의존한다. 그들은 학대자일뿐 아니라 아이를 돌보는 보호자이기도 하며, 이 때문에 그들에 대한 아동의 애착은 매우 강할 수밖에 없다. 이는 가족이 해체되었을 때 아동이 매우 큰 상실감에 빠진다는 것을 의미한다. 그들은 여태껏 자신을 보호해주지 못한 성인들을 신뢰하지 못하며, 오직 자신을 학대한 부모에게만 의존해야 한다고 알고 있었다. 이때 목회 지도자가 이러한 상실감을 잘못 진단하고 애착을 추구하는 아동의 행위가 얼마나 중요한지를 간과할 경우, 문제에 직면할 수 있다. 흑인 가정 외부의 사람이 학대 가족 간의 강력한 애착을 이해하기는 어렵다. 가해자의 범죄에 대한 피해자의 공포를 없애기 위해 목회 지도자가 그를 멀리 떨어뜨려 놓았을 때, 아동이 여전히 그 사람에게 애착을 느낀다는 사실을 수용하기는 쉽지 않다. 몇몇 사례에서 나타나는 이 원시적인 애착은 가해자를 향한 것이 아니라 학대하지 않는 부모를 향한 것이다. 물론 목회 지도자의 입장에서는 올바른 지침에 따라 행동하는 것도, 아동을 보호하는 것도 거부하는 이런 부모에게 화가 날 수 있겠지만 말이다. 가해자가 떠나버렸기에 목회 지도자는 학대하지 않는 부모를 향한 아동의 애착을 이해하기 어려울 수 있다. 그러나 한 가지 기억해야 할 것은 그 부모가 아동의 삶에서 유일하게 의지할 수 있는 어른들이었으며, 그들에 대한 애착은 아동에게 생사가 달린 문제였다는 점이다. 자신을 돌봐주는 성인에게 애착을 느끼지 못하는 아동은 살아남을 수 없다. 그래서 비록 의지할 수 있는 성인이 이상적인 사람이 아니더라도, 선택의 폭이 넓지 않은 아동은 생존을 위해 그에게 의존할 수밖에 없다.

애착하는 인물을 상실하게 된 결과가 애도이다. 그것은 충격, 마비, 해리, 우울, 수치, 분노, 죄책감과 같은 강한 정서적 반응이다. 이러한 감정들은 심할 경우 어린 시절 일상적으로 수행하게 되는 과업들, 예를 들어 수업에 집중하거나, 숙제를 하거나, 우정을 쌓거나, 자유롭게 놀이에 참여하는 것 등을 어렵게 할 수 있다. 가정학대를 경험한 흑인 아동이 회복되기 위해서는 안전한 장소에서 이러한 감정들을 다루는 것이 매우 중요하다. 일반적인 또래 집단이라면 지나친 분노에 사로잡혀 걸핏하면 싸움을 걸거나 다툼을 일으키는 아이를 따돌릴 것이다. 학교의 교사들은 너무 무기력한 나머지 역사와 수학 수업을 이해하지 못하고 숙제도 하지 않는 아이에게 실망할 수밖에 없다. 가정에서 부모를 대신해 아이를 돌보는 사람들은 많은 경우 왜 아이들이 악몽에 시달리고, 차려준 음식을 먹지 않으며, 친구들과 노는 것보다 텔레비전 보는 것을 더 좋아하는지 이해하지 못한다. 어린아이들이 놀이 치료에 참여하도록 이끌고, 청소년들과 그 나이에 맞는 언어로 이야기할 수 있는 숙련된 상담사는 가족 또는 다른 것에 대한 상실감으로 애도에 잠긴 아동들에게 큰 도움을 줄 수 있다. 교회 지도자들은 학대의 트라우마와 중요한 인간관계의 상실로 괴로워하는 흑인 아동이 상담을 받을 수 있도록 도움을 주어야 한다.

비슷한 원칙을 성인 생존자에게도 적용할 수 있다. 일부 성인들은 이혼, 질병, 실직, 부모나 자녀의 죽음과 같은 삶의 위기가 찾아오는 시기에 어린 시절 경험한 학대의 트라우마를 떠올리고는 한다. 과거에 해소되지 않은 감정들이 올라와 해결을 요구하는 것이다. 어떤 성인들은 배우자나 기타 가까운 관계의 사람에게 구타를 당할 때 애도의 과정 속으로 빠져든다. 설령 친구나 가족의 눈에는 그 사람이 자신의 삶을 회복해 타인과 어울려 살 준비가 된 것처럼 보인다 할지라도, 정작 당사자는 그 모든 것들을 제쳐둔 채 애도의 시간을 보내고는 한다. 한 사람이 자아상이나 중요한 인간관계의 상실을 경험할 경우, 그래서 이 상실감으로 애도를 느끼게 되었을 때, 그는 그 감정을 다루는 시간을 가져야 한다. 하지만 생존자 중 일부는 사회의 압력으로 애도의 시간을 무시하거나 너무 짧게 갖는다.

목회적 돌봄은 애도를 지연시킬 경우 그것을 해결하기가 더욱 어려워진다는 진리를 우리에게 가르쳐준다. 심한 우울, 수치, 분노, 죄책감이 해리, 낮은 자의식, 만성분노, 자아비판으로 전환될 때 그것들은 생활 패턴이 되어버리며, 이를 변화시키기는 어려워진다. 훌륭한 목회자는 애도의 시간을 보내는 데 필요한 안전한 장소와 자원을 제공할 수 있어야 한다. 대부분의 생존자들은 애도의 시간을 보내는 동안 일상적인 사회적 책임에서 잠시 벗어날 필요가 있다. 지극한 슬픔과 마주하게 된 생존자들은 양육의 책임으로부터, 일상적인 작업으로부터, 지도자의 업무로부터 잠시 휴식이 필요하다. 폭력으로 야기된 트라우마가 축적되었음에도 이에 대해 제때 치료가 이루어지지 않았을 경우, 장기간의 요양이나 집중적인 입원 치료가 필요할 수도 있다.

흑인 교회의 성서적 이미지를 폭력으로부터 도피할 수 있는 성역(聖域)으로 보는 것은, 그곳이 가정 폭력을 겪는 많은 아동과 성인 생존자에게 필요한 안전한 장소임을 말해준다. 전쟁이 벌어졌을 때 군인들은 죽음을 피해 교회라는 성역으로 갔고, 교회는 그들을 정치적인 적들로부터 보호해주었다. 우리는 가정 폭력의 생존자들을 위해 이러한 개념을 다시 환기할 필요가 있다. 누군가가 가정 안에서 신체적·성적 폭력을 당하고 신체적·정신적으로 피해를 입었을 때, 그 사람은 교회의 보호를 받을 수 있어야 한다. 일단 안전이 확보되면, 교회는 피해자가 가정 폭력으로 인한 상실에 애통해하고 새로운 삶을 계획할 수 있는 장소가 되어야 한다. 목회 지도자는 지역사회의 여러 기관들과 협력하면서 그러한 성역의 신학을 통해 많은 사람들의 삶에 큰 변화를 가져다줄 수 있다. 흑인 교회는 가정을 해체하기보다 흑인 공동체 안에 건전한 가정의 토대가 마련될 수 있도록 인도하게 될 것이다.

치유와 '새로운 연결'은 애도와 아주 밀접한 관련을 맺고 있다. 애도가 바람직한 방향으로 이루어질 경우 사람은 과거의 상실을 이해하고 망가진 현실을 받아들이며 새로운 미래를 향한 희망을 품을 수 있다. 그리고 치유는 이러한 애도의 결과물이다. 치유란 과거의 트라우마와 그 결과를 이해하고 받아들이는 것을 의미한다. 가정 폭력의 경우, 과거에 신뢰하고 사랑했던 사람들이 자신을 배신하고 파괴하려 했다는 사실에서 트라우마가 발생한다. 애도의 과정 중 하나는 그 사람들에게 느꼈던 애착과 그들을 이상적인 사람들로 여겼던 믿음을 포기하는 것이다. 치유란 이미 과거에 일어난 일을 바꿀 수 없다는 사실을 이해하고 받아들이는 것, 자신이 했던 저항이 — 설령 효과가 있었건 없었건 — 무의미한 것이 아니었다고 스스로에게 말해주는 것이다. 치유란 가정 폭력이 어떻게 자신의 내면에 자리 잡았고, 어떤 자학적 태도와 행동으로 드러나는지 인식하는 것을 의미한다. 치유란 자신의 삶과 타인과의 관계에 대한 이상화된 환상들을 떠나보내고,

이러한 환상들 없이 현실적인 미래를 수용하는 것을 의미한다. 이러한 치유의 과정에 관해서는, 생존자와 치유사가 저술한 훌륭한 책이 많이 있다.[15] 경험자들의 이야기에 따르면 장기간에 걸친 심각한 가정 폭력을 겪은 뒤 지속적으로 집단 치료 또는 개인 치료를 받을 경우, 애도와 치유의 단계에 접어들 때까지 평균적으로 5~7년이 소요된다고 한다. 이 과정의 중요성과 필요성을 이해해야 비로소 목회 지도자들은 흑인 가정이라는 상황에 맞추어 목회적 돌봄의 방법을 변화시킬 수 있다. 복잡한 문제에 대한 즉각적인 해결을 기대하는 사회 속에서, 교회는 가정 폭력으로부터 치유 받아야 할 사람들에게 안전하고 안정된 공간과 시간을 제공하는 소중하고 믿음직한 지원군이 되어야 한다. 이들의 증언은 우리에게 연약하지만 강한 회복력을 가진 하나님의 자녀가 되기 위해 필요한 시간과 공간을 제공할 것이다.

'새로운 연결'이란 폭력이 없는 다른 사람들과의 새로운 네트워크와 가족 관계를 형성하는 과정을 말한다.[16] 이 과정은 가정에서 오직 폭력밖에 경험해보지 못한 흑인 아동과 성인들이 이전에는 상상도 못했던 새로운 가능성을 계속해서 발견해나가는 것이다. 폭력을 피하기 위해 최선을 다했음에도 폭력을 겪고 트라우마를 얻은 숱한 사람들 — 이를 테면 폭력 없는 가정에서 자랐지만 결혼 후 구타를 당하게 된 여성 — 에게, 새로운 연결의 과정은 상해와 죽음의 위협으로 산산조각 난 이전 세계에서 품었던 희망을 회복하는 것을 의미한다.

---

15 Ellen Bass and Laura Davis, *The Courage to Heal: A Guide for Women Survivors of Child Sexual Abuse*(New York: Harper and Row, 1988).

16 아프리카계 미국인 가정의 새로운 연결에 관한 좋은 논의는 다음의 책을 참고할 것. Nancy Boyd-Franklin, *Black Families in Therapy: A Multisystems Approach*(New York: Guilford, 1989).

가정 폭력으로 발생하는 가장 큰 상실 중 하나는 신뢰하는 능력을 잃는 것이다. 아기는 처음부터 타인을 신뢰하는 능력을 가지고 세상에 태어났다. 아동은 자신을 돌보는 성인들로부터 받는 사랑, 음식, 안락함을 모두 수용한다. 살기 위해 필요한 이러한 자원들을 받아들이는 대가가 설령 폭력이라 할지라도, 아기와 어린아이는 생존을 위해 그것에 순응해야 된다. 폭력적인 가정에서 태어난 아기들 중, 자신을 돌봐주는 사람들이 휘두르는 폭력을 견딜 수 있을 정도의 회복력을 갖추지 못한 아기는 죽고 만다. 폭력적 가정에서 살아남은 모든 아기는 존중과 돌봄을 받아 마땅하다. 그러나 이 생존의 과정에서 타인을 신뢰하는 능력은 손상된다. 심지어 어른이 된 뒤에 폭력을 경험했더라도 극도의 트라우마를 겪을 수 있다. 아무리 자존심과 자기존중이 강하다 해도 죽음, 상해, 성폭력의 위협은 타인과 세상에 대한 신뢰를 약화시킨다. 어떤 종류이든지 폭력을 경험한 피해자들 중 다수는 세상에 첫발을 디딜 때 하나님으로부터 선물 받은 선천적인 신뢰의 감각을 다시는 회복하지 못한다. 폭력으로 말미암은 신뢰의 결핍은 자학적이고 반사회적 행위뿐 아니라 세상에 만연한 불행을 불러들이는 요인 중 하나이다. 이 말은 생존자들을 치유하는 일에서 신뢰의 감각을 회복하는 것이야말로 가장 중요하고도 가장 어려운 과제라는 의미이다.[17]

혹인 가정 폭력의 생존자가 다시 신뢰하는 방법을 배우려면 어떻게 해야 할까? 신뢰를 배우는 방법은 많지만, 목회적 돌봄의 원칙은 단순하다. 신뢰는 믿을 수 있는 사람과 관계를 맺으면서 학습된다. 한 사람의 세계가 부모나 배우자와

---

17 개인과 가정이 신뢰를 회복할 수 있도록 돕는 일에 관한 논의는 다음의 책들을 참고할 것. Edward Wimberly, *African American Pastoral Care*(Nashville: Abingdon Press, 1991); Wimberly, *Pastoral Care in Black Family*(Chicago: University of Chicago Press, 1978); *Pastoral Counseling and Spiritual Values: A Black Point of View*(Nashville: Abingdon Press, 1982); *Using Scripture in Pastoral Counseling*(Nashville: Abingdon Press, 1994).

같이 신뢰했던 가족 구성원에게 배신당해 산산이 부서졌을 때, 그 사람의 내면에서 신뢰가 다시 자리 잡기는 어렵다. 이때 신뢰는 믿을 수 있는 사람과 상호작용을 하면서 아주 조금씩, 아주 천천히 형성된다. 여러 생존자들의 증언을 들어보면, 모든 일이 문제없이 흘러갈 때보다는 오히려 자신이 신뢰하기 시작한 이가 공감과 정직한 태도를 보여주면서 갈등이나 힘든 사건을 해결할 때 사람에 대한 그들의 신뢰가 쌓인다고 한다.

주디스 허먼은 치유 단체와 지원 단체가 새로운 연결의 과정에 중요한 역할을 한다고 말하며 생존자 운동의 지혜를 이렇게 요약했다. 치유 과정에서 가장 강렬하고도 사적인 순간은, 치유를 위해 형성된 일대일의 안정적인 관계 속에서 가장 잘 생긴다. 어떤 때는 생존자 집단에서 그런 순간이 가장 잘 생긴다. 그 집단에서는 생존자들이 서로에게 배울 수 있고, 가정 폭력으로부터 치유되는 과정에 무엇이 수반되는지를 너무나도 잘 이해하고 있는 이에게 자신들이 안고 있는 신뢰의 문제를 털어놓을 수 있기 때문이다.[18]

피해자가 신뢰를 회복하고 '새로운 연결'의 단계를 밟을 때 흑인 교회는 어떤 역할을 해야 할까? 앞서 언급했던 모든 목회적 돌봄의 원칙을 복습해보자. 흑인 교회의 공동체가 신뢰를 얻기 위해서는, 그들이 신뢰할 만한 단체여야 한다. 이 명제는 두 가지 사실을 보여준다. 첫째, 흑인 교회는 지금까지 가정 폭력의 피해자와 생존자가 신뢰할 수 있는 대상이 아니었다. 둘째, 흑인 교회는 가정 폭력의 피해자와 생존자가 신뢰할 수 있는 공동체가 되어야 한다.

첫째, 흑인 교회는 지금까지 가정 폭력의 피해자와 생존자가 신뢰할 수 있는

---

18 주디스 허먼은 *Trauma and Recovery*, 특히 214~236쪽에 있는 제11장 "Commonality"에서 안전을 위한 단체, 기억과 애도를 위한 단체, 새로운 연결을 위한 단체를 다룬다.

대상이 아니었다. 사실, 우리 사회에 만연한 가정 폭력에 대한 도덕적 책임 중 일부는 교회에 있다. 교회의 목사이자 교사로서, 우리는 지금까지 두려운 이야기들, 즉 목회 지도자들이 폭력적 가정에 고립된 아동과 성인에게 부적절한 말, 상처를 주는 말을 해왔다는 이야기를 수없이 듣곤 했다.[19]

많은 목회 지도자가 자주 저지르는 실수 중 하나는, 피해자의 말을 믿지 않고 가해자를 옹호하는 것이다. 목사들은 이런 식으로 말해왔다. "그가 정말 당신을 해치려 했다고 확신합니까?" "당신의 아이가 진실을 말한다고 생각하는 근거는 무엇입니까?" "저는 존 집사를 알고 있어요. 그는 당신이 말한 것 같은 행동을 할 사람이 아닙니다." 가정 폭력의 여러 생존자들은 이런 반응이 진실이 드러나는 것을 가로막는다고 말한다. 만약 피해자가 가족 중 누군가에게 맞았거나 성폭행을 당했는데 목사가 그런 일은 일어날 수 없다고 말한다면, 피해자는 누구를 찾아가야 할까? 많은 생존자는 이런 일을 겪은 후 가정으로 돌아와 수년 혹은 수십 년 동안 침묵을 지키며 지내게 된다. 이러한 반응들이 신뢰를 훼손시킨다.

목회 지도자들이 흔히 저지르는 또 다른 실수는 피해자를 비난하고 가해자를 동정하는 것이다. 목사들을 이런 식으로 말해왔다. "당신이 그를 화나게 한 게 아닙니까?" "그 아이는 평소에도 다른 사람을 유혹하곤 했습니다." "그녀가 아버지를 이런 성가신 일에 말려들게 만든 것이 틀림없어요." "만약 이 이야기가 알려지면, 네 엄마에게 어떤 일이 생길지 생각해본 적 없니?" 호소하려 찾아온 사람을 도리어 비난하며 가해자를 동정하는 이러한 경향 역시, 신뢰감을 약화시킨

---

19 목사가 학대의 희생자와 생존자들에게 자주 저지르는 전형적인 실수들에 관한 논의는 다음 글들을 볼 것. Marie Fortune and James Poling, "Calling to Accountability: The Church's Response to Abusers," in *Violence against Women and Children: A Christian Theological Sourcebook*, ed. Carol Adams and Marie Fortune(New York: Continuum, 1995), p.452.

다. 몇몇 생존자들이 말하길, 자신은 필요한 도움을 얻기 위해 교회를 떠나야 했던 반면, 폭력의 가해자는 그 행위가 폭로되고 몇 년이 지나서도 여전히 교회에서 존경받는 지도자로 있는 것을 보며 매우 깊은 상처를 받았다고 한다.[20]

몇몇 교회가 저지르는 또 다른 실수는 생존자를 위해 진실을 밝히고 정의를 구현하는 과정을 생략한 채 성급하게 가해자를 향한 용서와 화해를 입에 담는 것이다. 심지어 폭력이 처음 폭로되는 시점에서조차, 몇몇 목사는 가정 폭력의 피해자에게 용서하라고, 더 열심히 기도하라고, 가족들과 다시 화합하기 위해 노력하라고 독려한다. 가정 폭력이 밝혀지고 몇 년이 지나서도 피해자가 여전히 분노에 차 있고 용서하지 않는다는 이유로, 그가 다른 교인들과 교제하지 못하게 막는 교회도 있다. 치유와 정의를 위해 고군분투하는 피해자·생존자에게 공감하고, 그 사람에게 자행된 폭력을 이해하려 하는 사람은 어디에도 없는 것이다. 또 어떤 생존자들은 교회 구성원들을 만족시키기 위해 위험한 상황에 머무르는 쪽을 선택한다. 이 두 사례는 많은 흑인 교회에서 벌어지는 이중의 비극이다.[21]

이것이 흑인 가정 폭력의 피해자와 생존자가 교회 지도자들을 신뢰하지 못하는 이유이다. 좋은 소식은 우리 교인과 목회 지도자들이 더 훌륭하게 처신하는 법을 배울 수 있다는 점이다. 기독교의 복음은 싸구려 용서와 권력을 가진 자들의 지배를 이야기하는 하찮은 복음이 아니다. 이 복음은 오히려 예수의 이야기, 즉 당대의 경제적·정치적 구조 속에서 억압받았던 보통 사람들을 향한 그의 사랑에 관한 이야기이자, 병자들에 대한 그의 연민과 악마와의 투쟁에 관한 이야기이며, 정의와 사랑을 위해 죽음마저 받아들이는 그의 헌신에 관한 이야기이다.

---

20 Annie Imbens and Ineke Jonker, *Christianity and Incest*(Minneapolis: Fortress Press, 1992).
21 Marie Fortune, "Forgiveness: The Last Step," in Adams and Fortune, pp. 201~206.

가정 폭력은 우리 삶 속에 엄존하는 두려운 현실이지만, 우리는 자신의 시대에 고통 받아야 했던 예수를 지도자로 따르며, 한때 고통스러운 노예였지만 주이자 구원자인 예수를 만나고 위로받았던 이들을 조상으로 삼는다. 복음은 우리가 가정 폭력의 피해자와 생존자에 대한 공감과 신뢰 속에서 그들을 이해하고 그들의 불행에 반응하도록 만드는 원천이 된다.

어떻게 해야 가정 폭력의 피해자가 신뢰할 수 있는 교회가 될 수 있는가?

(a) 교회는 흑인 가정 폭력의 진실을 이야기할 수 있다. 교회는 수십 년 동안 가정 폭력의 이야기를 들어왔다. 가정학대와 성학대는 새로운 사건이 아니다. 이제는 진실을 말할 시간이다. 진실을 말하는 것은 신뢰를 얻는 방법 중 하나이다. 진실을 말하는 것은 폭력의 피해자가 교회 안에서 소리 내어 자신의 이야기를 할 수 있도록 한다. 피해자와 생존자는 가정 폭력을 부끄러워해서는 안 된다. 부끄러움을 느껴야 할 사람은 가해자와, 진실을 알면서도 그를 보호하려 침묵했던 공동체의 사람들이다. 교회는 힘의 관계를 역전시켜 가장 약한 사람들이 자신의 삶에서 벌어진 진실을 자유롭게 이야기하고, 그 이야기가 신뢰받을 수 있도록 해야 한다.

(b) 교회는 자신들이 가정 폭력의 공모자였음을 고백할 수 있다. 교회는 구타를 당하고 성폭행을 당했다는 아이들의 이야기에 귀를 기울이려 하지 않았다. 교회는 학교나 지역 공동체가 주최하는 사교 모임에서 참석했다가 폭행을 당하고 강간을 당했다는 청소년들의 이야기에 귀를 기울이려 하지 않았다. 교회는 자신의 남편에게 구타를 당해왔던 흑인 여성들의 목소리에 귀를 기울이려 하지 않았다. 교회는 너무 쇠약해 스스로를 지킬 힘조차 없는 흑인 노인들이 자신을 돌봐주는 사람이나 친족들

로부터 부당한 대우를 받고 있다고 호소할 때 귀를 기울이려 하지 않았다. 현재 만연한 흑인 가정 폭력에 대해서는, 교회도 일정 부분 책임이 있다. 그리고 우리의 이러한 죄는 고백과 회개를 통해 경감될 수 있을 것이다.

(c) 교회는 흑인 가정 폭력의 쟁점들을 스스로 배움으로써, 피해자와 생존자의 이야기가 받아들여지는 환경을 조성할 수 있다. 가정 폭력의 진실을 모르는 종교 지도자들은 폭력의 피해자와 생존자에게 적절하지 못한 목회적 대응을 취한다. 아이가 나쁜 짓을 저지르지 않는 한, 부모는 아이를 때리지 않는다. 아이가 먼저 유혹하지 않는 한, 어른은 아이에게 성추행을 하지 않는다. 여성이 반항하지 않는 한, 남성은 여성을 때리지 않는다. 이런 잘못된 믿음으로 인해 폭력의 가해자가 보호받고 피해자는 비난받는다. 목회 지도자는 가해자가 자신의 행위를 정당화하기 위해 사용하는 합리화의 변명들을 알아야 한다. 이것은 피해자와 생존자의 신뢰를 얻고 교회를 신뢰할 만한 공동체로 만들기 위한 긴 여정의 첫걸음이 될 것이다.

요약하면, 가정 폭력의 피해자와 생존자에 대한 목회적 개입은 복잡하고 어렵다. '안전 우선'은 약자가 폭력의 위협을 받을 때마다 가장 우선시되어야 할 원칙이다. 이것은 어떻게 위기 상담을 하고, 피해자에게 힘을 실어주며, 이용 가능한 수단을 동원하고, 생존자들을 위해 우리 교회에 장기간에 걸친 변화를 가져올지 배우는 것을 의미한다. 애도, 치유, 새로운 연결은 폭력의 결과로부터 회복되는 과정에서 밟게 되는 다양한 단계를 말해준다. 이 장에서 우리는 목회 지도자가 연민과 정의감 속에서 가정 폭력으로 고통 받는 이들이 요구하는 목회적 돌봄을 제공하기 위해서는 어떤 태도와 지식, 기술이 필요한지를 제안했다.

제5장

중앙아메리카의 남성 폭력1

브렌다 콘수엘로 루이즈(Brenda Consuelo Ruiz)와 공동 저술

여성과 아동에 대한 남성 폭력을 문화적 배경에서 조사·연구하는 것은 복잡한 일이다. 각 문화마다 성별·인종·계층에 따라 권력 구조를 조직하는 방식이 다르기 때문이다. 남녀 간의 친밀한 관계가 어떤 형태로 이루어져야 하는지에 대한 생각은 문화마다 아주 다르다. 또한 부모가 이해하는 양육과 사회화의 과업도 그들의 종교 규범과 가족의 역사에 따라 다르다. 문화는 각자의 독특한 방법을 통해 성, 폭력, 위계, 종교에 관한 규범을 형성한다. 여러 문화 간의 차이를 이해하기 위해 나는 참여 관찰을 하거나 신중하게 자문을 구하면서 아프리카계 미국인의 문화와 라틴 아메리카계 미국인의 문화를 연구했다.

이 장은 이 책의 다른 장들과는 다른 형식을 취하고 있다. 니카라과(Nicaragua)

---

1 이 글의 원본은 다음과 같다. "Family Violence in Nicaragua," *The Journal of Pastoral Care* 49, no.4(Winter 1995), pp.417~422.

에서 경험한 것을 가능한 한 정확하게 보고하려 노력하긴 했지만, 어쨌든 그것은 내가 이해할 수 있는 범주를 넘어갈 수 없었기 때문이다. 즉, 이 보고에는 내 개인적인 주관이 훨씬 더 많이 들어가 있고, 내가 관찰한 것들은 훨씬 더 잠정적으로 표현되어 있다. 그러나 이 방법은 내가 니카라과에서 접한 남성 폭력의 복잡한 이슈들을 있는 그대로 보여줄 것이다. 나는 독자에게 다른 문화로 이어지는 다리를 제공하면서 나의 이러한 생각과 감정을 나누고자 한다.[2]

1994년 8월, 나는 전후(戰後) 트라우마와 극심한 가난의 상황에서 벌어지는 가정 폭력과 성폭력에 관한 문화 간 연구를 위해 니카라과로 네 번째 여행을 떠났다. 아래는 이 여행에서 쓴 일기를 편집한 것이다. 나는 이것을 통해 우리가 중앙아메리카에 사는 기독교인들의 고통과 희망에 연대하며, 여성에 대한 남성 폭력이 문화적으로 어떠한 맥락에 놓여 있는지 이해할 수 있기를 기원한다.

8월 6일 토요일, 마나과(Managua).

들뜬 마음을 가라앉히지 못해 뜬눈으로 밤을 지새운 다음 날, 나는 STB(Seminario Teologico Bautista, 침례신학대학)[3]에서 우리에게 배정해준 아파트 거실에 앉아 있다. 내 앞의 탁자 위에는 과일 한 꾸러미가 놓여 있다. 파인애플, 바나나, 망고, 그리고 커다란 파파야까지. 아름다운 모습이다. 그것은 나와 내 아들을 초대한 이가 우리의 도착을 반겨주기 위해 놓은 것이다. 그의 이름은 브렌다 콘수엘

---

2 니카라과에서 벌어지는 남성 폭력에 관한 내 더 깊은 고찰은 다음 책에 기록되어 있다. *Render Unto God: Economic Vulnerability, Family Violence, and Pastoral Theology*(St. Louis: Chalice Press, 2002).

3 STB와 연락을 취하려 할 경우 주소는 다음과 같다. Apartado 2555, Managua, Nicaragua, Deborah Garcia, president.

로 루이즈. STB에서 시간제 강사로 일하고 있는 니카라과인 목회상담사이다.

지난 밤, 제니 애틀리(Jenny Atlee)가 그녀의 5살 난 딸 카르멘(Carmen)을 데리고 우리를 찾아왔다. 그녀는 퀘이커교도를 위한 자원봉사를 하고 있으며, 경찰 지도자와 전과자들을 위해 열리는 "폭력의 대안"이라는 콘퍼런스의 계획을 돕고 있었다. 그녀는 지난 5월에 파종했던 작물의 첫 수확에서 얻은 것이 거의 없다고 말했다. 사람들은 굶주리고 있으며 그들에게는 우리를 대접할 음식조차 없었다.

8월 8일 월요일, 마나과, 아카왈린카.

오늘 아침 우리는 CEPAD(Consejo de Iglesias Evangelicas Pro-Alianza Denomi-nacional, 개신교 협의회)[4]의 안내를 받아 아카왈린카(Acahualinca) 지역을 방문했다. 1,000여 가구가 도시 쓰레기 더미 옆에 살고 있는데, 이들은 쓰레기를 뒤지며 사용할 수 있거나 되팔 수 있는 물건을 찾는다. 버스를 타고 가면서 우리는 새로 쌓인 쓰레기 더미를 뒤지는 수백 명의 사람들을 목격할 수 있었다. 어깨에 걸친 가방과 손수레가 그들이 가진 도구의 전부였고, 아이들은 손수레 옆에 앉아 부모가 돌아오기를 기다리고 있었다. 브렌다가 말해주길 이곳에서는 뇌물수수와 매춘도 자행되는데, 이로 인해 사람들의 삶이 더욱 고달프다고 한다. 폭력은 흔한 일이고, '돈 되는 쓰레기'를 두고서는 살인까지도 벌어진다. 그것은 내가 여태껏 봤던 그 어떤 것보다도 무서운 광경이었다. 그것은 그들이 생존할 수 있는 유일한 방법이었다.

그 버스 안에서, 팔레스타인에서 온 여성이 나에게 물었다. "신학자인 당신이

---

4 CEPAD와 연락을 취하려 할 경우 주소는 다음과 같다. Apartado 3091, Del Puente Leon, 1 1/2 cuadre arriba, Managua, Nicaragua.

보기에, 하나님은 어디에 있는가?" 나는 이렇게 답했다. "나도 하나님을 볼 수 없다. 하나님은 분명 이 악에서 살아남으려는 사람들의 의지 속에 계실 것이다."

여성 지도자 중 일부가 학교와 급식 프로그램에 관해 말해주었다. 정부가 약간의 땅을 제공하긴 하지만, 교사들의 봉급과 교재비는 학부모들이 내야 한다. 우리가 아이들을 찾았을 때는 마침 점심시간이었다. 쉼터에서 5명의 여성이 요리를 하는 동안 70여 명의 아이들이 몰려들었다. 그중 그나마 나이가 많은 여자아이 6명이 아이들을 감독했다. 아이들은 아주 질서정연했으며, 음식을 기다리며 노래를 부르거나 손뼉을 쳤다. 아름답고 슬픈 광경이었다. 점심은 쌀, 콩, 호박, 소고기 조금, 그리고 영양 첨가물이 든 음료였다. 음식은 CEPAD에서 제공하지만, 프로그램을 운영하고 요리를 해야 하는 것은 자원봉사자들이다. 나는 그 아이들에게 있는 에너지와 삶을 향한 강한 욕구에 깊은 인상을 받았다. 그들에게는 다른 인간과 똑같이 살 권리가 있었다. 그러나 살아남기 위해 필요한 자원이 그들에게는 너무나도 부족했다.

우리는 삼림 복원 사업장을 방문했다. 그 지역의 공동체는 쓰레기 처리장 근처에 있는 마나과 호(湖)를 보호하기 위해 나무를 심고 있었으며, 사업은 어느 정도 진척되는 중이었다. 하지만 수십 미터 높이로 쌓여 있는 쓰레기 더미는 이미 호수의 일부나 마찬가지였다. 마나과 시의 시장이 말하길, 쓰레기가 더 늘어나게 되면 호수를 보호할 수 없을 것이라고 한다. 삼림 복원 사업은 악의 한가운데에서 희망을 추구하는 행동이었다. 부족한 자원에도 굴하지 않고 공동체를 만들어가려는 노력은 가장 열악한 상황에서 발현되는 인간의 에너지와 행동을 보여주었고, 이는 여행 내내 내게 깊은 인상을 심어주었다. 여성과 아이들의 눈에 깃든 슬픔은 고통과 희망 모두를 보여주었다.

8월 8일, 마나과.

오후에는 STB로 돌아와 돈 카를로스 바야그라 총장과 면담했다. 나는 그에게 선물을 주고 신학대학의 재정에 관해 물어보았다. 그들은 올해 심각한 재정 위기를 겪으며 간신히 버티는 중이었다. 작년에 발생한 8,000달러의 적자를 메우고 있었기 때문이다. 이곳은 지난해 학사 과정에서 11명의 졸업생밖에 배출하지 못했다. 많은 학생들이 돈이 없어 학교를 다니지 못했기 때문이다. 교회에서도 신학대학을 지원하고 있지만, 국가적인 재정 위기 때문에 자금이 부족한 실정이다. 나는 미국의 신학대학과 다른 30여 개의 기관들에 추천장을 보내 재정 지원을 요청해보기로 했다.

8월 9일, 마나과, STB.

오늘 나는 신학교 예배에서 설교를 했다. 대서양 해안 지방에서 온 학생 루테르 미겔(Luther Miguel)이 통역을 해주었다. 말씀은 마태복음 18장 1절에서 7절로, 아이에 관한 이야기였다. 나는 가정 폭력에 관해 짧게 설명했고 이것을 어떻게 생각하는지 물었다. 한 남학생이 자신은 전혀 이런 문제를 겪어본 적이 없다고 말했다. 반면 한 여학생은 니카라과에서는 수많은 폭력이 자행되고 있지만, 교회가 침묵하고 있다고 말했다. 루벤 팍(Ruben Pak) 교수가 가정 안에서의 폭력과 사회 안에서의 구조적 폭력의 관계를 질문했다. 신학대학이 성에 관한 책을 도서관에 들이지 않는다고 비판하는 학생도 있었다. 브렌다는 토론이 성공적이었다고 말했다. 몇몇 남성들이 방어적인 태도를 취하기는 했지만, 최소한 논의 자체는 이루어졌다.

설교를 마치고, 나는 점심시간에 10여 명의 학생 및 목사들과 대담했다. 나는 예배 때의 논의에 이어 다시 그들에게 질문했다. 첫째, 교회에서 주장하는 아동

훈육의 원칙은 무엇이며, 그것은 어떻게 폭력과 구분되는가? 둘째, 남성은 여성보다 과격한 폭력을 저지를 가능성이 높은가? 셋째, 만약 어린 여성이 임신한다면, 그녀를 성인으로 볼 수 있는 나이는 몇 살인가? 넷째, 술과 폭력은 어떤 관계인가? 다섯째, 가정 폭력과 성폭력이 벌어졌을 때 교회는 무엇을 해야 하는가?

두 여성 목사는 강한 어조로 가정에 폭력이 만연해 있는데도 교회가 그에 대해 아무것도 하지 않는다고 말했다. 어떤 여신도가 계부에게 맞아 등에 상처를 입은 채 집을 도망쳐 나온 소년의 이야기를 들려주었다. 소년은 여러 날 집을 나가 있었고, 온 가족이 그를 찾아 나섰다. 그리고 소년을 발견하자 계부와 삼촌, 엄마마저 그를 폭행했다고 한다. 또 다른 가정에서는, 가장이 세 딸을 성추행하고 가장 어린 딸을 임신시켰다고 한다. 술 취한 아버지가 아들에게 나무에 올라가 코코넛을 따오라고 시켰다가 아들이 떨어져 팔이 부러진 경우도 있었다. 교회에는 이런 가족들을 위한 프로그램이 없었다. 목사들 중에는 바울이 쓴 성경 구절을 인용해 여성에게 복종을 가르치는 이도 있다고 한다. 이것은 폭력을 부추기는 행위일 뿐이다.

브렌다는 만약 부유한 교인이 가정에서 폭력을 저지른다면 목사는 무엇을 해야 하느냐고 물었다. 나는 폭력에 대처하는 것은 항상 위험한 일이지만, 현실을 변화시키려면 목사들이 용기를 가져야 한다고 답해주었다. 또한 가정의 사생활 보호와 교인의 지지 부족으로 효과적인 행동이 취해질 수 없는 상황에 안타까움을 토로했다. 한 수도사는 어느 집사를 모든 교회 활동에서 배제시켰다고 말했다. 그 집사가 자녀를 학대했기 때문이다. 나는 용감한 행동이라고 말했다. 그러면서 나는 교인들이 지켜보고 있기 때문에 폭력을 묵과한다면 결국 그 결과와 마주하게 될 것이며, 특히 목사의 침묵은 결과적으로 교인들의 신앙에 악영향을 끼칠 것이라고 말했다. 한 여신도가 말하길, 어떤 목사는 자신의 자녀가 모범을 보이기를 기대하며 그 아이를 학대한다고 한다. 가슴 아프지만 유익한 논의였다. 브렌다 역시 기뻐했다. 토론에 참여했던 이들은 모두 과거 그녀의 제자들이었기 때문이다.

8월 9일, 마나과.

AEDAF(Asociacion Evangelica De Asesoramiento Familiar, 가정 목회상담을 위한 복음주의 센터)의 지도자들인 브렌다 루이즈, 매들린 웨스트(Madlyn West), 미르나 로차(Mirna Rocha)와 함께 회의를 했다. 우리는 성과 폭력, 목회상담의 광범위한 주제들에 관해 논의하며 유익한 시간을 가졌다. 페미니스트인 그들은 가정폭력과 성폭력의 쟁점들을 숙지하고 있었으며, 이 문제와 관련해 수년 동안 활동해온 사람들이었다. 이들에 따르면 가정에서 호소하는 문제들 중 가장 큰 비중을 차지하는 것은 양육, 특히 청소년의 양육 문제와 부부 간에 발생하는 문제였다. 인간관계에 대해 고민하며 상담을 받기 위해 찾아오는 사람들은 대개 여성이었다. 반면 남성은 주로 직업과 실직에 관한 상담을 받으러왔다. 가정 문제를 상담할 때 남성을 불러들이는 것은 매우 어려운 일이었다. 그들은 이 문제를 사생활의 영역으로 생각했고, 자신의 행위에 수치심과 죄책감을 느끼고 있었기 때문이다. 문제는 상담을 위한, 특히 남성을 위한 문화적 지지가 부족하다는 점이었다. 대부분의 상담은 간략하게 진행되었으며, 주로 위기 상황이 벌어졌을 때를 중심으로 이루어졌다. 간단한 상담을 통해서도 여러 문제점을 발견하는 것은 가능하다. 하지만 가정 폭력의 경우, 대개 문제점을 발견하고도 적절한 처방을 할 수 없었다. 여성 지도자들은 가정 폭력 안에 권력과 성에 관한 쟁점이 있음을 알았지만, 폭력이 자행되는 가정을 장기간에 걸쳐 치유하기 위한 적절한 모델이 없었다.

우리는 목사가 강단에서 기도할 때, 설교할 때, 성경을 공부할 때 폭력을 이야기할 수 있도록 교회 안에서 교육이 이루어져야 한다고 이야기했다. 매들린은 많은 교회의 메시지가 상징적인 것, 사람들의 현실적인 문제와는 무관한 것이 되었다고 말했다. 또한 우리는 남성 목사와 여성 목사에 관해서도 이야기했다. 남성 목사들은 대개 남성 폭력을 여성의 탓으로 돌리고 있으며, 이런 현상에 변화를 가져오기에는 여성 목사의 수가 너무나도 적었다.

우리는 AEDAF와 미국 목회상담협회(American Association of Pastoral Counselors: AAPC)의 관계에 대해서도 이야기를 나누었다. 브렌다는 ≪저널 오브 패스터럴 캐어(The Journal of Pastoral Care)≫에 논문을 발표한 적도 있다.[5] 그들은 미국으로부터의 지지와 협력을 원하고 있었다. 이들의 단체가 AAPC와 협력 관계를 맺기를, 그래서 우리가 서로 여러 교육과 지원을 나눌 수 있게 되기를 나는 진심으로 희망했다.

8월 15일 오전 6시, 아추아파.

그 사이 너무 많은 일이 일어나서 뭘 적을 시간조차 없었다. 우리는 지난 금요일 오후 1시에 이곳, 아추아파(Achuapa: 마나과에서 약 3시간 거리에 있는, 농부와 소작농이 주로 거주하는 작은 산골 마을)에 도착했다. 제니는 한동안 사람이 살지 않았던 오두막을 청소해야 했다. 이 지역의 치료사인 플로렌티나 드 마리아(Florentina de Maria)가 우리를 찾아왔고, 우리는 함께 동네를 둘러보았다. 그러다 우리는 이 마을에서 유일하게 전화기가 설치된 사무실 앞에 멈추었다. 호우

---

5 Brenda Consuelo Ruiz, "Pastoral Counseling of Women in a Context of Intensive Oppression," *The Journal of Pastoral Care* 48(1994) pp.163~168.

로 인해 전화는 불통이었고, 플로렌티나가 이를 해결하기까지 한 시간가량을 기다려야 했다. 이후 우리는 '시골 상점(tienda compesina)'이라는, 지역 협동조합 가게에 들렀다가 플로렌티나의 집을 방문했다. 방 하나에 환자용 침대가 대여섯 개 나란히 놓여 있었다. 우리 5명이 검진을 받았다. 그녀는 허브차와 침술을 이용해, 또한 환자를 격려해 병에서 회복할 수 있도록 돕는다. 그녀의 목적은 사람들이 북미 방식의 의료에 덜 의존하도록 돕는 것이다. 북미 방식의 의료는 비쌀 뿐 아니라 공동체의 순수성을 훼손하기 때문이다.

오늘 아침에 플로렌티나가 찾아와 자신의 이야기를 들려주었다. 그녀는 심한 관절염을 앓았을 때의 이야기, 일본인 의사의 치료를 받아 호전되었을 때의 이야기, 레온(Leon)에서 훈련을 받았을 때의 이야기, 남편에게 버림받았을 때의 이야기, 마침내 침술과 허브를 이용한 치료를 시작할 때의 이야기를 들려주었다. 나는 그녀에게 가족 문제와 여성에 대한 폭력에 관해 물었다. 처음에 그녀는 이곳에서는 폭력이 그리 큰 문제가 아니라고 말했다. 그러나 약간 이야기를 나눈 뒤, 그녀는 나에게 많은 사례를 알려주었다. 그녀는 상담에 필요한 훈련을 받고 싶다고 말했다. 많은 사람들이 그녀에게 상담을 요청해왔기 때문이다. 나는 그녀에게 다시 방문할 수 있도록 노력하겠다고 말했다. 어쩌면 다음번에 찾아올 때는 AEDAF의 직원들과 함께 여성을 위한 워크숍을 개최할 수 있을 것 같았다.

플로렌티나의 삶은 산디니스타 혁명(Sandinista Revolution) 동안 전개된 문맹 퇴치 캠페인에 참여하면서 완전히 뒤바뀌었다. 그전까지 그녀는 교육받을 기회조차 없었다. 어떤 면에서 그녀의 삶은 니카라과의 역사와 유사하다. 혁명 속에서 얻은 찬란한 희망, 전쟁과 제재로 인한 고통, 개인적 치유의 경험, 미국에 의존하지 않는 자연적 방법을 통해 사람들을 치유하는 현재진행형의 목회 활동 등. 플로렌티나 본인도 같은 생각을 하며 자신의 삶을 받아들이는 것 같았다.

오전 10시 30분 즈음에 우리는 라가티요(Lagartillo)로 가서 티나 페레스(Tina Perez)의 집에서 대부분의 시간을 보냈다. 그녀는 쌀, 콩, 토르티야와 따뜻한 차를 점심으로 대접해주었다. 스코틀랜드에서 온 세르히오(Sergio)라는 24세의 남성은 유럽에서 모금한 돈을 전해주기 위해 와 있었다. 그는 이 돈을 가장 잘 활용할 수 있는 방법을 찾기 위해 이곳에서 6주를 보낼 계획이었다. 오후 늦게 우리는 가까운 곳에 있는 산 정상에 올라 한 시간 정도 이야기를 나누었다. 티나는 미국과의 전쟁 때 비행기가 우리가 있는 곳 아래쪽 – 게릴라들이 숨어 있었던 곳 – 을 폭격했던 일을 기억하고 있었다. 나는 그녀에게 앞으로의 미래가 어떨 것 같으냐고 물었다. 그녀는 미국의 강한 경제적 압박 때문에 니카라과인들이 너무 분열되어 있어 어떤 희망의 조짐도 찾을 수 없다고 말했다. 나는 아마도 지금이 기다림의 시간일 것이라고 말했다. 그녀는 지금이 슬픔의 시간이라고 말했다. 이 차이는 외부로부터의 희망을 기대할 수 있는가의 여부와 관련 있을 것이다. 나는 그녀가 전 세계적 현상에 관해 언급하고 있다는 느낌을 받았다.

티나는 5살 난 아들을 잃고 그의 꿈을 자주 꾸었지만, 그가 괜찮을 거라고 느낀 뒤로는 더 이상 아들의 꿈을 꾸지 않게 되었다고 한다. 그러나 그녀는 아직도 1984년 12월 31일 니카라과 반군에 대한 공격으로 죽은 남편과 14살 난 딸의 꿈을 꾸고 있었다. 우리는 박격포 폭격으로 그녀의 딸이 죽었던 장소를 찾았다. 티나는 매년 추모일에 예배를 드린다고 말했다. 돌아오는 길에 작은 구름에서 은빛 소나기가 쏟아져 내렸다. 해가 밝게 빛나는 가운데 내리는 찬란한 은빛의 비였다. 우리는 흠뻑 젖었다. 티나는 이것이 성스러운 비라고 말했다.

8월 14일 일요일 아침, 아추아파.

제니와 나는 가정 폭력과 성폭력에 관한 워크숍을 계획했다. 니카라과인 30여

명이 참석했다. 부족한 어휘 실력 때문에 내가 할 수 있었던 건 한 번의 연설과 몇 가지 해설뿐이었다. 나머지 대부분은 제니에게 맡겨야 했다.

워크숍은 놀라웠다. 제니는 능숙하게 진행했고, 토론도 잘 이루어졌다. 대화의 대부분은 젊은 남성들이 주도했지만, 때로는 할머니, 몇몇 여성, 그리고 베이스 크리스천 공동체(Base Christian community)의 지도자 아만시오 페레스(Amancio Perez)가 발언을 하기도 했다. 내 목적 중 하나는 부와 가난과 권력에 관한 혁명의 원칙들을 그들이 성과 가족에도 적용할 수 있을지 확인하는 것이었다. 그것은 그들에게 어렵지 않은 일이었다. 워크숍에 모인 사람들은 여성과 아동이 가정 안에서 약자들이며, 법과 관습의 보호를 받아야 한다는 주장에 공감을 표했다. 여성에 대한 남성 폭력이 중지되어야 한다는 요구에도 남성들은 불편함을 드러내지 않았다. 이는 내 경험 중에서도 매우 드문 사례였다.

우리는 그들이 처한 실제 상황을 부각시키기 위해 두 개의 사회극을 준비했다. 사회극이란 지역사회의 문제를 드러내는 것을 목적으로 하는 역할극으로, 1980년대에 진행된 문맹 퇴치 캠페인에서 일익을 담당했으며, 지금도 지역사회의 교육과 활동에서 주된 수단으로 활용되고 있다. 연극은 두 가정이 겪는 문제를 묘사하고 있었다. 첫 번째 연극의 내용은 다음과 같다. 남편이 아내에게 자신이 자리를 비운 동안에는 집을 지키면서 집안일을 하라고 지시한다. 그가 나간 뒤, 지역 보건소의 남성이 와서 그 가족에게 어떤 모임에 참석하라고 권한다. 집으로 돌아온 남편은 보건원에게 모임에 참여하겠다고 약속한다. 하지만 보건원이 떠난 뒤, 남편은 아내를 감정적으로 학대하기 시작한다. 그는 다른 남자에게 추파를 흘린다며 아내를 매도한 뒤, 또 그런 짓을 하면 가만두지 않겠다고 위협하면서 그 모임에 가지 말라고 강요한다. 배우들은 공적인 자리에서는 협조적인 많은 사람들이, 사적인 자리에서는 얼마나 비협조적이며 폭력적인지를 보여주기 위해 노력했다.

두 번째 사회극은 다음과 같다. 아버지가 술에 취해 집으로 돌아온다. 그는 아들에게 나가서 마음껏 놀라고 말한다. 그러나 딸에게는 집에 남아서 일을 하라고 강요한다. 그가 자리를 비운 사이, 딸은 가출을 한다. 잠시 후 집으로 돌아와 딸이 나간 것을 알게 된 남편은 아내를 때리며 자기 방식대로 아이들을 통제하지 않았다며 비난한다. 두 사회극은 폭력을 통한 남성의 권력과 통제를 여실히 보여준다. 플로렌티나는 나중에 그것들이 워크숍에서 논의했던 주제들을 표현하는 아주 훌륭한 방법이었다고 말했다. 마지막으로 아만시오가 최근 지역 공동체에서 벌어지고 있는 십대의 자살에 관해, 그리고 자녀가 문제를 겪고 있을 때 부모가 개방적인 태도를 보이는 것이 얼마나 중요한지에 대해 감동적인 연설을 해주었다. 우리는 「니카라과, 니카라기타(Nicaragua, Nicaraguita)」라는 노래와, 소작농들을 위한 미사에서 쓰이는 미사곡을 부르며 워크숍을 끝냈다.

나는 후일 플로렌티나, 티나, 아만시오와 다시 만나 그들의 삶과 미래의 비전에 대해 더 많은 이야기를 나누고, 무엇이 가족과 여성의 정의인가에 대한 교육이 활발하게 이루어지도록 하고 싶었다. 내가 살면서 성취하고자 하는 목표는 영적 성장과 깨달음이지만, 나는 내가 어떤 중요한 일에 공헌할 수도 있다는 것을 느꼈다. 그것은 어쩌면 미국의 한 위원단과 AEDAF의 지도자들 사이에 서는 것일 수도 있다. 제니는 이런 내 생각을 반기며, 이 주제가 공동체와 가족에 초점이 맞춘 '폭력의 대안'이 될 수 있을 거라고 말했다.

8월 16일, 마나과.

마나과에서의 마지막 날을 보냈다. 오후는 느긋했다. 아들 나단과 사적인 대화를 나누기도 하고 침묵하기도 하며 몇 시간을 보냈다. 톰 라우든(Tom Louden)

이 편지를 전해주기 위해 잠시 들렀다가 우리에게 참깨와 다른 경이로운 식물들에 대한 희망을 이야기했다. 우리는 다시 조용해졌다. 이후 서로 이야기를 털어놓으며, 우리는 향수에 젖었다. 다시 니카라과에 대한 이야기가 시작되었고, 우리가 할 수 있는 한 모든 것을 이야기했다. 브렌다와 그녀의 남편 이반(Ivan)과 함께 저녁을 먹고, 아침 5시에 STB를 떠났다. 날은 아직 어둡지만 우리가 공항에 도착할 때쯤이면 해가 뜰 것이다.

8월 18일, 뉴욕, 로체스터(Rochester).

마나과에서도 가장 가난한 지역이라 불리는 아카왈린카의 아이들 70여 명이 주석 지붕과 기둥으로 된 건물 안에서 부르던 노래가 떠오른다. 여성 5명이 제공하는 콩, 호박, 고기, 오트밀, 과일 주스가 하루에 그 아이들이 먹을 수 있는 유일한 식사였다. 부모들은 대부분 쓸 만한 물건을 찾기 위해 도시에서 갓 나온 쓰레기 더미를 뒤지고 다닌다. 자신의 아이를 키우기 위해 전염병, 폭행, 공해, 열사병을 감내하고 있는 것이다.

이들은 제3세계의 가난한 사람들 중에서도 가장 가난한 사람들이다.

그런데 어째서 우리의 희망은 그 아이들의 희망보다도 초라한 것인가?

제**6**장

회복하는 가해자의 이야기들[1]

이 책을 통해 나는 여성과 아동에 대한, 특히 가족이나 다른 친밀한 관계에서 벌어지는 남성 폭력의 복잡한 문제들을 이해하려 노력했다. 이 목표를 이루는 데 가장 큰 장애물은, 흔히 가해자라 불리는 남성 학대자들의 치유에 관한 주제로 글을 쓸 때 나타난다. 많은 교회 지도자들은 자신과 사적으로 알고 지내는 사람들이 그러한 학대와 악행을 저지르리라고는 상상도 하지 못한다. 그들은 이런 폭력을 믿지 못한다. 그래서 그들은 피해자들의 울부짖음을 축소하거나 무시하며, 가해자를 자유롭게 풀어준다. 그러나 이러한 대응은 위험하다. 계속되는 학대 속에 피해자들을 내버려두고, 치유에 필요한 자원으로부터 격리된 생존자들을 그대로 방치하기 때문이다.

---

1 이 글의 원본은 다음과 같다. "Stories of Recovering Perpetrators," *The Abuse of Power: A Theological Problem*(Nashville: Abingdon Press, 1991), pp.49~73.

이 장에서 나는 목회상담사로서 폭력의 가해자들과 겪었던 일들을 솔직하게 쓰고자 한다. 나는 강도 높은 훈련을 받지 않은 목회자가 감독도 없는 상태에서 목회상담에 종사해서는 안 된다고 생각한다. 목회자들은 자신의 죄악으로부터 치유 받기를 원하는 남성 학대자들이 직면하게 되는 여러 어려운 문제들을 잘 이해하고 있어야 한다. 그런 이해가 없다면 교회는 아무 것도 하지 않는 수동적인 존재가 되거나, 성급하게 학대자를 추방하는 보복 집단이 될 것이다. 여성과 아동에 대한 남성 폭력은 그저 특이한 소수의 남성들이 저지르는 행위가 아니다. 그것은 오히려 교회를 포함한 미국 사회에 만연한 일반적인 남성들의 행태이다. 남성 학대자들은 그들의 행동에 대한 명확한 제약과 그들이 마주한 변화의 요구를 실현하기 위한 재활 프로그램이 필요하다. 교회는 힘없는 사람들을 보호한다는 자신들의 책임을 직시하고, 변화를 원하는 남성에게 필요한 도움을 주어야 한다. 이를 위해서는 교회가 추구하는 목표를 폭넓게 다시 생각하고 다시 조직하는 과정이 필요하다.

내 개인적 이야기

몇 년 전부터 심리치료사로 일하면서, 나는 근친상간이 벌어진 가정들과 상담하는 일을 시작했다.[2] 내가 일하는 기관에서는 15명의 직원 중 남성 직원이 오직

---

2 이 책의 제2장 외에도, 아동 성학대에 대한 내 이전의 연구는 다음 논문들로 출간되었다. "Child Sexual Abuse: A Rich Context for Thinking about the God, Community, and Ministry," *Journal of Pastoral Care* 42, no.1(Spring 1988), pp.58~61; "Issues in the Psychotherapy of Child Molesters," *Journal of Pastoral Care* 43, no.1(Spring 1989), pp.25~32; "Social and Ethical Issues of Child Sexual Abuse," *American Baptist Quarterly* 8, no.4(December 1989),

3명뿐이었는데, 내가 그중 한 사람이었다. 나는 가해자와 상담하는 부서에 배치되었고 아동 성추행범을 상대로 개인 단위와 그룹 단위의 심리치료를 병행했다. 나중에 다른 도시로 이사하고 나서도 나는 계속 그런 사람들을 상대했다.[3]

추행범들로부터 들은 이야기와 심리적 장애를 겪는 위험한 남성이 이토록 많다는 사실은 내게 충격을 주었다. 나는 치료 과정의 안팎에서 모두 한계를 절감했다. 치료사의 윤리적 책임은 크며 지속적으로 다루어야 할 문제이다. 치료사는 여성과 아동의 안전을 위해 전문 사회복지사 및 법률 전문가와 협력해서 일해야 한다. 치료가 이루어지는 동안 학대가 계속되지 않도록 성폭행 가해자의 행동을 적절하게 제약하는 것은 어려운 일이다. 이런 가해자들을 상대하는 사람이라면 누구나 극심한 위험을 경계할 필요가 있으며, 안전 문제에 관해 다른 가족 구성원으로부터 정보를 얻을 필요가 있다. 사실의 부정과 축소는 가해자의 일반적인 방어법이며 진실을 분별할 수 없게 만든다. 가해자는 모두 자신의 죄에 대한 책임을 회피하려 거짓말을 한다. 남성 치료사는 자신이 남성에 의한 학대에 충분히 민감하지 못하다는 사실을 이해할 필요가 있으며, 따라서 여성 치료사에게 피드백과 감독을 받을 필요가 있다.

법적인 제약과 치유를 통한 제약이 더 심각한 학대를 단념시킬 때, 교육적 노

---

pp. 257~267.

3 나는 아동 성추행범에 관한 문헌을 조직적으로 연구하는 일에 참여하기도 했다. 도움을 얻었던 책들 중 일부는 다음과 같다. A. Nicholas Groth, *Men Who Rape*(New York: Plenum Press, 1979); David Finkelhor, *Child Sexual Abuse*(New York: Free Press, 1984); Mary H. Lystad(ed.), *Violence in the Home: Interdisciplinary Perspectives*(New York: Brunner/Mazel, 1986); Richard Gelles and Murray Straus, *Intimate Violence*(New York: Simon and Schuster, 1988); George Barnard et al., *The Child Molester: Integrated Approach to Evaluation and Treatment*(New York: Brunner/Mazel, 1989); Mike Lew, *Victims No Longer: Men Recovering from Incest and Other Sexual Child Abuse*(New York: Nevraumont, 1988); Mic Hunter, *Abused Boys: The Neglected Victims of Sexual Abuse*(New York: Lexington, 1990).

력을 통해 인지적 왜곡에 이의를 제기할 때, 치유는 이 남성들의 고통을 듣고 이해할 수 있게 된다. 그들은 자기 삶의 공허함과 고독감을 직면하는 대신, 타인을 비난하면서 자신의 문제를 외부 원인으로 돌린다. 그들은 자신의 가정에서 여성과 아동을 감정적으로 통제할 권한이 있다고 생각하며 아동 보호 기관과 법원, 치료사의 간섭에 분노한다. 이들을 상대하기 위해서는 제약을 위반하는 행위에 대해 확고한 태도를 취해야 하고, 속임수와 합리화의 와중에도 미약하게나마 자라나는 신뢰를 인내하며 기다려야 한다. 이러한 것들이 가해자에 대한 임상 치료를 어렵고 힘들게 만드는 요인이다.

왜 내가 아동 성추행범들을 상대하느냐는 질문에 만족할 만한 답을 주는 것을 불가능할 것이다. 나는 그것이 내가 감정적 고통을 부정하는 미국의 전통적 중산층 문화에서 성장했기 때문이 아닌지 의심한다. 내 부모는 슬픈 어린 시절을 보냈고, 자녀들을 위해 더 좋은 세상을 만들기로 결심했다. 1950년대의 문화는 복종을 장려했으며 가장 잘 사회화된 사람들에게 성공을 약속했다. 나는 장남으로서 그들을 기쁘게 해드리기 위해 노력했다. 그렇게 모범생으로 자라나면서, 나는 많은 강렬한 감정들을 억눌러야 했다. 그 뒤 나는 이렇게 생겨난 내 어린 시절의 상처를 치유하기 위해 나 자신의 심리치료에 몰두했다.

성추행범들을 상대하는 것이 나에게 중요한 이유는, 그것이 억압되었던 충동들을 포함한 내 원초적 감정과 대면할 수 있도록 해주기 때문이다. 또 다른 이유는, 내 내면에 가해자들에게 평온을 가져다주는 힘이 있다는 느낌을 받기 때문이다. 나는 그들에게 충동은 통제될 수 있으며, 자녀를 해치지 않을 수 있고, 스스로를 파괴하지 않을 수 있다는 희망을 준다.

성추행범들을 상대하게 된 또 다른 이유는 문화를 비판하기 위함이다. 내가 어린아이였던 1950년대의 문화는 '통제'와 '마비'로 요약할 수 있다. 각 개인은 자신의 충동을 희생하는 대가로 사회적 존경과 성공을 거둘 수 있다고 배웠다. 개인이 치른 대가는 감정과 정직의 상실, 그리고 사회적 정의에 대한 무지였다. 미국 문화는 미국인들의 무비판적인 협조에 의존한다. 아동을 성추행하는 자들을 상대하는 일은 문화적 불의에 무감각한 지금의 자신을 각성시킨다.

유죄 판결을 받은 아동 성추행범들은 문화가 얼마나 남성의 학대에 강력한 책임을 지우는 일에 실패했는지를 보여주는 무서운 실례이다. 남성이 약자에 대한 그들의 범죄 결과로부터 보호받는 한, 문화는 여성과 아동에 대한 폭력에 책임이 있다고 할 수 있다. 많은 추행범은 체포되고 유죄 선고를 받을 때 혼란스러워한다. 그들은 남성이 가정 안에서 수행해야 마땅한 것으로 여겨졌던 통제권을 행사한 것이기 때문이다. 피해자를 향한 사회의 시선은, 용서받은 가해자를 향한 그것과는 매우 다르다. 나는 약자들을 희생해 권력을 가진 사람을 보호하는 몇 가지 거짓말을 간파할 수 있었다. 나는 사회적 악을 인식했고, 이러한 인식은 마비되었던 내 자신을 일깨워주었다.

추행범들을 상대하는 일은 또한 내 신학에 의문을 제기하면서 변화를 일으켰다. 과정 신학(process theology)을 추구하는 자로서, 나는 본질적으로 경험에 의존해 하나님과 세상의 관계를 바라본다. 나는 하나님이 우리가 무언가를 경험하는 모든 순간에 존재하며, 집중과 조화를 더하기 위해 힘쓴다는 것을 믿는다. 아마 나는 하나님으로부터의 거리감 때문에 이러한 현실적 관점을 받아들인 듯하다. 비록 내가 하나님의 임재를 느낄 수 없다 하더라도, 하나님이 인격적인 방식으로 존재한다고 믿고 싶다.

그러나 아동 성추행범을 상대하면서 악의 문제를 무시할 수 없게 되었다. 그러한 인간성 파괴의 한가운데에서, 하나님의 선하심에 대한 순진한 교리를 믿는 것은 불가능하다. 아동 성학대에서 악은 너무나도 두드러지기에 모두가 하나님의 은총을 받을 수 있다는 간단한 개념에도 의문을 품게 된다. 아동을 강간한 남성의 삶에서 하나님의 정의는 어디에 있는가? 아동 성추행범들의 내면에서, 그들의 가족 안에서, 아동 학대의 심각함을 무시하는 사회 속에서, 악은 형태를 얻고 힘을 취한다. 극단적인 악의 다른 실례라 할 수 있는 홀로코스트와 미국의 노예제도는, 성폭력과 비슷한 패턴을 보인다. 조건이 갖추어졌을 때 악은 한계가 없어지는 것처럼 보인다. 악의 통제를 당할 때, 인간 고통의 비극은 극심해진다. 우리가 성폭력의 결과를 온전히 직면하는 순간, 하나님 안에서의 악과 선의 관계는 쉽게 풀리지 않는 수수께끼가 된다.

어떤 이가 악을 저지를 때, 하나님의 사랑과 권세 안에서 샘솟는 희망은 어디에 있는가? 여기, 회복하는 가해자들을 보면서 나는 답을 찾을 수 있었다. 치유받기 위해 고된 길을 선택한 남성들, 자신의 삶이 근본적으로 변화하기를 원하는 남성들에게는 결코 사라지지 않는 회복의 희망이 있다. 내면에 존재하는 악의 힘에 대적하는 인간 정신의 이러한 용기는 대단한 것이다. 만약 희망이 그러한 사람들 속에 계속 남아 있다면, 현대적인 형태의 노예제와 핵무기가 만들어지는 지금의 사회에도 희망은 아마 계속 남아 있을 것이다.

이러한 희망을 어디에서 찾을 수 있는가? 회복 중인 한 가해자의 이야기를 들어보자. 그는 십대 시절 심각한 성학대로 고통 받았고, 다른 사람을 학대하기 직전에 체포되었다. 그의 상담사 중 한 명은 그에게 그가 회복될 확률이 1,000분의 1이라고 말해주었다. 그때 그는 말했다. "나는 통계 수치에 들어갈 생각이 없습니다." 이런 그의 정신의 회복능력은 어떤 이론을 통해서도 설명할 수 없다. 몇몇 추행범은 자신에 대한 희망을 포기하지 않으며, 투지를 불태우며 그들 자신의 삶 속에 깃든 악과 대면한다. 이들은 악이 만연하는 현실에 굴하지 않고 하나님 안에서 신앙을 회복하는 인간의 실례라 할 수 있다.

가해자의 이야기를 찾아

힘에 의한 학대가 어떻게 이루어지는가를 이해하기 위해서는, 우리는 성폭력을 겪은 사람들의 목소리와 증언을 직접 들을 필요가 있다. 우리는 재차 학대를 당할 위험을 무릅쓰고 용기를 내어 자신이 고통당했던 이야기를 들려주는 생존자들에게 귀를 기울여왔다. 너무나도 많은 경우, 생존자들은 자신이 겪은 고통으로 인해 비난을 듣고, 다시 입을 다물어버린다.

아동 성추행범 중에서 자신이 느꼈던 고통과 악을 실행한 일에 대해 기꺼이 공개적으로 증언하려는 사람은 거의 없다. 우리는 그러한 극소수의 남성들, 자기 내면의 정신적 과정을 경험하면서 힘에 중독된 자신을 회복시키려 하고, 비난의 대상이 되는 것을 감수할 수 있는 남성들로부터 성폭력에 관한 진실을 들을 필요가 있다. 도움을 구하는 그들의 비틀린 울부짖음은 왜 모든 남성이 힘에 관한 그들의 기본적인 인식을 바꾸어야 하는지를 보여주는 단서가 된다. 악의 한가운데에서 진실을 들음으로써, 아마도 우리는 모든 남성의 내면에 있는 학대의 패턴, 근본적으로 바뀌어야 할 그 패턴을 볼 수 있을 것이다.

아동 성추행범과 함께 이 장을 집필할 수는 없었기 때문에, 나는 차선책을 선택했다. 가해자에 대해 내가 알게 되고 느끼게 된 것을 상세히 설명하는 것이다. 추행범들을 상대했던 내 임상 작업 외에도, 나는 자료 연구에 몰두했으며 워크숍과 학술회의를 통해 다른 치료사들과 함께 가정 안에서 벌어지는 근친상간의 원인에 대해 토의했다. 나는 가해자들로부터 실제 일어나고 있는 다양한 문제들에 관한 많은 이야기를 들을 수도 있었다. 그리고 이 모든 경험을 통해, 나는 내가 들었던 고통과 분노를 일부나마 묘사한 가상의 인물들과 이야기를 만들어 낼 수 있었다. 나는 진실처럼 보이는 일반적 패턴을 구분하려 노력했고, 그것을 지어

낸 내용으로 채웠다. 나는 이 방법을 통해 내 비밀유지의 의무를 지키면서도 아동 학대자들에 대해 내가 알게 된 것들 중 일부를 공유할 수 있었다. 앞으로 말할 이야기 중 어느 것도 실제로 나와 이야기를 나누었던 어떤 특정한 사람의 이야기가 아니다.

이제부터 들려줄 이야기에 대해 한 가지 더 말하고 싶은 것이 있다. 나는 여러 번에 걸쳐 집중적인 프로그램으로 훈련을 받은 뒤, 17년 동안 개인과 가족을 상대로 심리치료사로서 활동해왔다. 또한 나는 감독을 받으며 5년 동안 성학대의 가해자들을 상대해왔다. 중요한 점은 목사나 훈련받지 않은 상담사들이 이들의 골치 아픈 임상적 문제들을 과소평가하지 않는 것이다. 이 이야기는 임상치료사들을 위한 안내 지침이 아니며, 오직 교육적 수단을 제공하기 위해 만들어진 것이다.

전형적 사례는 없다

이제 소개할 샘(Sam)의 이야기는 픽션으로, 비교적 낙관적인 사례에 속한다. 이런 사례를 제시하는 이유는 낙관적인 상황에서조차 이 문제를 직시하고 해결하는 것이 얼마나 어려운가를 보여주기 위해서이다. 그리고 이렇게 꾸며진 사례는 몇 가지 이유에서 아동 성학대자들의 정확한 실체를 보여준다고 할 수 없다.

첫째, 샘의 이야기는 왜곡된 관점을 보여준다. 대부분의 추행범은 자신의 실제 행동을 인정하려 들지 않으며, 치유의 기회를 찾거나 이용하지 않기 때문이다. 또 치유를 받는 사람 중 대부분은 치료에 긍정적으로 반응하지 않는다. 심지어 수년간의 치료 후 피해자와 대면하게 되었을 때조차 대부분의 추행범은 자신의 행위의 심각성을 계속 부인한다. 부인은 성폭력의 책임을 외면하는 전형적인 방어기제이며, 추행범 자신에게 필요한 치유를 구할 수 없게 만드는 가장 심각한 문제이다. 이에 비하면 샘은 일반적인 사례가 아니다. 왜냐하면 그는 서서히 자신의 삶의 진실을 직면하게 되었고, 오랜 시간에 걸쳐 그 자신의 고통과 우울을 치료받았기 때문이다.

둘째, 샘의 이야기는 왜곡된 상을 보여준다. 대부분 남자아이보다 여자아이가 피해자인 경우가 많기 때문이다. 8년이 넘는 시간 동안 딸들을 추행한 아버지가 있는가 하면 대가족 안에서 여자아이들을 학대한 추행범도 있다. 가족 중 주로 형제, 삼촌, 할아버지 등의 남성이 성학대의 가해자라고 여성들은 이야기한다. 이는 여자아이가 남자아이보다 더 위험하고, 여성이 남성보다 더 취약하다는 것을 의미한다. 샘은 어린 시절 성학대를 당했지만, 이것이 그가 그의 아들을 학대한 이유가 되지는 않는다. 성학대를 당한 여성이 아동을 추행하는 경우는 거의 없기 때문이다. 성학대를 받은 남자아이들에 관한 더 많은 연구가 필요하다.[4]

셋째, 이 이야기는 왜 아동 성학대가 여성보다 남성에 의해 자행되는 경우가 많은지를 알려주지 않는다. 남자아이와 여자아이가 사회화되는 과정, 그리고 성인문화에서 기대하는 남성과 여성의 행동에는 분명한 차이가 있다. 여성은 어릴 때 희생자가 되는 경우가 많고, 그녀들에 대한 억압은 성인 세계에서도 계속되어 그녀들을 종속적인 위치로 만든다. 반면 남성들은 자신의 행동에 책임을 지지 않기 때문에, 타인에게 고통을 주기로 결정했기 때문에 아동을 학대한다.

넷째, 샘은 수많은 형태의 추행범 중 단 하나의 예일 뿐이다. 이전부터 추행범의 유형을 분류하기 위한 몇 번의 노력이 있었다.[5] 그중 한 가지는 추행범 집단

---

4 성적으로 학대를 당한 남자아이에 대한 자료는 이 장의 각주 2번과 3번에서 볼 것.

을 하나의 긴 연속체로 보는 것이다. 그 한쪽 끝에는 샘과 같이 추행을 저지른 경험이 비교적 적고, 자신이 저지른 추행에 스트레스를 느끼기 때문에 치유를 받기에 최적의 조건하에 있는 이들이 있다. 이 집단에 속한 이들 중 몇몇은 성폭력 이력이 밝혀지지 않은 상태에서 알코올 중독, 우울증, 자살 충동과 같은 다른 진단을 받고 거기에 적합한 치료를 받고 있다. 그리고 성추행범 연속체의 다른 쪽 끝에는 처음 보는 아동을 강간하거나 살해하는 과격한 성추행범들이 있으며, 이들의 행위에 대한 치료법은 지금까지 알려져 있지 않다.

이 양극단 사이에는 온갖 종류의 진단을 받은 추행범들, 다양한 행태를 보이는 추행범들이 자리 잡고 있다. 아동 성학대 증상과 다른 특정한 심리적 병리 사이에는 상관관계가 없다. 그리고 아동 성학대와 사회적 계층 사이에도 상관관계가 없다. 스트레스를 많이 받는 집단에서 아동이 위험에 처할 가능성이 높아진다는 사실을 제외하면 말이다. 아동 성추행범은 대중이 생각하는 것보다 훨씬 수가 많고 다층적이다. 아동 성학대가 왜 이렇게 만연해 있는지를 이해하려면 우리는 성학대의 공포 속에서 성장한 생존자들의 증언에 귀를 기울여야 한다. 생존자의 목소리를 듣는다면, 우리는 우리가 이해하고 치유하고자 하는 현상을 더 쉽게 파악할 수 있을 것이다. 여기에 더해, 우리는 추행범들이 갖고 있는 파괴적인 이미지와 내적 고통의 이야기도 들어야 한다. 성폭력의 개인적인 원인과 사회적인 원인을 확인하기 전까지는, 지금처럼 만연한 악을 막을 수 없다.

---

5 이 논의에 대한 요약은 다음을 볼 것. Finkelhor, *Child Sexual Abuse*, 33ff; Diana Russell, *The Secret Trauma: Incest in the Lives of Girls and Women*(New York: Basic Books, 1986), 215ff; Groth, *Men Who Rape*, 151.

샘, 회복한 가해자

샘은 의지할 사람이 거의 없는 상태에서 홀로 성장했다. 그의 아버지는 샘이 학교에 갈 나이가 되기도 전에 가정을 버렸고, 샘은 아버지에 대한 그 어떤 긍정적인 기억도 없었다. 그는 성인이 되고 나서야 그의 아버지가 알코올 중독으로 오십 대 초반의 나이에 사망했다는 사실을 알게 되었다. 샘의 아버지가 집을 떠난 후, 네 명의 자녀들을 기를 수 없었던 어머니는 샘과 그의 형제들을 수년간 대리양육 가정에 맡겼다. 이곳에서 샘은 처음으로 학대를 경험했다. 그는 사소한 잘못만 저질러도 구타를 당하곤 했다. 지금에 와서는 확실하지 않지만, 샘은 그곳에 있던 연상의 아이들로부터 학대를 당한 희미한 기억도 있다. 샘의 어린 시절 삶은 불안정한 가정과 믿을 수 없는 성인들과의 관계로 요약할 수 있다.

샘은 그의 어머니가 재혼하고 아이들을 다시 데리러왔을 때 크게 안도했다. 잠시나마 모든 일이 잘 되어가는 것 같았다. 최소한 재정적으로는 훨씬 더 안정되었다. 샘이 11살이 되었을 때, 그의 계부는 그에게 구강성교를 해준다면 상당한 금액의 돈을 주겠노라고 약속했다. 이 상황에서 샘은 상대의 요구를 거부할 수 없었다. 그는 스스로를 보호하는 법을 몰랐기 때문이다. 그의 계부가 그만둘 때까지 이런 일이 몇 번이고 반복되었다. 이후 그들의 관계는 극단적으로 멀어지게 되었다. 나중에 샘은 외삼촌에게도 추행을 당했다. 그는 샘에게 자신이 절정에 이를 때까지 성기를 자극하라고 강요했다. 샘은 이런 일들을 겪으면서 공포를 느꼈지만, 어머니에게 사실을 말하지 못했다. 두 사람의 관계는 견실하지 못했고, 어머니는 항상 샘을 추행한 어른들의 편을 들었기 때문이다.[6]

---

6 모든 가해자들이 아동 성학대의 피해자였다는 인상을 줄 생각은 없다. 사실 성학대를 당하는 것

이러한 성학대의 경험은 우울증이 되었고 샘은 또래 아이들과 어른들로부터 고립되었다. 그는 학업에 집중하기 어려웠고, 학교에서 자주 교사들과 갈등을 일으켰다. 샘은 5학년 때 친구 한 명을 사귀었지만, 그가 크리스마스에 이사 간 이후로 다시는 그의 얼굴을 보지 못했다. 15살 때, 샘은 하루하루의 아픔과 외로움을 잊고자 술을 마시기 시작했다. 술을 마신 뒤 성질을 부리고 싸우는 일이 잦아지면서, 경찰과도 말썽을 일으키게 되었다. 그는 감옥에서 며칠을 지내기도 했고 소년범 구치소에서 수개월을 보내기도 했다. 17살 때 그는 어느 소녀를 만나 그녀의 아버지의 땅 뒤편에 버려진 자동차 안에서 처음으로 성관계를 가졌지만, 그에게는 큰 의미가 없는 경험이었다.

고등학교 졸업 후, 샘은 어느 공장의 조립 라인에서 일했다. 거기서 그는 동갑내기인 페기(Peggy)를 만났다. 그들은 연인이 되었고, 페기가 임신했을 때 두 사람은 결혼을 결심했다. 그런데 그들의 둘째였던 딸이 1살 때 심장병으로 사망하는 일이 벌어졌다. 샘은 엄청난 충격을 받았다. 자신의 잃어버린 자아를 떠올리게 하는 그 연약한 아기를, 샘은 자기 자신과 너무나도 강하게 동일시하고 있었기 때문이다. 샘은 딸이 죽고 얼마 지나지 않아 직업을 잃었고, 그의 가족은 실직 상태에서 1년여를 보내야 했다.

그가 계속 직업을 찾지 못하는 와중에 페기는 종업원으로 일하게 되었고, 샘은 5살짜리 아들 조니(Johnny)와 집에 있게 되었다. 샘은 자신이 심각한 위기에 처해 있음을 자각하지 못했다. 이때 그는 처음으로 아들과 성적인 접촉을 했다.

과, 성학대의 가해자가 되는 것 사이의 관계는 매우 복잡하다. Finkelhor의 연구에 따르면, 아동 성추행범들 중 아동기에 성학대를 경험한 이들의 비중이 높은 편이라고 한다. 그러나 성학대를 경험한 적이 없는 성추행범의 수도 결코 적지 않다(Finkelhor, p.47). 아동 성추행범들에 관한 연구가 이렇게 불완전한 이유는 남성들이 이 문제를 부인하거나 비밀로 부치기 때문이다.

처음에 그것은 다소 거친 장난과 간지럼 태우기였지만, 이윽고 샘은 조니의 생식기를 만지고 그의 앞에서 자위를 하게 되었다.

샘이 보기에 그의 아들은 아빠의 관심을 즐기는 것 같았고 신체적 접촉에도 신경 쓰지 않는 것 같았다. 힘과 흥분의 감각은 샘을 도취시켰다. 늘 갈구해왔지만 결코 경험하지 못했던 칭송과 신체적 접촉이 여기에 있는 것처럼 보였다. 아들과 놀아주던 어느 날, 샘은 자신의 성기를 강제로 아들의 입에 넣었다. 그는 잠시 쾌락에 빠져들었지만, 어릴 적 계부에게 당했던 일을 떠올리고는 공포를 느꼈다. 그는 즉시 그 행위를 멈추고 울음을 터뜨리며 다시는 이런 짓을 하지 않겠다고 아들에게 약속했다. 하지만 그 자신의 수치심에 사로잡힌 나머지, 샘은 자신의 행동이 그의 아들에게 끼친 파괴적인 영향을 눈치 채지 못했다. 그 뒤 아들은 악몽을 꾸게 되었으며, 집과 학교에서 공포증과 여러 신체적 증상을 보이기 시작했다.

그다음 주, 샘은 조니와 함께 놀면서 또다시 그를 학대했다. 이번에 그는 자신의 행동으로 곤란을 겪게 될까 두려워졌다. 그는 울면서 아들에게 지금 일어난 일을 아무에게도 말하지 말라고 강요했다. 공포에 질린 그의 아들은 절대로 말하지 않겠다고 약속했다.

하지만 수개월 뒤, 위험한 시기가 지나갔다고 판단한 샘은 다시 아들과 놀면서 그를 만지기 시작했다. 이것은 습관이 되었고, 샘은 멈추지 않았다. 그는 매주 아들을 학대하게 되었다. 샘은 자신의 고뇌를 잊고, 자신의 삶이 되어버린 공포에서 벗어나기 위해 술을 마시기 시작했다.

어느 날 그는 술집에서 경찰관 두 명에게 체포당해 유치장에 갇히게 되었다. 경찰관들은 유치원 교사로부터 샘이 그의 아들을 추행한다는 신고를 받았다고 말했다. 처음에 샘은 모든 것을 부인했고, 아들을 거짓말쟁이라고 비난했다. 그러나 그날 밤 그는 모든 것을 자백했다.

아동 보호 기관에서 이 사건을 처리하는 동안, 체포된 샘은 교도소에서 며칠을 지냈다. 기관에서는 샘이 아들과 접촉하지 않고, 집을 나와 혼자 살며, 규칙적으로 성학대 치료 기관의 프로그램에 참여한다는 조건으로 그를 석방해주었다.

다음 날 샘은 치료 기관에서 면담을 받고, 페기와 함께 오리엔테이션 그룹에 배치되었다. 이곳은 근친상간이 벌어진 가정의 부부들로 구성된 그룹이었다. 그리고 내가 그의 치료사로 지정되었다. 나는 약 3주 후에 그를 만나볼 수 있었다. 첫 만남에서 샘은 매우 협조적이었다. 그는 출소에 안도하고 있었고, 가족과 함께할 기회를 얻게 된 것에 기뻐했으며, 더 이상 아들을 추행하지 않아도 된다는 사실 역시 다행스럽게 여기고 있었다. 그런데 그는 자신이 경찰, 법원, 교도관들로부터 부당한 대우를 받았다고 느끼고 있었다. 그는 분노하면서도 두려움에 사로잡혀 있었고, 우리 기관이 그에게 원하는 것이라면 무엇이든 기꺼이 하려 했다. 그는 자신이 살면서 겪은 많은 이야기들을 들려주었다. 아들을 추행한 일을 자세히 설명해주었을 뿐 아니라 그 자신의 불운한 어린 시절의 이야기도 들려주었다. 이제 막 치료가 시작되었을 뿐임에도 그는 도움을 원하고 있었다. 그는 필사적이었고, 우리 기관이 그의 삶을 바로잡아줄 거라는 희망을 품고 있었다. 수개월 후, 가족 치유 모임의 자리에서 샘은 아들과 페기에게 사과하고 자신의 비행에 대한 책임을 졌다. 이것은 샘의 아들이 스스로를 비난하는 것을 막기 위해 취해져야 할 일련의 조치들의 조심스러운 첫걸음이었다. 페기 역시 자신이 사랑했던 남자가 그렇게 파괴적으로 변모했다는 사실에 충격을 받고 있었다. 그녀가 삶의 위기에 대처하도록 하기 위해, 그녀의 전담 치료사가 배치되었고 여러 가지 지원이 이루어졌다.

하지만 몇 주가 지나면서, 샘의 인내심이 바닥나기 시작했다. 그는 같은 치료

그룹에 있는 다른 남성들로부터 가족들과 1년에서 1년 반 동안이나 떨어져 있게 되면 이혼을 당하게 될 수도 있다는 이야기를 들었다. 샘이 자신의 아들 역시 신체 접촉과 놀이를 즐겼다고 주장할 때마다, 상담사들은 그에 맞서 그가 합리화를 하고 있으며, 그의 아들이 진정으로 원하는 것과 샘 자신의 생각을 혼동하고 있다는 사실을 지적했다. 그에 대한 페기의 감정도 요동쳤다. 어떤 날에는 절대로 그를 만나려 하지 않다가도, 다음 날이 되면 어쩔 줄 모르고 그에게 전화를 하거나 그와 함께 우리를 찾아와 샘이 가족과 함께 살 수 있도록 해달라고 애원했다. 그것이 법원의 명령을 위반한다는 사실에도 아랑곳 않고 말이다. 샘은 자신이 그녀와의 결혼 관계를 계속 유지하기를 원하는지 아닌지조차 헷갈리는 것처럼 보였다. 그는 그의 아들을 굉장히 그리워했고, 왜 상담사가 지금은 아들을 보지 않는 것이 최선이라고 말하는지를 이해하지 못했다.

법원과 지역 아동 보호 기관에서 규정한 제약들, 치료 센터의 규율들이 샘을 분노하게 만들었다. 그는 사람들이 자신을 성인이 아닌 어린아이로 취급한다고 느꼈다. 샘은 상담사들에게 자신의 분노를 보이지 않으려 노력했지만, 그의 무력감은 자주 분노로 바뀌었다. '시스템'은 그의 지배적 위치를 박탈했고, 그가 자기 내면의 공허함으로부터 오는 결핍감을 해소하기 위해 학대했던 가족들을 빼앗아갔다.

샘은 수개월 간 저항과 책임 회피의 단계에서 제자리걸음을 했다. 그는 집단 치료에서는 거의 말을 않다가도, 개인 치료를 받을 때는 가족이 없어 자신이 얼마나 외로운지를 호소했다. 그가 보여준 가족에 대한 강한 소유욕은 학대의 상황을 초래할 수 있는 그의 행동양식이었다. 또 그는 자신이 실직 상태라는 것을 언급하며 가정의 재정 상황에 대해 우려했고, 자신의 처가 식구들에 대해 이야기했다. 그는 아주 많은 것들을 털어놓았다. 아들에 대한 성학대와 그가 저지른 그 밖의 학대 행위에 관한 것을 제외하면 말이다. 모든 것이 잘될 거라는 믿음 속에서 그가 처음에 느꼈던 행복감은 이제 우울함으로 바뀌어 있었다.

어느 날 샘은 술을 마신 상태로 집단 치료에 참가했다. 상담사는 그를 따로 불러내 만약 그가 또 술을 마시고 집단 치료에 참가한다면 치료를 받을 수 없을 거라고 말했다. 샘은 자신이 프로그램에 계속 참가하기를 원하는지 그렇지 않은지를 확실히 해야 했다.

개인 상담에서 샘은 집단 치료의 상담사들이 자신을 부당하게 대우하고, 자신을 진심으로 돌보려 하지 않으며, 치료를 받는 자신이 얼마나 힘들어하는지를 이해하지 못한다고 불평했다. 나는 그의 말을 경청하고 지금 얼마나 비통한 심정인지를 말해달라고 했다. 그는 감정을 주체 못하고 정신없이 울었다. 그것은 샘이 이전에 보여주었던 것과는 전혀 다른 종류의 울음이었다. 그것은 두려움과 실의의 표현일 뿐 아니라, 그의 인생 전체에 대한 깊은 절망감의 표현이었다. 치료를 시작하고 4개월이 지나면서 그는 마침내 무언가를 느끼기 시작했고, 스스로를 표현할 수 있는 몇 마디의 말을 발견했다. 그는 집단 치료에서 더 적극적으로 참여하게 되었고, 자신의 상황에 대해 논의하는 시간을 요청하기도 했다.

그 와중에 샘은 직업을 구했다. 자영업자인 한 목수의 보조로, 현관을 만들고 방을 리모델링하는 일이었다. 하지만 그는 두 달이 지나도록 돈을 받지 못했다. 그의 고용주는 샘에게 2,000달러를 지불해야 했지만, 그 돈을 언제 줄 것인지를 명확히 하지 않았다. 어느 날 밤, 샘이 나를 찾아와 자신의 고용주를 폭행할 거고 말했다. 이대로는 절대로 돈을 받지 못할 거라면서 말이다. 그는 누구라도 자신처럼 행동할 거라고 말하며 몹시 화를 냈다. 그는 자신이 제대로 된 판단을 내릴 수 있는 상태가 아니라는 사실을 자각하지 못했다. 그는 자신이 제때 돈을 받을 수 없으리라는 것을 깨달았을 때, 또는 회사가 제대로 운영되지 못하고 있다는 신호를 발견했을 때 일을 그만두어야 했다는 사실을 알지 못했다. 그는 충동을 통제하는 것이 치료의 가장 중요한 목표 중 하나이며, 자신에 대한 통제력을 발휘하지 못하는 것을 외부 환경의 탓으로 돌릴 수 없다는 사실을 자각하지 못했다. 그가 모욕과 부당한 대우를 당한다고 느꼈던 당시의 상황은 샘 내면의 병리적 측면들을 자극했고, 그는 이에 폭력적인 공상들로 응수했다.

아무리 설명해도 소용이 없었다. 샘은 언제라도 그의 고용주를 공격할 기세였다. 이 상황에 대해 고민하고 내 감독자와 상의한 후, 나는 샘의 고용주에게 전화해 그에게 닥친 잠재적 위협을 알리기로 했다. 그리고 내 결정을 샘에게 알려주면서, 이 조치에는 두 가지 목표가 있다고 설명해주었다. 하나는 그의 고용주를 신체적 상해로부터 보호하는 것이고, 또 하나는 이 상황에서 샘이 느끼는 분노를 억누르는 데 도움을 주는 것이다. 폭행죄는 그의 보호관찰 처분, 그의 결혼 생활, 그의 치료 모두를 끝장낼 것이다. 나는 그에게 만일 그가 지금의 갈등을 해소하기 위해 노력한다면 기꺼이 지원해주겠지만, 상황이 위험하다는 판단이 들 경우 다른 사람을 보호하고 그를 돕기 위한 조치를 취할 것이라고 말했다. 치료사는 비밀을 유지하는 일에도 예외가 있을 수 있다는 것을 반드시 알아야 한다. 특히 다른 누군가의 생명과 안전이 위협에 처한 상황에서는 말이다.

나는 샘의 고용주에게 전화해 샘이 그를 폭행하려 한다고 경고했다. 다음 날, 샘은 고용주에게 자신이 부당한 대우를 받는 것 같다고 털어놓았다. 고용주는 샘과 합의해 봉급의 일부를 즉시 지급한 뒤, 일주일 뒤에 나머지를 주겠노라고 약속했다. 이후 치료 모임에 참가한 샘은 굉장히 기분이 좋아 보였다. 만일 십대 때였다면 폭력을 저질렀을지도 모르는 상황을 지혜롭게 해결했기 때문이다. 샘은 기존과는 다른 방식으로 행동하는 법을 배우기 시작했고, 집단 치료에서 다루는 여러 주제들에 관해 적극적으로 발언하게 되었다.

이후 별다른 사건 없이 1년여 간의 치료가 이루어진 시점에서, 샘은 아파트에서 홀로 지내는 것에 싫증을 내기 시작했다. 그는 자신이 치료에 협조하고 있고, 법원의 명령도 어기지 않는데도 가족과 재결합할 조짐이 보이지 않는다고 느꼈다. 그가 가족을 볼 수 있는 것은 때때로 있는 가족 치료 모임에서와 매주 감독하에 아들을 만나러 갈 때가 전부였다. 상담사와 법원에 제기한 샘의 강한 주장은, 몇 개월 전의 불평과는 성격이 많이 달랐다. 이번에 그는 우리에게 도움을 요청했으며, 어느 정도의 양보도 감수하려 했다. 우리 기관에서는 근친상간 가족의 재결합을 법원에 요청할 경우, 모든 상담사와 사회복지사, 보호관찰 감독 간의 합의가 있어야 했다.

가장 중요한 것은 피해자와 그의 상담사의 동의였다. 6살이 된 조니는 초등학교를 다니기 시작했다. 치료를 받으면서 놀이에 참여하는 그의 능력은 서서히 향상되었으며, 심각한 사고를 겪는 일 없이 학교에 입학할 수 있었다. 그러나 조니는 여전히 연약하고, 쉽게 낙담하며, 자주 우울증에 빠지는 어린 소년이었다. 성학대가 그의 성장을 심각하게 방해했기 때문에, 그는 충동 조절 능력과 소통 기술, 그리고 목표에 집중하는 능력을 제대로 습득하지 못했다. 그는 어른을 두려워했고 자신과 그를 둘러싼 세계에 대해 부정적인 생각을 갖고 있었다. 상담사는 두 사람의 부자 관계가 회복될 수 있으리라 생각했지만, 가족의 재결합에 대해서는 회의적인 입장을 취했다. 조니가 아버지와 함께 사는 것을 견딜 수 있으려면, 아직 더 많은 가족 치료가 이루어져야 했다.

페기의 상담사 역시 회의적이었다. 위기 속에서 자주 무력감에 빠지곤 했던 페기는 조금이나마 발전된 모습을 보여주었다. 남편과 비슷하게 자신을 학대하고 무시하는 비정상적인 가정에서 성장한 그녀는, 딸이 죽고 남편이 아들을 성적으로 학대했다는 충격적인 사실을 알았을 때 깊은 무력감에 사로잡혔다. 그녀는 아직도 남편의 의사에 직접적으로 반대할 힘이 없었다. 상담사는 몇 번의 가족 치료 모임에서 샘이 여전히 가족에 대한 지배력을 행사하며, 여전히 아내와 아들이 자신과는 다른 욕구를 가진 별개의 인간이라는 사실을 깨닫지 못하는 모습을 볼 수 있었다. 하지만 모든 상담사들은 개인 치료 및 집단 치료에 인간관계 치료를 추가하기로 동의했다. 기존의 치료와 가족 치료 모임의 시간도 늘어났다.

이렇게 증가된 감정적 부담은 샘과 페기에게 어려움을 주었다. 샘은 자신의 학대 행위를 직시할 때마다 인내심의 한계를 드러냈고 페기 역시 남편과 함께 있을 때마다 무서워하고 불안해했다. 그들은 서로에게 자신의 감정을 표현하는 기술과 두 사람 사이의 갈등을 해결하는 능력이 아주 부족했다. 그들이 상담사들과의 대화에서 얻은 교훈들은 좀처럼 부부 간의 의사소통에서 활용되지 못했다. 어느 날 샘은 아무런 설명도 없이 치료 모임에 불참했다. 페기 역시 그에게서 어떤 이야기도 듣지 못했다. 샘은 자신의 상담사와도 접촉하지 않았다. 그는 2주가 지나서야 다시 나타났다. 수염도 깎지 않았고 눈도 충혈된 채였다. 그는 무슨 일이 있었는지를 들려주었다. 차를 몰고 80킬로미터 정도를 이동해 인근의 다른 도시로 간 샘은, 차 안에서 며칠을 보낸 뒤 직장 동료의 집에 머물렀다. 그는 고민에 고민을 거듭했다. 자신이 페기와의 결혼 생활을 지속하길 원하는지, 그리고 아버지로서 자신이 추행했던 아들과 함께 살 수 있을지에 대해서 말이다. 샘은 어떤 질문에도 답을 내릴 수 없었지만, 자신에게 그 외에 다른 선택지가 없다는 사실을 깨달았다. 도망치는 것도 생각해봤지만, 그것은 그 무엇도 해결해주지 않았다. 그는 자신의 상담사들이 보고 싶어졌고 아들을 만나고 싶어졌다. 그의 애착은 그가 가장 힘든 시간을 통과할 수 있도록 해주었다.

페기는 샘의 결석에 몹시 화를 냈다. 그에 대한 믿음과 기대가 조금씩 생겨나기 시작한 시점에서, 샘은 그녀의 기대를 저버렸다. 이때의 샘은 그 누구에게도 대항할 수 없는 무력한 사람이었다. 이 위기로 인해, 그들의 관계에서 힘의 역학 관계가 조금씩 이동하기 시작했다. 페기는 생각했던 것보다 자신이 더 강인한 반면, 샘은 약하다는 사실을 인식하기 시작한 것이다. 이 통찰은 부부 상담에 도움이 되었다.

근친상간이 벌어진 가족을 치료할 때 중요한 쟁점 중 하나는, 두 부모 중 학대를 하지 않은 쪽이 자녀를 보호할 수 있을 정도로 충분히 강한지의 여부이다. 설령 수년간의 치료를 받은 이후라도, 아동 성추행범이 아동의 욕구를 자신의 욕구보다 우선시할 것이라고 전적으로 믿을 수는 없다. 엄마의 역할이 매우 중요한 이유는 바로 이 때문이다. 샘의 가족은 부부가 파트너로서 함께 그들의 자녀를 양육하는, 건강하게 기능하는 가족의 모습과 거리가 멀었다. 지금까지 페기는 중대한 갈등의 순간마다 샘의 의견에 반대하지 못했다. 그러나 페기의 상담사는 그녀가 지난 1년 동안 홀로 아들을 잘 키워왔으며, 샘의 행동에 제한을 가하기도 했다는 사실을 그녀에게 일깨워주었다. 지금까지 그녀는 남편의 부재를 견뎌내며 부모로서의 역할을 계속해왔다. 이것은 앞으로 가족 안에서 그녀가 맡게 될 역할을 강화하는 밑바탕이 될 것이다.

이후 약 6개월간의 후속 치료가 진행되고 나서야 상담사는 샘과 가족들에게 충분한 변화가 나타났으며, 그들이 재결합한다 해도 큰 위험이 없을 거라 확신할 수 있었다. 이를 위해 상담사가 허가하기 전까지는 아들과 단둘이 있을 수 없다는 규칙을 포함해, 샘을 위한 몇 가지 규칙들을 만들어야 했다. 이는 페기가 일을 나갈 때마다 조니는 그의 할머니와 함께 있어야 한다는 뜻이다. 법정 보호관찰이 끝날 때까지 규칙적인 후속 치료가 이후 2년간 이루어졌다. 보호관찰 이후에도, 샘과 페기는 약간 축소된 일정으로 계속 치료를 받기로 결정했다. 그들은 처음 18개월 동안 그들에게 숨겨진 많은 어려운 문제들에 직면해야 했다. 지금 그들에게 남은 문제는 모든 가정에서 겪는 문제들이다. 현대인의 일상적인 스트레스 속에서도 서로 인내하는 것, 아이가 성장함에 따라 점점 발전하는 그의 욕구에 대응하는 것, 서로에 대한 친밀함을 나누는 시간을 갖고 즐거운 활동을 하는 것, 가치와 우선순위에 관한 갈등을 해결하는 것 등등. 그들은 인생이 예전에 생각했던 것보다 더 어렵고, 동시에 더 흥미롭다는 것을 발견했다. 내가 아는 한, 3년에 걸친 치료 기간 중 샘의 추행은 재발하지 않았다. 물론 아동 성추행범의 장기적인 예후에 대해 확언할 수 있는 사람은 없지만 말이다.

아동 성추행범에게서 이루어지는 힘에 의한 학대의 체계화

우리가 다음으로 생각해봐야 할 주제는, 한 남성이 여성과 아동에 대한 성폭력 가해자로 변모하는 과정이다. 샘의 이야기는 단지 그의 인생사를 개략적으로 묘사할 뿐, 그가 어떤 과정을 거쳐 아들에게 성폭력을 저지르는 상황에 이르렀는지를 설명하지는 않는다. 이 장에서는 우선 여성과 아동을 성적으로 학대한 남성의 삶을 분석한다. 어린 시절에 학대를 경험한 것과 성인 가해자가 되는 것 사이에는 그 어떤 1 대 1의 상관관계도 없다. 성폭력을 당한 모든 남성이 가해자가 되는 것은 아니다.7 그들은 개인적인 아픔을 지닌 생존자가 될 뿐이다. 그들은 트라우마가 되어버린 어린 시절의 학대 경험으로 약물 남용과 같은 자학 증세를 나타낼 수는 있지만, 어쨌든 우리가 아는 아동 성학대처럼 극단적인 형태의, 힘

---

7 Finkelhor, *Child Sexual Abuse*, p.47. 성추행을 당한 아이들 대부분은 성추행범이 되지 않는다. 여성들은 특히 그러하다. 피해자이건 아니건 여성이 가해자가 되는 경우는 매우 드물다. 만일 피해를 당한 경험이 원인이라면, 그것은 다른 요소들과 뒤섞여서 발현되는 것이 틀림없다.

에 의한 학대를 저지르지는 않는다. 성폭력에서 치유될 수 있다는 사실이 밝혀지면서, 자아를 찾고 도움을 요청하는 남성 피해자들의 수는 점점 늘어나고 있다. 이는 남성이 어떻게 학대자가 되는 일 없이 피해 경험을 극복할 수 있는가에 관한 연구를 가능케 할 것이다.

성폭력 피해자가 아닌 남성이 성폭력 가해자가 되는 경우도 있다. 이는 성폭력 행위에 개인적인 병증 이외의 요소가 개입하고 있다는 의미이다. 성폭력과 젠더 이슈들의 관계에 대한 조사·연구도 필요하다.[8]

샘처럼 일부 성폭력 피해 남성들은 학대자가 되어 스스로를 보호할 수 없는 사람들에게 자신의 트라우마를 그대로 재현한다. 우리는 왜 피해자들 중 어떤 이는 가해자가 되고 또 어떤 이는 그렇지 않은지 그 이유를 연구해야 한다.

여성보다 남성이 가해자인 경우가 훨씬 많다. 성폭력의 80~90퍼센트가 남성들에 의해서 자행된다고 추정되기도 한다.[9] 우리는 이러한 심각한 성별 차이가 드러날 때마다, 그 차이를 설명하기 위해 노력해야 한다. 왜 남성이 여성보다 더 쉽게 성폭력의 가해자가 되는지 그 이유를 물을 필요가 있다.

여기에서 이 질문에 대한 충분한 답을 제시할 수는 없다. 왜 남성이 가해자가 되는지, 왜 여성보다 남성이 성적으로 폭력적인 경우가 많은지에 대해서는 많은 이론이 있다. 데이비드 핀켈러(David Finkelhor)는 '4요인 분석'을 제시했는데, 그는 성학대가 일어나려면 네 가지의 전제조건이 충족되어야 한다고 주장했다.

1. 잠재적 범죄자가 아동 성학대를 할 동기를 얻어야 한다.

---

8 같은 책. 핀켈러의 다른 연구들 역시 아동 성추행범 중 3분의 2가 어릴 때 성추행을 당한 적이 없다는 점을 지적한다.
9 같은 책, p.12.

2. 잠재적 범죄자가 그 동기에 따라 행동하는 것에 대해 느끼는 내면의 억제를 무시
   해야 한다.
3. 잠재적 범죄자가 성폭력을 억제하는 외적 장애요소를 극복해야 한다.
4. 잠재적 범죄자가 성학대에 대한 아동의 저항을 약화시키고 압도해야 한다. 또는
   저항을 약화시키고 압도할 수 있는 다른 요인이 있어야 한다.[10]

핀켈러의 이론은 사회가 책임을 다하지 않을 경우 어떤 남성이라도 개인적 이력이나 학대 경험과 무관하게 성폭력을 일으킬 수 있다는 사실을 보여준다는 점에서 중요하다.

이 연구는 남성에 의한 성폭력의 원인 분석이 세 가지 수준으로 이루어져야 한다고 강하게 주장한다. 개인적·정신 내적 수준, 사회 제도·이데올로기의 수준, 종교의 수준이 그것이다. 이어지는 절들에서는 내가 연구를 통해 발견한 네 가지의 정신 내적인 특성들에 대해 다룰 것이다. 성폭력의 가해자가 되는 남성들은 어느 정도 아래의 특성들을 보이는 경향이 있다.

· 성적인 형태로 나타나는 의존성(sexualized dependency)
· 파괴적 격노(destructive aggression)
· 과장된 자아(the grandiose self)
· 한계 준수 불능(inability to respect limits)

이 주제들은 일부 남성이 성폭력의 가해자가 되는 과정을 이해하고, 이 과정

---

10 같은 책, p.54.

을 고정관념 − 남성 또는 여성이 된다는 것이 미국 문화 내에서 무엇을 의미하는지에 관한 − 과 연결시키는 데 도움을 줄 것이다.

우리는 우리가 힘에 의한 성폭력을 올바르게 이해할 수 있는지, 수많은 희생자들을 위한 정의를 발견할 수 있는지를 확인해야 한다. 또 우리는 힘에 의한 학대가 일상이 되어버린 남성에게 변화의 희망이 있는지도 확인해야 한다.

성적인 형태로 나타나는 의존성

아동 성추행범을 이해하는 방법 중 하나는 의존 장애이다.[11] 이는 다른 성인과의 관계에서 애정과 보살핌에 대한 욕구를 충족시키는 능력에 문제가 있을 경우 발생한다. 그는 자신의 정서적 욕구를 성적인 것으로 만들어 그것을 아동에게 투사한다. 그는 약자를 학대해 이 욕구를 충족시키는 것을 당연한 일로 생각하며, 자신의 범죄에 책임을 지지 않을 것이라 확신한다.

아동이 쉽게 그러한 투사의 표적이 되는 이유는 두 가지이다. 첫째, 성인의 보호를 받지 않는 아동은 취약한 존재이다. 많은 아동들이 보호받지 못한 채 부적절한 욕구의 무력한 희생양이 되고 있다. 둘째, 아동의 어리고 때 묻지 않은 모습은 일부 남성들의 눈에 삶의 원천에 더 가까워지는 상징처럼 보인다. 내면의 삶이 공허한 성인에게, 아동의 천진함과 활력은 충만한 삶으로 오인된다.[12]

---

11 Gertrude and Rubin Blanck, *Ego Psychology II: Psychoanalytic Developmental Psychology* (New York: Columbia University Press, 1979), 31ff.

12 Finkelhor, *Child Sexual Abuse*, 39ff; Alice Miller, *Thou Shalt Not Be Aware*(New York: Farrar, Strauss, Giroux, 1983).

어린 시절의 내력을 살펴보면 추행범은 대부분 기본적인 의존 욕구가 충족되지 못하는 환경에서 성장했다. 로버트(Robert)는 부모와 조부모 모두 알코올 중독자인 가정에서 성장했다. 그의 가장 오랜 기억 중 하나는 주먹다짐을 하는 어머니와 할머니를 떼어놓았던 일이다. 남자들은 자주 집 밖에 나가 있었기 때문에 어린 로버트는 두 여성이 서로를 죽이지 못하게 해야 한다는 책임을 느꼈다.

그가 8살 혹은 9살이었을 무렵, 로버트의 삼촌은 그를 낚시 여행이나 캠핑에 데려가곤 했다. 그는 삼촌을 아주 좋아했다. 남성들만의 문화에 소속되었다는 느낌을 받을 수 있었기 때문이다. 하지만 불행하게도, 삼촌은 로버트를 추행했고, 그는 친밀함의 표현과 성적 행위에 대한 혼동을 겪으며 일생을 살아야 했다. 성학대는, 그가 남성들에게 받아들여지기 위해 참아야 하는 통과의례가 되었다.

로버트는 10살이 되었을 때 남동생과 함께 대리양육 가정에 보내졌다. 그 가정의 아버지와 형제들은 그를 매혹시켰다. 그들은 로버트를 한 명의 인간으로서 대해주며 그를 자신들의 활동에 끼워주고, 그에게 긍정적인 가치를 심어주었다. 하지만 불행히도 그곳의 어머니는 두 소년을 목욕시킬 때마다 그들의 성기 부분을 오랜 시간 동안 닦았고, 이것은 로버트에게 큰 고통을 주었다. 로버트는 목욕을 싫어하게 되었고, 자신의 경험에 혼란스럽고 고통스러워졌다. 어린 그는 성학대를 일반적인 가정에서 벌어지는 일상적인 일로 생각하게 되었다.

로버트의 이야기는 일부 아동 성추행범들의 어린 시절에 일어났던 일을 묘사한 것이다. 그의 삶에서 가장 의미 있었던 인간관계는 항상 성학대를 수반한 것이었고, 이로 인해 로버트는 성학대를 성장과 사회화의 일부로서 내면화했다.[13] 그의 정신 속에서 성학대는 사랑과 동일시되었다. 그의 정신이 사랑, 성, 그리고

---

13 Finkelhor, *Child Sexual Abuse*, p.47; Miller, *Thou Shalt Not Be Aware*.

학대를 혼동하게 된 것이다.

성인이 된 로버트는 산업 재해로 심각한 부상을 입었고 18개월의 회복 기간을
보내야 했다. 이것은 그때까지 일에 몰두하며 자신의 내적 고통을 잊었던 그가
다시 그 고통을 직시하는 계기가 되었다. 로버트는 자신의 위기를 극복할 수 있
는 내적인 힘이 부족했고, 그의 자녀 양육은 로버트의 어릴 적 경험을 그대로 답
습하게 되었다. 즉, 성추행을 저지른 것이다. 그는 11살 된 의붓딸을 강간했다.
그의 비뚤어진 정신 속에서 아동과의 성적 접촉은 그의 욕구, 자신을 있는 그대
로 받아들여주고 위협을 가하지 않는 사람에 대한 욕구를 충족시켜주었다. 그것
이 그가 어릴 때 배운 '사랑'이었다.

그는 학대를 저지를 때마다 공포를 느끼곤 했지만 사람과 가까워지고 싶다는
그의 욕구는 너무나도 왜곡되어 있었고 다른 성인과 관계를 맺기 위해 필요한
그의 능력은 너무나도 제한되어 있었기 때문에, 그의 눈에는 아동 성학대가 자신
이 세상을 살 수 있는 유일한 방법으로 보였다. 그의 아내가 이러한 일이 벌어진
다는 것을 눈치 채고 그를 막을 때까지, 로버트는 딸을 위협하고 그녀에게 비밀
을 강요하며 3년 동안 학대를 지속했다.

이 이야기는 로버트가 왜 아이를 성추행했는지를 설명해주지 않는다. 단, 원
인이라 추정할 수 있는 몇 가지 요소를 제시하고 있다. 로버트에게 성추행을 저
지르는 것은 '반복강박',[14] 즉 어린 시절 성적인 형태로 변모한 의존 욕구를 충족
시키는 행위였다. 이는 어린 시절 주된 애착의 대상들이 그를 추행했고, 이때 그
는 내면에서 학대가 친밀한 인간관계의 한 형태라는 왜곡된 인식이 자리 잡았기
때문이다. 그는 의붓딸과의 관계가 실제 관계라는 환상을 가졌고, 아동 학대를

---

14 Alice Miller, *For Your Own Good*(New York: Farrar, Strauss, Giroux, 1983), p.229.

무시하는 사회에서 그녀가 자신에게 저항할 수 없다는 것을 알고 있었기 때문에 그녀를 추행했다.

남성이 여성보다 아동 성추행을 더 많이 저지르는 이유 중 하나는, 성적인 형태로 변모한 의존 요구가 '남자가 된다'는 것이 의미하는 지배적 이미지와 잘 부합하기 때문이다. 일부 학자들은 가부장 사회에서 성장할 경우, 남성과 여성이 각자 매우 다른 형태로 의존 욕구와 섹슈얼리티의 표현법을 배운다고 설명한다.15 이 사회에서 여성은 연약하고, 타인으로부터 도움을 받는 것이 큰 허물이 아니다. 여성은 자신의 정체성을 잃는 것에 대한 두려움 없이 타인과 감정을 나누고 접촉할 수 있다.

반면 남성은 아이처럼 사랑받는 것을 모순된 일로 여긴다. 그들은 사회가 자신에게 강인하고 자율적인 모습을 기대한다고 생각하기 때문이다. 그래서 남성들은 이러한 의존 욕구를 부인하지만, 결국 이것을 공격적·성적 방향으로 분출하게 된다. 남성이 다른 사람을 완전히 통제하는 상태를 의미하는 강간은, 친밀해질 수 없는 대상과 신체적으로 가까워지는 가장 간편한 방법이다.16 접촉에 대한 욕구를 충족시키면서도 남성은 자신의 연약함을 드러낼 필요가 없기 때문이다. '진정한 남자'는 모든 관계를 지배해야 한다.

우리는 로버트 이야기에서 이러한 혼란을 발견할 수 있다. 그는 어릴 때 성학대를 통해 자신의 애정을 표현하는 남성에게 애착을 가졌으며, 너무나도 간절히 그의 애정을 바랐기 때문에, 친밀함과 섹슈얼리티를 혼동하는 이 사회 속에서 그

---

15 Nancy Chodorow, *The Reproduction of Mothering*(Berkeley, Calif.: University of California Press, 1978), 173ff.

16 Larry Baron and Murray Straus, *Four Theories of Rape in American Society*(New York: Haven, Conn: Yale University Press, 1989).

의 어린 정신은 애정과 성적 접촉을 동의어로 여기게 되었다. 성인이 되고 위기가 닥쳐 우울해졌을 때, 로버트는 그의 일방적인 행위에 저항할 수 없었던 아이에게서 친밀함을 찾으려 했다. 11살 소녀는 그에게 자신이 타인과 대화할 수 있고, 더 완전한 존재가 될 수 있다는 강한 느낌을 선사해주었다. 이는 로버트가 아는 그 어떤 성인도 해주지 못한 일이었다. 친밀함을 표현하기 위해 아동을 강간하는 것은 미국 사회에서 '남자가 된다'는 것이 무엇을 의미하는지를 보여주는 우스꽝스러운 상징이다.

파괴적 격노

아동 성추행범을 이해하는 또 다른 방법은 공격성 장애(aggressive disorder)이다.[17] 이는 자기 자신을 보호하는 능력이나 다른 사람을 다치게 하지 않으면서 목적을 성취하는 능력에 문제가 있을 경우에 발생한다. 가해자는 자신이 타인에게 파괴적인 행위를 한다는 사실도, 그러한 공격적 행위의 결과도 잘 이해하지 못한다. 이런 종류의 범죄에 별다른 제재를 가하지 않는 사회일수록 이것이 더 강하게 나타난다.

존(John)은 이웃사람에게 성적으로 학대를 당했다. 그 이웃은 잔인한 위협과 금전 매수, 알코올과 마약을 통해 수년 동안 존을 자기 마음대로 농락했다. 추행범과의 관계는 존의 인생에서 핵심이 되었다. 이는 '공격자와의 동일시'[18]의 분명

---

17 Heinz Kohut, *The Restoration of the Self*(New York: International University Press, 1977), 111ff; D.W. Winnicott, *Deprivation and Delinquency*(London: Tavistock, 1984), 81ff.

18 Blanck and Blanck, *Ego Psychology II: Psychoanalytic Developmental Psychology*, 43ff. '공격

한 사례이다. 존은 빈곤한 인간관계와 정신적 미성숙으로 인해 이러한 파괴적인 관계에서 벗어날 수 없었다. 그는 학대를 그의 성품의 핵심적인 부분으로 내면화하며 살아남았다.[19]

존에게 자행된 학대의 주된 특징 중 하나는 끊임없는 폭력과 죽음의 위협이었다. 추행범은 가학적으로 존을 대했고, 노골적인 말로 그를 위협했으며, 그를 협박하기 위해 항상 집 주변에 장전된 총을 준비해두었다. 존은 공포에 떨며 자신과 추행범을 동일시했다. 그가 생각하기에 이것이 존이 살 수 있는 유일한 방법이었기 때문이다.

성인이 된 존은 추행범의 행위를 그대로 답습했다. 존은 자신이 추행을 당하는 동안에도 다른 아이를 추행했고, 그의 성학대와 마약 중독 이력은 그 자체만으로도 아동에게 큰 위협이 되었다. 어떤 이유로든 두려움을 느끼거나 혼란스러워질 때마다, 존은 다른 사람들을 위협했다. 그의 부적절한 언어폭력은 그가 내적 균형을 잃어가고 있다는 신호였다. 그는 두려울 때마다 격노했고 자제력을 거의 잃었다. 너무나도 연약한 상태였던 그는, 자신에게 닥치는 그 어떤 상황에 대해서도 커다란 위협을 느꼈다. 그런 그에게 최선의 방어책은 바로 분노였다. 존은 위협을 느낄 때마다 관계 당국을 격렬하게 비난했다.

이것은 많은 아동 성추행범들의 일반적인 특징이다. 위협을 받았을 때마다, 존은 공공연하게 공격적인 성향을 보였다. 일부 가해자들은 권위자들 앞에서는 공손해지다가도, 자신이 별다른 힘이 없다고 판단하는 사람과 함께 있을 때는 가

자와의 동일시'는 안나 프로이트(Anna Freud)가 만든 개념으로, 이후 르네 스피츠(Rene Spitz)에 의해 정교화되었다.

19 Ruth F. Lax, Sheldon Bach, and J. Alexis Burland, eds., *Rapprochement: The Critical Subphase of Separation-Individuation*(New York: Jason Aronson, 1980), pp.430~456.

학적으로 변모하곤 한다. 가해자들이 보호받지 못하는 아동과 함께 있을 때 분노는 더 위험한 것이 된다.

어떤 경우에서든 아동에 대한 성학대는 폭력적 행동이다. 성적으로 아동을 학대하려는 성인은 아동이 보내는 신호들, 자신의 행동이 아동의 욕구와 부합하지 않는다는 신호들을 무시한다. 아무리 아이가 상처를 입었다 할지라도, 아무리 아이가 성인의 애정과 수용을 간절히 바란다 할지라도, 진정으로 예민한 성인이라면 아이가 성적 접촉이 아닌 다른 무언가를 요구한다는 것을 알아채야 한다.[20]

> 성폭력은 폭력, 증오, 그리고 공격의 행위일 뿐이다. 의료적인 관점에서 보든 법적인 관점에서 보든, 객관적으로 보든 주관적으로 보든, 그 공통분모는 바로 폭력이다. 다른 폭력 행위와 같이(폭행, 구타, 살인, 핵전쟁 등), 희생자는 침해를 당하고 상처를 입는다. 상처는 심리적일 수도 신체적일 수도 있다. 대개 성폭력 행위에서 상처는 두 가지 형태 모두로 나타난다.[21]

아동 성추행범은 아동이 자신과 분리된 존재라는 사실을 자각하지 못하기 때문에 문제를 겪는다. 그는 공감 능력이 부족하다. 만약 그가 어떤 것을 원할 경우, 왜곡된 그의 인식 능력은 아동 역시 그것을 원할 거라고 생각하게 만든다. 그의 공격성은 중화되지 않고,[22] 성추행범은 아동에게 자신의 욕구를 확장시킨다. 만약 그가 어떤 것을 원할 경우, 특히 상대가 보호받지 못하고 효과적으로 자신

---

20 Alice Miller, *Thou Shalt Not Be Aware*.

21 Marie Fortune, *Sexual Violence: The Unmentionable Sin: An Ethical and Pastoral Perspective* (New York: Pilgrim Press, 1983), p.5.

22 Blanck and Blanck, *Ego Psychology II: Psychoanalytic Developmental Psychology*, 31ff.

을 방어하지 못할 경우, 성추행범은 자신이 원하는 것을 가져야 한다는 충동에 휩싸이게 된다.

남성이 여성보다 성폭력을 더 많이 저지르는 이유 중 하나는, 파괴적인 분노의 표현이 미국 문화에서 '남자가 된다'는 말이 의미하는 지배적 이미지와 잘 부합하기 때문이다. 타인에 대한 배려 없이 원하는 것을 얻는 남성이야말로 남성적 무심함의 전형적 표상이다. '진짜 남자'는 그의 욕구를 충족시키는 과정에서 저항을 묵인하지 않아야 한다. 만약 저항에 맞부딪히면, 남성은 폭력과 위협을 사용한다. 어떤 저항도 그의 남성성에 대한 공격이기에 파괴되어야 마땅하다.

일부 아동 성추행범은 자신의 사회적 행동에서 이런 과격한 남성상을 모방한다. 그들은 자신이 강하다는 사실과 어떠한 반대에도 참지 못한다는 사실을 자랑한다. 하지만 그들의 '남자다운' 처신은, 그들이 아동을 학대할 때 실제로 보인 행태와 완벽하게 대비된다. 그들은 자신의 분노를 해소할 대상으로 의도적으로 가장 무력하고, 가장 무방비한 사람을 고른다. 그들은 어떤 것도 두려워하지 않는 용감한 남자가 아니다. 그들의 잘못된 공격은 은밀한 비밀이다. 그들은 아이들 앞에 있을 때만, 자신의 관점에서만 강인한 남성이다.

추행범들이 공격적 행위를 하는 이유 중 하나는, 다른 사람들이 자신의 실체를 알게 되었을 때 받게 될 사회적 분노로부터 스스로를 보호하기 위함이다. 과격한 남성으로 행동하는 것은 그들을 공격적으로 보이게 만들어주며, 성추행범이라는 사회적 의심으로부터 그들을 보호해준다.

물론 과격하게 행동하지 않는 성추행범도 있다. 사실, 그들 중 일부는 매우 공손하다. 그러나 그들의 선한 행동은 신뢰할 수 없다. 그들은 권위를 가진 사람을 두려워하기에 존경하는 체할 뿐이다. 그러나 권위의 시야 밖에서, 그리고 힘없는 사람들 앞에서 그들은 폭군, 통제하는 인간이 되어 지금껏 마음속 깊숙이 숨

거두었던 분노를 표출한다.

과장된 자아

아동 성추행범을 이해하는 방법 중 하나는 자기애적 장애(narcissistic disorder)
이다.[23] 이는 자신과 타인을 정확하게 평가하는 능력에 문제가 있을 경우 발생한
다. 하인즈 코헛(Heinz Kohut)에 의하면, 어떤 사람에게든 자기애의 균형, 자신과
타인 사이의 균형을 유지하는 것은 가장 어려운 일 중 하나이다. 여기에서 불균
형이 발생할 경우 자신과 타인 가운데 어느 하나를 평가절하하게 되고, 자신과
타인, 양자 간의 상호 관계에 대해 정확한 개념을 정립할 수 없게 된다.

만약 학대를 받은 사람이 자기애의 불균형을 경험할 경우, 그 사람은 과장된
자아와 전능한 대상에 대한 유아적 이미지들로 퇴보하게 된다. 여기에서 과장된
자아란 절대로 틀리지 않는 자아, 상호관계에서 얻을 수 있는 모든 특권과 즐거
움을 누릴 자격을 가진 자아를 말한다. 또 전능한 대상이란 힘없는 자와 대비되
는 존재로, 끝없이 욕망하는 타인, 모든 힘을 가진 타인이다. 불균형의 상태에서
자아는 타인과 생사가 걸린 싸움을 벌인다. 결코 만족하지 않는 과장된 자아는
분노에 사로잡혀 타인을 파괴할 수 있다. 또한 전능한 대상, 복종하지 않는 타인
은 자아를 소멸시켜 버릴 수 있다.

밥(Bob)의 인생 곳곳에는 전능한 대상에 대한 두려움이 자리 잡고 있었다. 그

---

23 같은 책, 176ff; Otto Kernberg, *Internal World and External Reality*(Northvake, N. J.: Jason
　　Aronson, 1980); 135ff; Kohut, *The Restoration of the Self*, 63ff.

는 자신을 치료해주는 상담사와 직장에서 만나는 상사에게 극단적으로 공손했다. 그는 자신을 가치 없는 인간으로 취급했다. 어린 시절, 그는 비열하고 잔인한 대우를 받았다. 그는 통금 시간이 되기 직전까지 기찻길 옆에서 놀곤 했다. 그리고 집으로 돌아온 그는 아버지의 주의를 끌지 않고 자신의 방으로 몰래 도망치려 노력했다. 하지만 그가 들어오는 소리를 들은 아버지는 밥을 거실로 불러서 그를 모욕하고 학대했다. 그의 아버지는 상상할 수 있는 모든 방법으로 그에게 상처를 입히곤 했다.

그 뒤 밥은 홀로 자기 방에 틀어박혀, 멀리서 들리는 경적 소리에 귀를 기울이며 기차를 모는 자신의 모습을 상상하곤 했다. 이러한 상상은 어린 시절의 그에게 큰 위안이 되었고, 성인이 된 밥은 기차에 푹 빠져들었다. 그의 어린 시절은 두 가지로 요약할 수 있다. 전능한 대상과 무가치한 자아로 말이다.

밥이 결혼한 여자는 그의 아버지처럼 학대적인 성향을 갖고 있었다. 아내는 자주 밥을 모욕했고, 결국 그에게 정나미가 떨어져 밥과 이혼했다. 밥이 어린 시절의 트라우마를 재현한 것은 자신을 찾아온 9살 된 아들과 함께 주말을 보내고 있을 때였다. 그 자신은 성추행을 경험한 적이 없음에도, 밥은 몇 번의 캠핑 때마다 아들을 강간했다. 그것은 자신이 당했던 것과 똑같은 방법으로 타인을 모욕하려는 시도였다. 모욕과 학대의 상처로 고통을 겪은 사람이 다른 사람에게 같은 짓을 저지른다는 것은 이해하기 힘든 일이다. 대다수의 남성과 여성은 그 자신이 고통스러운 경험을 했기 때문에 결코 다른 사람을 학대하려 하지 않는다. 그러나 많은 남성과 일부 여성은 자신들의 트라우마를 다른 사람에게 재현하면서 결코 끝나지 않을 것 같은 폭력의 악순환을 이어나간다.

밥은 치료를 받으면서 점차 나아지는 조짐을 보였다. 그는 일터에서 감독관에게 더욱 적극적으로 자신의 생각을 말하기 시작했다. 밥에 대한 치료가 더 진행되자, 그는 더 이상 권위 있는 사람들의 학대를 참지 않았다. 밥의 내면에서 그의 자의식과 가능성 — 진심으로 밥의 행복을 바라는 사람들이 있을 거라는 가능성 — 이 연결되기 시작했다.

다른 추행범들도 어린 시절 비슷한 모욕을 당한 경험이 있다. 그들은 학대를 받는 상황에서 스스로를 과장된 자아와 동일시하며 자신을 방어했다. 그들은 가족들이 자신을 부당하게 대우하는 잘못을 저지른다고 느꼈고, 그래서 그들과 그들의 오만함을 증오하는 것을 정당한 일이라고 생각했다. 어떤 의미에서, 그들은 과장된 학대자를 자신과 동일시했고, 자신에 대한 극단적인 자기애를 표출했다고 할 수 있다.

그러한 성추행범들 중 일부는 성인이 되고나서, 자신이 저지른 행동의 결과에 전혀 겁을 먹지 않는 것처럼 보인다. 그들은 자신이 설정한 목표를 가로막는 사람이라면 누구든 학대할 준비가 되어 있고, 기꺼이 학대하려 든다. 그들은 과장된 자아의 시선으로 상대방을 보면서 상대를 평가절하하고 경멸한다.

삶을 자아와 타인 간의 목숨을 건 싸움으로 바라보는 태도는, 남성이 세상을 보는 전형적인 태도이다. 이런 방식으로 인식된 세계에서는 두 사람이 상호작용을 할 때마다 한 사람은 지배하게 되고 다른 한 사람은 종속된다. 만약 누군가가 자신이 종속적인 위치에 있다는 사실을 깨닫는다면, 그는 해를 입지 않기 위해 공손히 행동하거나 매우 조심스럽게 도전을 해야 한다. 만일 누군가가 지배적인 위치에 있다면, 그는 결과를 고려하지 않고 다른 사람에게 하고 싶은 행동을 내키는 대로 할 수 있다. 사람들이 자기 자신이나 다른 사람을 해치지 않고 서로 힘을 합쳐 협조할 가능성은 거의 없다. 폭력은 힘을 집행하는 수단이 된다. 힘에 의한 학대의 희생자가 되지 않으려면 다른 사람들을 희생시켜야 하는 것이다. 다른 대안은 없다. 앤 윌슨 세이프(Ann Wilson Shaef)는 이것을 '양자택일 증후군'

이라 부르는데, 이는 백인 남성 체계의 특징이다.[24]

한계 준수 불능

성추행범을 상대하면서 가장 어려움을 겪는 문제 중 하나가 한계를 정하고 적당한 경계를 설정하는 일이다.[25] 아동을 성추행한 남성은 자신의 파괴적인 행동에 대한 한계를 설정하는 방법을 모르며, 다른 사람들이 살아가기 위해 필요한 경계를 존중하지 않는다. 추행범에 대한 치료는 누구에게 어떤 책임이 있는가를 둘러싸고 벌어지는 줄다리기 전쟁이다. 성추행범은 치료사가 관계 당국과 협력한다고 비난할 것이며, 성추행범 자신이 초래한 것보다 더 큰 해악을 치료사가 불러왔다고 주장할 것이다. 한계와 경계를 계속 혼란스럽게 만드는 것은 추행범의 장기 중 하나이다.

이러한 사례로 폴(Paul)의 이야기를 들 수 있다. 그는 몇 달의 치료 과정 후에 그의 아내에게 이렇게 말했다. "신디는 수건 하나만 걸치고 돌아다니면서 나를 흘깃 쳐다봤어. 당신도 그게 무슨 의미인지 알잖아. 사건 때문에 비난 받아야 할 사람은 나만이 아니야." 그의 아내가 대답했다. "신디는 겨우 7살이었어!"

수개월간의 치료 후에도, 폴은 여전히 자신이 의붓딸을 추행한 것에 책임이 없다고 느꼈다. 자신의 행동에 한계를 설정하고, 타인과의 경계를 존중하는 그의 능력에는 큰 결함이 있었다. 그의 이런 태도는 10살부터 15살까지의 5년 동

---

24 Anne Wilson Schaef, *Women's Reality*(New York: Harper and Row, 1981), p.149.
25 Heinz Kohut, *Hoe Does Analysis Cure?*(Chicago: University of Chicago Press, 1984), 192ff.

안 형, 여동생과 근친상간을 벌이면서 형성되었다. 가정생활에 대한 그의 가치관은 성적 태도와 행위, 그리고 포르노물로 점철된 너무나도 왜곡된 것이었고, 이 때문에 그는 자신이 저지른 죄의 심각성을 이해할 수 없었다.

일생 동안 추구할 현실적인 목표를 설정하는 것 역시 성추행범들에게는 어려운 일이다. 10년이 지나도록 폴은 어떤 일이든 6개월 이상을 하지 못했다. 폴은 자신의 남은 일생 동안에도 실패를 반복할 거라는 절망감을 보상받고자 했고, 이것은 그가 의붓딸을 성추행하도록 만든 동기 중 하나로 작용했다. 그는 현실적인 목표를 설정하고 이를 성취할 능력이 없었다.

미국 문화에서 남성의 힘에 의한 학대는, 남성이 지배적인 위치에 있을 때 자신에게 적절한 한계를 설정하는 데 어려움을 겪고 있다는 의미이다. 위계적으로 조직된 회사나 교육 체계의 경우, 각 수준에서 발휘할 수 있는 힘은 그보다 상위 수준에 있는 힘의 감독을 받는다. 그런데 각 수준의 힘은 직장의 테두리 안에서 작업이 완수되기 위해 필요한 일을 할 수 있다. 이는 힘의 차이가 존재할 때, 그것이 업무를 방해하지 않는 한, 누군가가 통제를 받거나 해를 당할 위험이 있다는 뜻이다.

여성들은 일터에서 당하는 심각한 성희롱에 항의한다. 그런데 이런 힘의 악용은 위협적인 것이 아니라 남녀 간의 성적인 놀이로 오인받기 때문에, 많은 경우 성희롱은 심각한 문제로 간주되지 않는다. 폴은 의붓딸 신디에게 저지른 성학대를 심각한 문제로 보지 않았다. 자신과 마찬가지로 신디도 그것을 원했고, 그것이 가정 안의 다른 어떤 것에도 영향을 주지 않는다고 생각했기 때문이다. 그는 외부 당국자들이 그의 삶에 간섭하고 신디에게 접근하는 것을 제한했을 때 격노했다. 자신이 학대, 특히 여성과 아동에 대한 학대를 할 수 있다는 남성의 특권의식은 사회 전반에 퍼진 심각한 문제이다.

비록 각각의 성추행범 사이에도 많은 차이가 존재하긴 하지만, 우리는 일단 수많은 아동 추행범의 특징이라 할 수 있는 네 가지 주제, 즉 성적인 형태로 나타나는 의존성, 파괴적 격노, 과장된 자아, 한계 준수 불능을 살펴보았다. 이것들은 어째서 성폭행을 경험한 사람이 때때로 가해자로 변모하는가를 이해하는 데 도움을 준다.

이러한 주제들은 미국 문화에서 남성이 되는 것이 무엇을 의미하는지를 나타내는 전형적 이미지들에 부합한다. 이 장은 사회적 환경에서 나타나는 인간 성품에 대한 현상학적 서술이다.

희망은 어디에 있는가?

아동에게 자행되는 성폭력의 개인적·사회적 병증에 대한 지금까지의 서술을 읽다보면 이런 의문이 생긴다. 희망은 있을까? 성폭력이 중단될 거라는 희망, 가해자가 자신의 범죄에 대한 책임을 질 거라는 희망이 있을까? 여태껏 미국 사회는 이 문제를 이해하고 여기에 제대로 된 대처를 하려는 의지를 보이지 않았다.

침묵을 깨고 자신이 경험한 고통과 치유를 말하는 생존자들은 우리에게 희망을 준다. 그들은 이미 변화를 가져오고 있으며 우리는 이들을 통해 이 문제를 이해할 수 있게 되었다. 생존자의 이야기는 여러 번 반복될 필요가 있다. 대중이 성폭력에 대한 시야를 넓히고 그 고통을 이해할 때까지 말이다.

지역사회의 치료사들과 보건복지사들은 희망을 줄 수 있는 답을 찾고자 피해자와 가해자를 위해 기꺼이 일하고 있다. 이 책은 지난 10여 년간 성폭력 문제에 대응하기 위해 저술된 수많은 책들 중 하나일 뿐이다. 많은 사람이 성폭력 문제에 관심을 갖는 사회를 만들고자 헌신하고 있다.

자신의 병증을 직시하면서 비범한 용기를 보여준, 회복 중인 가해자들 역시 희망을 준다. 우리는 성추행범 그룹으로부터 희망을 보여주는 몇몇의 이야기를 들으면서, 희망을 위해 지속적으로 연구할 힘을 얻는다.

청소년 성추행범들 역시 희망을 보여준다.[26] 이제 막 가해자가 된 12~21살의 젊은 남성들은 학대 행태가 아직 깊이 뿌리 내리기 전이어서 치료를 받아들이기가 쉽다. 그들 중 대부분은 그들이 가장 도움을 필요로 할 때, 즉 그들이 어린 시절 처음 추행을 당했을 때 도움을 받지 못한 성폭력의 피해자들이다. 그때 치료를 받았다면 그들은 혼란을 극복하고, 성인들이 자신을 학대하는 존재가 아니라 진정으로 자신을 살펴주고 보호해주는 존재라는 사실을 발견했을 것이다. 그래도 이들은 성폭력으로 다른 사람을 상처 입히는 습관이 굳어지기 전에 도움을 받을 수 있었다. 많은 경우 그들은 자신에게 일어난 일에 대해 다른 사람과 이야기를 나누기 원했고, 자신의 정체성에 대한 물음에서 답을 찾고자 노력했다.

이 집단과 함께 하며 가장 어려웠던 임상적 문제 중 하나는 자율성(autonomy)이었다. 미국 사회에서 한 명의 남자가 되려 할 때 이 문제는 몹시 왜곡된다. 이 나이대의 젊은 남성들은 자신의 자율성을 무척 지키고 싶어 한다. 스스로 결정을 내릴 수 있는 그들의 권리는 존중받아야 한다. 하지만 그들의 자율성을 격려하는 것이 어려울 수도 있다. 그들이 생각하는 '자율성'이라는 개념이 미성숙하고 유아적인 것일 수 있기 때문이다. 하지만 이런 어려움에도, 적절한 도움이 있다면 이 젊은 남성들은 자신들의 학대 행위를 제어할 수 있게 될 것이다.

감옥에 가지 않으려고 어쩔 수 없이 치료를 받는 성추행범 중에서도 희망을

---

26 Barnard, et al., *The Child Molester: Integrated Approach to Evaluation and Treatment*, 43ff.

찾아볼 수 있다. 통제된 환경 안에서 상담사를 만나게 되었을 때 온전한 인간이 되고 싶다는 바람을 드러내는 성추행범의 수가 적지 않다. 더 이상의 학대를 막아줄 구조물 안에 있기 때문에, 성추행범들은 긴장을 풀고 평생의 고뇌와 장차 또다시 아동에게 상처를 줄지도 모른다는 공포를 이야기할 수 있게 된다. 이 집단을 상대하면서 우리는 안전장치와 치료를 조합하는 방법에 대해 앞으로도 더 많이 연구할 필요가 있다.

상담사를 위한 문제 제기

성추행범들을 상대하면서 나는 의미심장한 변화를 겪게 되었다. 그것은 우리 모두가 얼마나 부서지기 쉬운 존재인지를 이해할 수 있게 해주었다. 우리 사회에서 성추행범들이 두려움의 대상이 되는 이유 중 하나는 그들이 사람들의 내면에 자리 잡은 무력감과 분노를 환기시키기 때문이다. 어떤 성추행범들은 아이일 때 마치 하찮은 존재처럼 취급되었다. 그들이 경험한 공포에 관한 이야기는 실로 비통하다. 우리는 교회와 그 공동체 안에서 그러한 인간의 악행이 실제로 벌어진다는 사실을 믿고 싶어 하지 않는다. 이 추행범들은 자신이 희생자가 되었다는 사실에 격노하며, 무력한 아동들에게 그 분노를 표출한다. 이러한 파괴성은 우리의 분노를 촉발하고, 우리는 그러한 파괴적인 행동을 하는 사람을 죽이고 싶다는 충동에 사로잡힌다. 피해자는 가해자가 된다. 그들은 양자 모두의 삶을 살며 비밀스러운 공포를 느껴야 했고, 이제 우리 공동체의 아이들이 이 공포에 직면해 있다. 우리가 추행범들을 상대하고 싶어 하지 않는 이유는 그런 일들에 대한 우리 자신의 감정을 상대하고 싶지 않기 때문이다. 아직도 우리는 성추행을 저지른 우리 이웃의 악과 대면하지 않으려 애쓰며, 그들의 범죄를 하찮은 것으로 치부함으로써 그들의 범죄를 돕는다.

성추행범들을 연구하면서 내가 겪은 또 다른 변화는 계급주의의 억압에 대해 점점 더 많은 것을 알게 되었다는 점이다. 가공의 인물이지만 가장 전형적인 성추행범이라 할 수 있는 밥(Bob)의 이야기를 해보자. 그는 범죄 후 체포되어 보호관찰 처분을 받았다. 아동 성추행범이라는 선고를 받은 밥은 이혼해 홀로 아이를 키우고, 공장에서 일하는 것으로 가까스로 생계를 유지하며, 무언가가 잘못되기라도 하면 바로 해고당하고, 집을 잃으며, 빈곤층으로 전락할 수 있는 사람이다. 그는 건강보험조차 없으며, 아마 친구도 없을 것이다. 그는 사회 체계의 보호로부터 제외되기 직전의 상황에 처해 있다.

그의 위태로운 상황을 고려했을 때, 나와 그의 관계는 매우 상징적이라 할 수 있다. 어떻게 보면 그에게 나는 사회적으로 존경받는 이들의 상징이었다. 나는 교육을 받았고, 경제적으로도 여유가 있으며, 모범적인 가정의 가장이기도 했다. 그것은 내가 이 사회의 가치를 설파하는 것에 대해 사회가 보상을 해준다는 의미일 수도 있다.

다른 한편, 나는 그에 대한 억압의 원천이었던 사회 계급을 상징하기도 했다. 나 같은 남성과는 대조적으로 그는 사회 부적응자라는 선고를 받았으며, 사회의 소모품으로 취급받고 있었다. 내가 그의 아동 학대에 관한 도덕적 문제를 거론하기로 결정했을 때, 나는 그의 삶에 얽힌 윤리적 문제의 범위를 신중하게 선택했다. 아마도 그에게는 더 나은 직업, 더 나은 집, 더 나은 경제적 소득, 사랑과 돌봄의 공동체와 같은 추가적인 자원이 필요했을 것이다.

처음에는 아버지가 아들을 성적으로 학대했다는 이야기를 듣는 것조차 두려웠다. 하지만 그 아버지들의 실체를 점점 알아갈수록 나는 나 또한 공범이라는 사실을 알게 되었다. 그의 죄악을 봤을 때 내가 느꼈던 공포는, 사회적 존경이라는 보호를 받으며 살아왔던 사람의 반응이었다. 그에 대한 나의 분노는 사회의 가치를 정당화하기 위해 억압된 소수를 필요로 하는 사회적 죄악의 직접적인 표현이었다. 나는 나 자신을 도덕적으로 '선한' 인간으로 이해했다는 점에서 이 아버지와 대조적이었다. 그의 사회적 입장과 이로 인해 그와 그의 아들에게 일어난 일에 대한 내 침묵은, 학대가 벌어지는 상황을 만드는 데 기여했다. 사회적 억압과 계급 문제들은 성폭력을 설명하지 않지만, 그것들은 일부 성추행범들이 처한 상황의 부분적인 원인이라 할 수 있다.

나는 그의 인생을 제한했던 사회적 환경에 대한 책임감을 가졌다. 나는 아이가 부모에게 학대를 당할 때 그 아이를 무시하고 침묵했던, 존경받는 사회지도자들 가운데에 있었다. 아동과 부모의 고통은 나에게 '의롭다'는 꼬리표를 붙여주었다. 나는 이런 특정한 죄악과 직면할 필요가 없었기 때문이었다. 나는 절대 아동 학대 때문에 체포되지 않았고, 보호를 받지 못하는 이들에 대한 사회의 모진 대우를 문제 삼을 필요도 없었다.

만일 내가 도덕적 죄책감을 공유하기로 결정했다면, 이 문제를 해결하기 위해 행동하는 것이 내 도덕적 대응이 될 것이다. 이 아버지는 자신의 아이를 성적으로 학대하고 그 행동에 대한 정신적·사회적 책임을 지고 살아야 했지만, 나 역시 죄악의 신학적 의미에서 보면 그와 동일한 죄를 지은 것이나 다름없다. 차이가 있다면 나의 분노는 심각한 아동 학대가 아닌 다른 출구를 찾을 수 있었다는 점이다. 나는 성별, 성적 지향, 사회적 계급, 민족적 전통 때문에 사회적으로 소외된 이들에 대한 내 편견을 통해 분노를 표출했다. 사회는 힘과 통제에 대한 내 욕구를 사회적으로 용납 받을 수 있는 방식으로 해소할 수 있는 출구를 제공해주었고, 그래서 나는 밥이 그랬던 것처럼 내 자식들을 학대할 필요가 없었다. 그와는 상이한 내 모습은 내 의로움을 확신하게 해주었다. 하지만 나는 밥에게서 발견한 죄악의 성향과 동일한 것을 내 안에서 발견하게 되었고, 마침내 나는 자신을 가리던 허술한 가면을 직시할 수 있었다. 내가 그와 대면하는 것을 두려워했던 것은, 무의식적으로 내 죄악을 두려워했기 때문이었다.

그래서 희망은 어디에 있는가? 표면상으로는 성폭력이 벌어진 상황에서 희망을 발견하기는 어렵다. 성폭력을 경험한 수많은 사람이 지옥 같은 나날을 보내고 있다. 우리는 세상에 만연한 이 공포를 이제 막 검토하기 시작한 사회에서 살고 있다. 교회는 이 악에 대해 침묵해왔다. 교회가 악의 심각성을 채 깨닫기도 전에, 이미 해야 할 일은 산더미처럼 쌓여버렸다.

하지만 아주 자세히 살펴본다면, 실낱같은 희망을 찾을 수 있다. 생존자와 상담사의 공동체는 성폭력의 원인과 결과에 대해 점점 더 많은 것을 알아가며 성장하고 있다. 그리고 현대사회의 얼굴을 변화시키기 위해 미개척의 영역으로 나아가는 소수의 성추행범과 그들의 상담사들의 모임이 있다.

제7장

프로이트, 여성, 그리고 남성 지배: 프로이트와 도라의 사례[1]

여성과 아동에 대한 남성 폭력을 이해하려면, 지그문트 프로이트(Sigmund Freud)의 저서를 읽어볼 필요가 있다. 그의 초기 연구에서, 프로이트는 성인의 정신병 증후가 어린 시절의 학대 경험에서 비롯되었다고 보고 이를 설명하기 위해 트라우마 이론을 채택했다. 하지만 프로이트는 나중에 생각을 바꾸어, 환자들이 이야기하는 학대의 기억을 부모에 대한 그들의 환상의 탓으로 돌렸다. 그는 그러한 환상을 만드는 동기를 설명하기 위해 남근 선망(penis envy)과 오이디푸스 콤플렉스(Oedipus complex) 학설을 채택했다.

도라(Dora)의 사례 연구를 보면 트라우마 이론에서 환상 이론으로 이행하는

---

1 이 글의 원본은 다음과 같다. "Women and Male Dominance: The Case of Freud and Dora," *Deliver Us from Evil: Resisting Racial and Gender Oppression*(Minneapolis: Fortress Press, 1996).

프로이트의 변화를 확인할 수 있다. 처음에 프로이트는 도라가 자신의 아버지와 K 씨를 고발하는 것을 지지해주었다. 그러나 이후 그는 점점 도라가 사건을 과장한다고 비난하기 시작한다. 도라가 청소년기에 겪었던 학대 사건에서 그녀 역시 공모자였다는 사실을 직시하지 않으려 한다는 의심에서였다. 이 장에서 나는 프로이트의 사례 연구에서 나타나는 복잡한 요소들을 되짚어보고, 왜 우리가 오늘날 그의 이론을 새삼 끄집어내 뒤엎어야 하는지에 대한 아주 중요한 질문을 제기할 것이다. 아동과 여성에 대한 남성 폭력을 이해하는 일은 섹슈얼리티와 유혹의 문제, 힘과 무력함의 문제, 분노와 파괴적 행위의 문제 등 목회상담사에게 수많은 역전이 문제를 가져온다. 프로이트에 대한 이 장의 연구는 가부장 사회에서 우리 모두가 남성 폭력의 공모자라는 사실을 직시하게 해준다. 다른 장들보다 다소 전문적인 내용을 다루겠지만, 이 연구는 남성 폭력의 원인 중 하나인 성 문제, 계급 문제의 복잡성을 탐구하는 데 도움을 줄 것이다.

도라가 18세일 때, 그녀는 가족들과 말다툼을 하다 기절했고 그녀의 아버지는 도라가 쓴 자살 유서를 발견하고 큰 걱정에 휩싸였다. 결국 그는 딸의 정신분석을 받아보기 위해 그녀를 지그문트 프로이트에게 보냈다. 프로이트는 이미 2년 전에 목감기를 치료받으러 온 도라와 만난 적이 있었다. 도라의 아버지는 그녀를 다시 프로이트에게 맡기면서, 그녀가 겪는 신체적 문제의 원인이 무엇이고 왜 그녀가 행복하지 않은지를 밝혀달라고 요청했다. 프로이트는 도라가 겪는 문제의 원인을 아주 빨리 파악할 수 있었다. 그녀의 가정에서 일어나는 일들은 도라의 ─ 그리 행복하다고 할 수 없는 결혼 생활을 영위하던 ─ 아버지와 어머니, 그리고 아버지의 친구인 K 씨와 K 부인 등 도라의 주변인물과의 관계에서 비롯된 것이었다. 어렸을 때, 도라는 K 씨의 자녀들을 돌보면서 K 부인에게 애착을 가지게 되었다. 또 K 부인의 경우, 도라의 아버지를 간호하다가 그와 불륜을 저지른 적이 있었다.

도라가 청소년이 되었을 때 일어난 두 개의 사건은 그녀에게 트라우마를 심어 준 동시에 그녀의 삶을 바꾸어버렸다. 도라가 14살일 무렵, 그녀는 K 씨와 단둘이 그의 사무실에 있었다. 이때 K 씨가 그녀에게 키스를 했다. 역겨움을 느낀 도라는 도망쳤고 그 일을 누구에게도 말하지 않았다. 2년 후 도라가 16살이 되었을 때, 호숫가를 산책하던 도라에게 K 씨가 성관계를 제안했다. 도라는 그의 얼굴을 때리고 도망쳤으며, 아버지와 함께 마을을 떠났다. 며칠 후, 도라는 자신에게 일어난 일을 부모에게 말했다. 프로이트는 K 씨의 반응을 이렇게 묘사했다.

이후 도라의 아버지와 삼촌이 K 씨와 만나게 되었을 때 그에게 해명을 요구했다. 하지만 K 씨는 완강한 어조로 부인하면서 자신에게 유리한 쪽으로 해석될 수 있는 말들을 입에 담았다. 그는 소녀에 대한 의구심을 갖게 만드는 말도 했다. K 씨는 부인으로부터 당시 도라가 성적인 것 외에는 어떠한 것에도 관심이 없었으며, 호수 근처에 있는 그의 집에서 만테가차(Mantegazza)의 『사랑의 생리학(Physiology of Love)』 같은 책을 읽곤 했다는 이야기를 들었다고 했다. 그는 또한 도라가 진술한 내용이 그런 종류의 책을 읽고 지나치게 흥분한 나머지 '상상한' 것일 가능성이 매우 높다고 덧붙였다.[2]

도라의 아버지는 K 씨의 이야기를 받아들이며 프로이트에게 말했다. "나는 그가 부도덕한 제안을 했다는 도라의 이야기가 그 아이의 마음속에서 생겨난 환상

---

2 Sigmund Freud, *Dora: An Analysis of a Case of Hysteria*(New York: Collier Books, 1963), p.41.

이라 믿습니다. ……부디 그녀가 이성을 되찾도록 도와주십시오."3 그러나 프로이트는 그에게 단호히 말했다. "사건의 진실에 대한 제 판단은, 다른 쪽의 입장도 충분히 들을 때까지 유예하고 싶습니다."4 이후 도라의 이야기를 듣고 난 프로이트는 그녀 쪽의 이야기를 믿기로 했다. "아버지는 자신과 K 부인의 불륜을 용서받는 대가로 나를 K 씨에게 넘긴 것이다"라는 도라의 추측도 수용했다.5 여기에 나타난 배신과 성추행의 경험들은 프로이트가 이 사례에 집중하도록 만들었다.

> K 씨와의 경험 — 그의 구애와 그로 인한 도라의 명예에 대한 모욕 — 은 도라에게 정신적 트라우마를 제공한 것으로 보인다. 나와 브로이어(Breuer)는 오래 전부터 트라우마가 히스테리성 장애의 전제 조건이라고 주장해온 바 있다.6

그런데 프로이트는 가족에 대한 도라의 이야기를 받아들이면서도, 가족 간의 역학관계보다는 도라의 성적인 욕망에 더 집중했다. 바로 이 지점에서 사례 연구를 읽는 이들은 혼란에 빠지게 되는데, 여기에서 프로이트는 마치 사건의 원인을 도라에게 돌리는 것처럼 보이기 때문이다. "그녀(도라)는 스스로를 이 사건의 공범으로 만들었고, 이 일의 진실을 알려주는 모든 단서들을 마음속에서 묵살했다."7 프로이트는 왜 가족의 병리보다 도라가 공범이라는 사실에 더 초점을 두었

---

3 같은 책, p.42.
4 같은 책.
5 같은 책, p.50.
6 같은 책, p.42.
7 같은 책, p.51.

을까? 사실 이 탐구에서 프로이트의 주된 동기로 작용하고 있었던 것은 히스테리성 질병에 대한 ─ 즉, 여성의 불감증 및 신체적 질환의 증상과 치료에 대한 ─ 그의 과학적 관심이었다. K 씨가 그의 사무실에서 도라에게 키스를 했던 상황을 언급하면서, 프로이트는 이렇게 말한다. "만일 성적 흥분에서 주로 또는 오직 불쾌함만을 느끼는 이가 있다면, 나는 그가 히스테릭한 사람이라고 믿어 의심치 않을 것이다."[8] 이 부분에 대한 각주에서, 프로이트는 "나는 환자의 아버지와 함께 나를 찾아온 K 씨를 만날 수 있었다. 그는 상당히 젊었으며, 매력적인 용모의 소유자였다"[9]라고 기록하고 있다. 프로이트는 도라의 나이, 그녀의 아버지와 K 씨의 우정, 여러 번에 걸쳐 그녀의 가정에서 벌어진 서로 간의 신의에 대한 배반 등에도 불구하고, K 씨가 도라에게 어울리는 배우자감이라고 여겼던 것이다.[10] 프로이트는 도라의 질병이 내적인 갈등, 즉 K 씨에 대한 성적인 욕망과 성적인 감정들에 대한 두려움 때문에 발생했다고 판단하고 그녀가 이러한 사실을 직시할 수 있도록 돕는 것을 치료의 목표로 설정했다.

프로이트가 선택한 치료 방법은 도라의 성적인 갈등을 연구하고 K 씨에 대한 그녀의 사랑을 드러내는 것이었다. 그는 도라의 신체적 증상이 K 씨에 대한 사랑의 반응이라고 단정했다. 그가 없을 때 도라는 아팠고, 그가 있을 때 도라는 건강했다. 그녀는 또한 아버지와 K 부인의 불륜을 알리려 했던 가정교사 겸 하녀

---

8 같은 책, p.44.

9 같은 책.

10 도라의 가정사를 살짝 되짚어보는 것만으로도 사정을 어렵지 않게 파악할 수 있다. 모든 관련자들 ─ 아버지, 어머니, K 씨, K 부인 ─ 은 서로에게 저지른 배신을 보상하고자 도라를 끌어들여 그녀에게 부담을 지웠으며, 그녀를 분노케 했다. 그리고 그 과정에서 도라는 그들이 서로에 대한 성적인 신의를 지키지 않는 것을 보아야 했다. 이것은 십대 소녀에게 감당할 수 있는 일이 아니었을 것이다. Erik Erikson in Charles Bernheimer and Claire Kahane, eds., *In Dora's Case: Freud, Hysteria, Feminism*(New York: Columbia University Press, 1985), pp.51~52.

의 말을 무시했다. 프로이트는 도라가 건강해지기 위해서는 K 씨에 대한 그녀 자신의 사랑을 인정해야 한다는 전제하에 치료를 했다. 즉, 도라가 K 씨에게 "아니오"라고 말하는 것이 실제로는 그녀가 그를 사랑한다는 의미임을 그녀가 알아야 한다고 생각한 것이다.[11]

> 만일 이 "아니오"를 객관적인 판단 — 사실상, 환자에게는 이것이 불가능하다 — 의 표현으로 간주하는 대신 무시한다면, 그리고 치료 작업을 계속한다면 이 "아니오"가 사실은 "예"를 의미한다는 첫 번째 증거가 곧 나타날 것이다. …… 무의식적인 "아니오" 같은 것은 이 세상에 존재하지 않는다.[12]

프로이트는 도라가 실제로 K 씨를 사랑했다는 사실을 보여주기 위해 노력한다. 그는 도라의 "아니오"가 "예"를 의미한다고 주장하기 위해 남자와 여자, 자위 행위와 야뇨증, 구강성교와 동성애에 대한 그녀의 성적 환상들을 우회로로 삼았다. 심지어 그는 그러한 과정에서 도라를 성적인 존재로 만들었다는 비난에 대해 스스로를 변호하기도 했다.[13]

이 사례 연구에서, 프로이트는 두 가지의 꿈 이야기에 초점을 맞춘다. 첫 번째

---

11 가부장 문화가 어떻게 여성의 부정을 긍정으로 바꾸는지에 대해서는 아래 책의 논의를 볼 것. Marie M. Fortune, *Love Does No Harm: Sexual Ethics for the Rest of Us*(New York: Continuum, 1995).

12 Freud, *Dora: An Analysis of a Case of Hysteria*, pp.75~76. 이러한 프로이트의 견해는 미국 사회에 보이지 않는 영향을 준 정신분석학 이론의 악명 높은 사례라 할 수 있다. 그의 이 교묘한 진술은 가부장 사회 내에서 합의의 가능성을 부정한다. 무의식적인 "아니오" 같은 것이 없다면, 여성은 어떻게 성폭력을 거부할 수 있을까?

13 "남자는 여자와 소녀를 상대로, 그녀들에게 해를 끼치는 일 없이, 또는 그럴 것이라는 의심을 받는 일 없이 모든 종류의 성적인 문제에 관해 이야기하는 것이 가능하다." 같은 책, p.65.

로, 도라는 불이 난 집에서 아버지가 자신을 구출하는 꿈을 꾸었다.

집에 불이 났어요. 아버지는 제 침대 곁에 서 있었고, 저를 깨웠죠. 저는 급하게 옷을 갈아입었어요. 그때 어머니가 보석함을 가져오자고 했어요. 하지만 아버지는 말했어요. "당신의 보석함을 찾다가는 나와 두 아이 모두 타죽게 될 거야." 우리는 재빨리 계단으로 도망갔고, 저는 밖으로 나오자마자 꿈에서 깼어요.[14]

도라는 호숫가에서의 사건 이후로 이 꿈을 꾸었다고 말했다. 프로이트는 이 꿈에 아버지가 K 씨로부터 자신을 보호해주기를 바라는 도라의 소망이 투영되어 있다고 해석했다. 보석 상자는 그녀의 처녀성을 나타내는 것이자 그녀의 기억, 도라가 아직 어린아이였던 시절 야뇨증으로 문제를 겪던 그녀를 아버지가 깨웠던 기억과 연결된 것이다. 프로이트는 이것을 K 씨에게 느끼는 근원적 사랑에 대한 도라의 방어적 반응으로 해석했다.

그 꿈은 내가 전에 당신에게 말했던 것을 다시 한 번 확인시켜주는 꿈입니다. K 씨를 향한 자신의 사랑으로부터 스스로를 보호하기 위해, 당신은 아버지에 대한 오래된 애정을 불러들인 겁니다. 그런데 이러한 시도는 결국 무엇을 말하는지 아십니까? 당신은 K 씨를 두려워하는 것 이상으로 자기 자신을, 그리고 그에게 항복하고 싶다는 유혹을 두려워하고 있는 겁니다. 한 마디로, 이런 노력들은 당신이 얼마나 깊이 그를 사랑하는지 다시 한 번 증명하는 것입니다.[15]

---

14 같은 책, p.81.
15 같은 책, p.88.

"당연히 도라는 여기에 대한 내 해석에 동의하지 않았다"라고 프로이트는 적었다.[16] 그러나 프로이트는 유아기의 야뇨증과 자위행위 경험을 중시하는 그의 꿈 해석 이론을 포기하지 않았고, 여전히 도라가 K 씨를 사랑한다고 믿었다.[17]

두 번째 꿈은, 어머니가 그녀에게 아버지의 죽음을 알려주는 내용이었다. 그녀는 집으로 향하는 길을 찾는 데 상당한 어려움을 겪었다. 그녀가 도착했을 때, "하녀가 문을 열어줬고, 어머니와 다른 사람들은 이미 묘지에 가 있다고 알려줬어요".[18] 이에 대해 프로이트는 또다시 K 씨와 관련된 성적인 해석을 제시했다.

두 번의 치료 후, 도라는 이번이 마지막 치료가 될 것이라고 말했다. 프로이트의 결론은 처음과 똑같았다. "분명히 말씀드리지만, 나는 당신이 K 씨에게 애정을, 당신이 수긍하는 것보다 훨씬 강하게 느끼고 있다고 생각합니다."[19]

이 사례 연구의 끝부분에서 프로이트는 왜 도라가 일찌감치 치료를 끝내버렸는가를 설명하려 했다. 어쩌면 프로이트가 "도라가 이성을 되찾도록" 도와주지 않아 그녀의 아버지가 관심을 잃어서일 수 있다. 어쩌면 프로이트가 "사적으로 도라에게 따뜻한 관심"[20]을 보여주지 않아서일 수 있다. 혹은 도라 자신이 건강해지는 쪽보다 원래의 증상으로 돌아가는 쪽을 원했을지도 모른다("진정한 애욕을 충족시키지 못하는 것은 신경증의 매우 기본적인 특징 중 하나이다")[21]. 어쩌면 "내

---

16 같은 책.

17 공정함을 위해 덧붙이자면, 이 사례 연구는 프로이트가 최초로 '전이'에 관해 언급한 글일 수 있다. 따라서 그는 '전이'라는 개념에 관한 조사·연구 발전의 혜택을 누리지 못했다. "사실 그는 치료 과정에서 발생하는 전이라는 현상에 대해 이제 막 배우기 시작했을 뿐이며, 이에 관한 프로이트의 저술 중 최초로 중요한 의미를 갖는 글이 바로 이것이라 할 수 있다." Steven Marcus in Bernheimer and Kahane, p.89.

18 Freud, *Dora: An Analysis of a Case of Hysteria*, p.114.

19 같은 책, p.129.

20 같은 책, p.131.

가 전이에 대해 숙달되어 있지 못했"[22]기 때문일 수 있다. 또는 프로이트가 K 부인에 대한 도라의 애착을 과소평가했기 때문일 수 있다("나는 K 부인을 향한 그녀의 동성애적 사랑이 그녀의 정신생활에서 가장 강력한 무의식적 경향이었다는 것을 발견하지 못했고, 환자에게 그것을 알려주지도 못했다")[23].

15개월 후 도라는 K 씨와 K 부인에게 그들이 거짓말을 했다고 맞섰던 일을 알려주기 위해 프로이트를 다시 찾았다.

K 부인에게 도라가 말했다. "나는 당신이 우리 아버지와 불륜 관계라는 것을 알아요." 상대는 그것을 부정하지 않았다. 도라는 또 K 씨가 ─ 이전에 완강히 부인했던 ─ 호숫가에서의 일을 시인하도록 했다. 그녀는 자신의 말이 진실이었음을 아버지에게 알려주었다. 그날 이후로, 도라는 가족과의 관계를 회복하지 못하고 있다.[24]

프로이트는 자신이 도라에 대한 치료를 마치기도 전에 그녀가 먼저 치료를 끝냈다는 사실에 대한 실망을 내색하지 않으려 노력했다. "나는 도라가 내게 어떤 도움을 받길 원했는지 알 수 없었다. 그러나 그녀의 문제에 대한 근본적인 치료를 제공하면서 내가 얻었을 만족감을 빼앗았던 일에 대해서는, 그녀를 용서하기로 약속했다."[25] 이 사례에 관한 모든 이야기를 기록한 후, 프로이트는 친구에게 이런 편지를 보냈다. "이 이야기는 내가 지금까지 썼던 것들 중에서도 가장 미묘

---

21 같은 책, p.132.
22 같은 책, p.140.
23 같은 책, p.142.
24 같은 책, p.143.
25 같은 책, p.144.

한 것이었어."[26] 이 사례가 그의 일생의 작업 중 중요한 위치를 차지하게 될 것이라는 그의 예측은 옳았다. 도라의 사례는 현대 심리학의 역사에서 가장 광범위하게 읽혀온 임상 사례 중 하나가 되었기 때문이다.[27]

도라의 저항

도라에 관한 프로이트의 사례 연구는 남성 폭력 연구에 속한다. 젠더와 섹슈얼리티에 관한 오늘날의 논쟁에서 중요한 위치를 차지할 뿐 아니라 정신분석학적 방법론에 접근하는 것을 용이하게 해주기 때문이다. 비록 우리는 도라 본인이 자신의 경험에 대해 기록한 그 어떤 자료도 접할 수 없지만, 프로이트의 기록은 도라가 가부장제에 대해, 그리고 프로이트에 대해 저항했음을 추측하게 하는 단서를 제공한다.

도라는 오랫동안 침묵으로 저항한 것 같다. 프로이트는 도라가 자신의 욕망을 드러내도록 그녀를 유도했음에도, 사례 기술의 마지막 부분에서 자신이 K 부인에 대한 도라의 애착을 과소평가했다고 고백했다. 도라는 세 달 만에 치료를 끝낼 생각이라는 것도 말하지 않았다. 도라는 프로이트에게 침묵으로 저항했고, 그 때문에 프로이트는 자신의 분석을 끝낼 수 없었다. 그는 자신의 견해 — 도라

---

26 같은 책, p.7

27 도라의 이야기는 더 이상 사례 연구나 히스테리 분석의 자료로서는 읽히지 않는다. 하지만 이 이야기는 여성사, 성차이의 의미에 관한 비판적 논의, 또 그것이 여성 욕망의 표현에 미친 영향 등을 연구하는 이들의 고전이 되었다. Bernheimer and Kahane, *In Dora's Case: Freud, Hysteria, Feminism*, p.31.

는 K 씨와 결혼하기를 원한다는 — 를 밝힌 마지막 치료에서, 그녀가 정중한 침묵으로 반응했다고 보고한다. "도라는 평소와 달리 그 어떠한 반박도 하지 않고 귀를 기울여 내 말을 청취했다. 그녀는 감동한 것처럼 보였다. 그녀는 행복한 새해를 맞이하길 진심으로 바란다며 매우 따뜻한 태도로 작별을 고했다. 그리고 다시는 오지 않았다."[28]

때때로 도라는 언어를 통해 저항했다. 치료를 하면서, 프로이트는 매우 공격적인 태도로 도라에게 그녀의 우울과 신체적 증상들이 K 씨에 대한 억압된 사랑으로 야기된 것임을 확신시키려 했다. 도라가 계속해서 그것은 사실이 아니라고 부정했음에도 말이다.

그러나 나는 환자의 관심을 그녀와 K 씨의 관계로 돌리는 것이 쉽지 않다는 사실을 깨달았다. 도라는 그에게 어떠한 감정도 없다고 선언했다.

이러한 내 설명을 도라가 완강히 부인했을 때조차 나는 결코 실망하지 않았다.

당연히 도라는 여기에 대한 내 해석에 동의하지 않았다.

〔도라〕"어째서 눈에 띄는 변화가 나타나지 않는 걸까요?[29]

오랜 시간에 걸쳐 정신분석이 이루어진 후, 도라는 대담하게도 프로이트의 해

---

28 Freud, *Dora: An Analysis of a Case of Hysteria*, p.130.
29 같은 책, p.47, 76, 88, 126.

석이 자신에게 그리 큰 감명을 주지 못한다고 했다. 프로이트는 이 말에 당황했고 이후에도 도라에게 자신의 명석함을 보여주지 못했다는 사실을 계속 마음에 담았다.

도라는 행동으로도 저항했다. 그녀는 첫 성추행 사건 때 K 씨로부터 도망쳤으며, 두 번째 성추행 때는 그의 뺨을 때렸다. 도라가 프로이트에게 가족의 비밀을 말했던 것은 전적으로 그가 자신의 정당한 주장을 옹호해주길 기대했기 때문이다. 그러나 그녀가 최후의 승리를 얻은 것은, 종결을 선언할 때였다.

세 번째 만남에서, 우리는 다음과 같은 대화를 나눴다.

〔도라〕 "오늘부로 더는 여기에 오지 않으려고 해요. 혹시 알고 계셨나요?"

〔프로이트〕 "어떻게 알았겠습니까? 제게 아무런 말씀도 안 해주셨잖습니까?"

〔도라〕 "네, 새해까지는 가급적 참아보려고 했거든요. 하지만 이 이상 치유되길 기다리지 않을 거예요."[30]

이처럼, 도라는 행동을 통해 프로이트의 부당한 대우와 학대에 저항했다.

남성 지배의 본성

프로이트와 도라의 사례 연구에서 우리는 여성과 아동에 대한 남성 폭력의 뒤에 숨겨진 권력 구조, 즉 가부장 사회 안에서의 남성 지배를 엿볼 수 있다. 이 논

---

30 같은 책, p.126.

의를 통해 우리는 교회에 영향력을 미쳐왔던 권력과 지배의 구조를 이해하고 그러한 힘에 의한 학대에 우리가 침묵했던 이유를 설명할 수 있을 것이다.

'지배의 매트릭스'는 인종·성·계급과 같이 사회적으로 형성된 범주에 기반을 두고 인간을 대상화하는 태도, 행동, 가정의 체계이다. 그리고 그것은 대상화된 사람들에게 자율, 자원에 대한 접근, 주체적인 판단을 허락하지 않고 거부하는 힘을 가지고 있으며, 지배 사회의 가치를 규범 — 다른 모든 것들을 재단하는 수단 — 으로서 유지시킨다.[31]

1. 지배의 매트릭스는 "인종·성별·계급과 같이 사회적으로 형성된 범주에 기반을 두고 인간을 대상화하는 태도, 행동, 가정의 체계이다".

프로이트가 성별에 근거해 도라를 대상화하는 태도, 행동, 가정을 취했다는 실마리를 어디에서 찾아볼 수 있을까? 도라의 저항에 관한 프로이트의 보고를 살펴보면, 그녀가 아버지의 압력으로 처음 프로이트를 찾아왔을 때 그 실마리가 나타난다. 도라가 프로이트에게 잠시나마 머물렀던 것은 그가 가족의 부정에 관한 도라의 이야기를 믿어주었기 때문일 것이다. 누군가가 자신의 이야기를 믿어준다는 사실에 도라는 희망을 얻었고, 그녀는 가족의 비밀을 공개하는 것으로 저항했다. 그녀의 저항의 첫 번째 조짐은 프로이트가 자신의 편, 정의의 편에 서도록 협조를 요청한 것이다. 심지어 프로이트가 '도라는 K 씨를 사랑하고 있다'는

---

31 '지배의 매트릭스'라는 표현은 다음의 책에서 가져온 것이다. Patricia Hill Collins, *Black Feminist Thought*(New York: Routledge, 1990), p.225. 나머지 정의들은 다음의 책에서 가져왔다. The Cornwall Collective, *Your Daughters Shall Prophesy*(New York: Pilgrim Press, 1980), p.39.

잘못된 판단을 하고 그것을 받아들이라고 그녀에게 압력을 가한 후에도 도라는 프로이트가 다시 자신을 믿어줄 것이라는 희망 속에서 그의 해석을 정중히 거부했다. "도라는 지난 몇 년 동안 K 씨를 사랑하고 있었다. 내가 내린 결론을 그녀에게 알렸지만, 그녀는 여기에 동의하지 않았다."[32] 프로이트의 태도와 행동이 변하지 않을 것이라는 게 확실해졌을 때, 그녀는 자신의 치료를 끝냈다.

만약 우리가 프로이트의 사고의 흐름을 따라간다면, 성별에 근거해 도라를 대상화했던 다른 태도, 행동, 가정을 발견하게 될 것이다. 예를 들면, 서론에서 프로이트는 "히스테리성 장애의 요인들은 환자의 성심리(性心理)적 성격을 지닌 친밀한 관계들 속에서 발견되며, 히스테리성 증상들은 그들의 가장 은밀하고 억압된 소원의 표현"이라고 말한다.[33] 프로이트는 도라가 K 씨에게 느꼈던 성적인 매력을 애써 억눌러왔던 것이 틀림없다고 판단했다. 비정상적인 사람이 아닌 이상, '성적 흥분을 느껴야 할 순간'에 '오직 격렬한 불쾌감'으로 반응할 리가 없다고 믿었기 때문이었다.[34] 젠더와 섹슈얼리티에 관한 프로이트의 다른 이론에 근거해서 본다면, '진정한 여성다움'[35]에 대한 자신의 생각에 끼워 맞추기 위해 도라를 객체화시켰다는 점에서 프로이트 역시 도라를 학대한 사람 중 하나라는 것을 알 수 있다.

이 사례에 관한 논의의 많은 부분이 역전이에 초점을 맞추고 있다. 권위적인 위치에 있던 K 씨가 대놓고 유혹과 강간을 시도했다면, 프로이트는 말로써 도라를 제압하려 했다. 만약 도라의 힘이 더 약했고, 이로 인해 프로이트의 압력 ─ 그

32 Freud, *Dora: An Analysis of a Case of Hysteria*, p.53.

33 같은 책, p.22.

34 같은 책, p.44.

35 Hazel Carby, *Reconstructing Womanhood*(New York: Oxford University Press, 1987), p.23.

녀가 K 씨를 사랑한다는 사실을 인정하라는 - 에 굴복했다면, 아마도 도라에 대한 관음중적 학대는 더욱 심해졌을 것이다. 마치 오늘날 치료사나 성직자에 의해 자행되는 성학대처럼 말이다. 프로이트의 관심 - 도라가 K 씨에게 매력을 느낀다는 - 이 그의 힘과 합쳐져 도라를 위협했지만, 다행히도 그녀는 이에 저항했다.

2. 지배는 "대상화된 사람들에게 자율, 자원에 대한 접근, 주체적인 판단을 허락하지 않고 거부하는 힘을 가지고 있"다.

비록 도라에 대한 프로이트의 사회적 힘이 절대적이지는 않았지만, 그의 사회적 지위는 그를 억압자로 만들었다. 프로이트는 도라의 개인적 삶에 대해 기술했고, 그것을 책으로 출판했으며, 이를 통해 이후 수많은 공개 토론의 자리에서 그녀의 일이 거론되게끔 만들었다. 또한 그는 남성, 중년, 명망 있는 의사, 상류층, 과학적인 저술가, 상대적으로 부유한 자였다. 도라 역시 부유한 가정 출신으로 일정한 사회적 계급을 부여받았지만, 그녀는 십대 소녀, 여성, 병증을 보이는 환자이기도 했다. 프로이트는 의사였으며, 의사에게는 환자가 내적 자원에 접근할 수 있도록 도울 책임이 있다. 이 사례의 경우, 한 인생의 심리적 동기에 대한 통찰을 제공하고 당시 태동하기 시작한 과학적 인류학에서 발견한 것들을 가르쳐줄 책임이 있었다고 할 수 있다. 프로이트를 찾았던 수많은 고객들과 제자들은 정신분석 심리학이라는 새로운 학문 영역의 지도자가 되었으며, 개인적·사회적 힘을 얻었다.

이다 바우어(Ida Bauer: 도라의 진짜 이름)는 개인적 성취를 이룰 만큼의 잠재력을 가진 재능 있는 여성이었다. 하지만 그녀의 오빠가 유럽의 사회주의를 이끈 지적인 지도자가 되었던 반면 도라는, 펠릭스 도이치(Felix Deutsch)의 증언에 의하면, 여러 해 뒤에도 자신의 잠재력을 펼치지 못했다.[36] 만일 그녀가 좀 더 제대로 된 치유를 받으며 학대나 다를 바 없었던 정신분석을 덜 받았다면, 그녀의 문제에 대한 해결책이 제시되면서 도라는 더 커다란 업적을 이루었을지도 모른다. 하지만 그녀는 가정과 사회 안에서 그녀의 종속적 지위를 강화시키는 일종의 젠더 억압에 시달렸다. 프로이트는 자신의 실수에 대한 아무런 제재 없이 당대의 가장 유명한 심리학자가 되었다. 그의 실수의 대가를 치른 것은 이다 바우어였다. 그녀는 마음과 정신에 상처를 입었다.

3. 지배는 "지배 사회의 가치를 규범 – 다른 모든 것들을 재단하는 수단 – 으로서 유지시킨다".

프로이트의 많은 추종자와 비평가들은 오늘날 도라에 관한 사례 연구가 젠더와 권력의 관계를 구성하는 일에서 핵심적인 역할을 한다고 여긴다. 프로이트는 사람들의 애증 속에서도 권력과 명성을 유지할 수 있었다. 여성을 어딘가 결여되고 기형적인 인간으로 보는 프로이트의 관점이 여전히 지속되는 와중에도, 많은 페미니스트들은 침묵, 언어, 행동으로써 프로이트에게 저항했던 도라를 자신들의 영웅으로 여긴다. 프로이트의 사례 연구는 지배 사회가 규범을 유지하는 방법을 예증한다. 젠더와 섹슈얼리티에 대한 기본적인 정의로서 프로이트가 제시한 오이디푸스 콤플렉스는, 도라와 다른 여성들이 거기에 내재된 끈질긴 악에 대해 증언하며 저항했음에도, 거의 한 세기 동안 가부장제를 강화해왔다.

왜 프로이트를 연구하나?

프로이트를 연구하지 않는 데는 많은 이유가 있다. 그의 여성에 대한 가부장

---

36 Bernheimer and Kahane, *In Dora's Case: Freud, Hysteria, Feminism*, 35ff.

적 태도, 가정적·사회경제적 현실을 무시하는 개인주의적 이론, 삶의 핵심 동력으로서의 섹슈얼리티에 대한 집착, 종교적 신앙과 실천에 대한 부정적 평가 등으로 인해 프로이트의 사상은 많은 사람들에게 신뢰를 잃었다. 또한 이런 이유들로 인해 사람들은 그의 사상을 떠나 행동주의, 인지 발달, 가족 요법, 인간중심주의 심리학 등에 관한 이론을 연구하게 되었다.

그러나 나는 현대 심리학의 시대를 이해하기 위해, 특히 억압의 이데올로기로서 인종과 젠더의 문제를 이해하기 위해 프로이트가 중요하다고 믿는다.

첫째, 젠더에 관한 태도에서 프로이트는 당대 유럽 남성의 전형을 보여주었다. 프로이트 이론들은 성 불평등과 여성에 대한 억압을 반영하기 때문에 프로이트의 사상과 가치관이 얼마나 가부장적이었는가를 이해하는 것은 이러한 악이 어떻게 창조되고 영속되었는가에 대한 통찰을 제공한다.

페미니스트들은 아무런 망설임 없이 프로이트가 명백한 성차별주의자였기 때문에 실패했다고 지적한다. 권위주의적이었던 프로이트는 도라의 아버지와 K 씨가 벌인 남성 권력 게임에 자발적으로 참여했고, 이내 도라가 증언한 사건들이 결코 그녀가 진짜로 경험한 일이 아닐 것이라 판단했다. 그의 분석이 실패한 것은 거기에 태생적으로 내재된 성차별주의 때문이라는 것이 페미니스트들의 일반적인 결론이다.[37]

둘째, 일부 페미니스트 학자들은 프로이트를 중요한 대화 상대자로 여긴다. 그가 자신의 이론의 핵심으로 젠더와 섹슈얼리티의 정치학을 설정했고, 다른 비판 이론들이 젠더를 주제로 삼도록 이끌었기 때문이다.

---

37 Tori Moi, in Bernheimer and Kahane, p. 182.

나는 이 사례를 페미니스트의 눈으로 한 번 더 보고 싶다. …… 나는 프로이트의 분석이 부분적으로나마 사실이라 주장하겠다. …… 사람들의 오해 속에 자리 잡은 여성스러움과 여성성에 대한 무의식적인 환상을 형상화했기 때문이다. 정신분석학은 단순히 가부장적 사회 안에서 형성된 성 정체성과 섹슈얼리티에 관한 이론이 아니라, 대단히 이데올로기적인 이론이다.[38]

셋째, 19~20세기의 가부장제의 실체를 폭로할 수 있다는 점에서, 프로이트의 비판적 방법론에 관한 연구는 중요하다. 어떤 학자들은 프로이트를 이용해 프로이트에 반대하는 것, 즉 그의 방법론을 이용해 가부장제를 강화하는 메타심리학(metapsychology)를 타파하는 것이 가능하다고 주장한다.

프로이트의 메타심리학과 그의 방법론 사이에는 차이가 있다. 프로이트의 메타심리학은 오이디푸스 콤플렉스, 자아·이드·초자아, 에로스·타나토스와 같은 강력한 구성요소들을 포함한다. 그의 방법론은 전이, 저항, 불안, 역전이, 역저항, 역불안과 같은, 분석을 가능케 하는 개념들을 포함한다. …… 비록 메타심리학의 구성요소들이 해석적 통찰의 보충 구조와 다차원적인 구조를 제공해주기는 하지만, 방법론적인 개념들을 이용해 현상을 분석하는 것이 더 우선적이며 이를 통해 변화를 불러올 수 있다는 주장, 특히 치료 상황에서는 더욱 그러하다는 주장에 나는 동의한다.[39]

---

[38] Maria Ramas in Bernheimer and Kahane, p.150. Juliet Mitchell, *Psychoanalysis and Feminism* (New York: Pantheon, 1974). 페미니스트 이론에서 미첼의 가장 큰 업적은 고전적 정신분석학, 가부장 문화 안에서 형성된 성 정체성과 섹슈얼리티에 관한 연구의 대상으로서의 정신분석학이 페미니즘에 대단히 유용한 수단이 될 것이라 판단한 그녀의 통찰이라 할 수 있다. "중요한 과제는 불완전한 이 이론에서 이데올로기적인 측면을 떼어내 통찰력 있고 유용한 부분만을 남겨놓는 것이다." 각주 2번, p.177.

프로이트에 대한 해석들

프로이트는 1900년대 후반 3개월 동안 이다 바우어를 치료했던 과정을 정리해 1905년에 「히스테리 사례 분석(Fragment of an Analysis of a Case of Hysteria)」을 발표했다. 그는 원래 1901년에 이 사례를 집필했는데, 이는 『꿈의 해석(The Interpretation of Dream)』이 나오고 1년 뒤, 『섹슈얼리티에 대한 세 편의 에세이(Three Essays on Sexuality)』가 출간되기 4년 전의 시점이었다. "이것은 문자 그대로 무의식 이론과 섹슈얼리티 이론 사이에 위치한다. …… 도라의 사례는 이 두 이론 사이의 전환을 상징하는 것이다."[40] 이 논문은 프로이트가 고객의 사생활을 보호하기 위해 쓴 익명 덕분에 '도라의 사례'로 유명해졌다. 그녀의 진짜 정체는 펠릭스 도이치가 1922년 뉴욕에서 이다 바우어와 상담했던 이야기를 1957년에 집필했을 때 드러났다. 펠릭스 도이치는 1945년 그녀가 죽었다는 소식을 들은 후 책에서 그녀의 이름을 밝혔다.

이후의 논의에서는 도라의 사례에 대한 프로이트의 해석을 세 가지로 분석한다. 가부장적 왜곡의 본보기, 젠더와 섹슈얼리티에 관한 결함을 안고 있는 비평 이론, 가부장제에 대한 폭로의 수단으로서 말이다.

불감증 히스테리 환자, 도라

최근까지 프로이트의 해석자 중 다수는 도라가 전형적인 히스테리 환자, 즉

---

39 David R. Blumenthal, *Facing the Abusing God: A Theology of Protest*(Louisville: Westminster Press, 1993), pp. 12~13.

40 Rose, *Keeping Them Out of the Hands of Satan: Evangelical Schooling in America*, p. 130; Moi in Bernheimer and Kahane, p. 184.

섹슈얼리티에 대한 공포로 불감증이 된 히스테리 환자의 성향을 드러냈다는 프로이트의 견해를 따랐다.

> 「히스테리 사례 분석」은 …… 히스테리의 발생과 구조에 관한 고전적인 분석이다. 히스테리를 주제로 삼는 거의 모든 정신분석학 논의는 이것으로 시작해서 이것으로 끝난다. 비록 몇몇 사람들이 도라가 가진 여러 정체성 중 한두 가지에 주목하며 프로이트의 사례 연구에 추가적인 사항들을 덧붙이고 있지만, 또 자아 심리학의 관점에서, 기술의 관점에서, 전이의 관점에서 사례를 재고하기도 하지만, 이 분석이 기본적으로 의미하는 것이 문제시된 적은 없다. 도라의 불감증은 여전히 프로이트와 우리의 뇌리에서 히스테리의 초석이자 히스테리로 유발된 가장 심각한 증상으로 간주되고 있다. 그리고 프로이트가 규정한 그 의미는 정신분석학 이론과 대중문화 안에서 여전히 '진리'로 여겨지고 있다.[41]

도라의 사례 연구는 고전적인 정신분석학 이론의 몇 가지 기본적인 사상을 밝히고 보여준다. 첫째, 히스테리는 성적 욕망의 억압(불감증)이다. 둘째, 꿈 해석은 무의식적 역동성을 확인시켜준다. 셋째, 섹슈얼리티는 오이디푸스 콤플렉스에 기초한 갈등을 통해 형성된다. 넷째, 전이는 정신분석학의 기본적 기술이다.

---

41 Ramas in Bernheimer and Kahane, p.150. 이 사례가 프로이트의 히스테리 이론이 발전하는 과정에서 어떤 중요성을 갖는지를 다룬 다른 저자들의 글을 읽고 싶다면 다음을 참조할 것. Mark Kanzer and Jules Glenn, eds., *Freud and His Patients*(New York: Jason Aronson, 1980); Samuel Slipp, "Interpersonal Factors in Hysteria: Freud's Seduction Theory and the Case of Dora," *Journal of American Academy of Psychoanalysis* 5(1977); Jean Laplanche, "Panel on 'Hysteria Today,'" *International Journal of Psycho-Analysis* 55(1974); Hyman Muslin and Merton Gill, "Transference in the Dora Case," *Journal of the American Psychoanalytic Association* 26(1978).

그러나 고전적인 해석은 또한 프로이트가 도라를 잘못 이해했다고 비판한다. 프로이트 해석자 필립 리프(Philip Rieff)는 이 관점을 다음과 같이 요약한다.

물론 프로이트는 그 소녀가 옳다는 사실을 알고 있었다. 그는 이 복잡하면서도 슬픈 사건 속의 사건에 대해 도라가 보여준 통찰력을 존중해야 했다. 하지만 프로이트는 어지럽게 얽힌 그녀의 동기에 대한 자신의 복잡한 통찰력을 가지고 도라의 통찰력과 싸웠다. 그의 실수였다. 프로이트의 분석의 복합성은 환자 개인을 넘어 모든 나쁜 행위자들 — 아버지, 그의 정부, 장차 연인이 되어야 할 남자, 어리석은 어머니 — 의 얽히고설킨 동기 전체를 아울러야 했다. 그럴 때에만 그 분석이 비로소 완전해지고, 진실해지며, 교육적으로 적절한 것이 되었을 것이다.[42]

페미니스트 영웅, 도라

도라에 대한 프로이트의 사례를 연구하는 페미니스트들은 도라가 불감증을 앓는 히스테리 환자가 아니라 가부장제의 통제와 억압에 저항한 인물이라고 지적한다. 도라는 자신을 멸시하고(그녀의 아버지), 학대하며(K 씨), 치료 과정에서 그녀를 잘못된 방향으로 이끌려 했던(프로이트) 남성들에게 둘러싸여 있었음에도 그들 모두에 맞섰고 그들의 책략을 폭로했다. 마지막에 그녀는 아버지의 불륜에 관한 진실을 말했고, K 씨가 학대를 고백하도록 강제했으며, 그녀의 성적 욕망에 대한 프로이트의 해석을 거부했다. 그녀는 자신의 삶에 대한 남성의 지배를 거부한 영웅이자 가부장적 억압에 저항하는 모든 여성의 모델이 되었다.

마리아 라마스(Maria Ramas)는 이러한 논의에 대해 가장 설득력 있는 해설을

제시한 사람이다.

가장 깊은 의미에서, 나는 이다 바우어의 히스테리가 겉으로 나타나는 그대로의 것
이었다는 사실, 즉 이성애의 의미를 거부하는 것이었다고 주장하고 싶다. 이는 가
부장적 섹슈얼리티를 거부하려 한 시도이자 후기 오이디푸스적(postoedipal) 여성
성에 대한 저항이었다.[43]

라마스는 환자에 대한 프로이트의 통제에 항의하는 의미로 도라의 진짜 이름,
이다 바우어를 사용한다. 그녀는 또한 프로이트의 히스테리 이론에서 핵심이라
할 수 있는 이다의 불감증에 대한 그의 집착에도 의문을 제기했다. 우리가 앞에
서 보았듯, 정신분석학 이론은 실제로 불감증 히스테리 환자, 즉 '자신의 무의식
적인 성적 욕망을 두려워하는 여자'라는 범주를 만들었다. 그리고 그녀들에게 히
스테리 환자가 되고 싶지 않으면 자신의 욕망을 인정하라고 강요했다. 달리 말
해, 결혼과 적극적 성생활로 이 히스테리를 치료할 수 있다는 것이다.

당연한 이야기지만 이러한 문제들은 정신분석학 이론 그 자체, 특히 오이디푸
스 콤플렉스 이론으로부터 기인한다. 여자아이의 첫 번째 성애적 애착의 대상은
어머니이기 때문에, 그녀는 이러한 애착을 이성애로 변화시켜야 한다. 본능적인
양성애를 상정한 이론 안에서 이성애를 정상적인 발달의 목표로 설정한 것은 정
신분석학의 내적 모순을 야기했고, 이다 바우어에 대한 프로이트의 치료의 근간
을 이룬다.

라마스의 해석은 프로이트 연구에서 어머니가 부재한다는 사실을 지적한다.

---

43 Ramas in Bernheimer and Kahane, pp. 151~152.

프로이트는 이다의 어머니 케시 바우어(Kathe Bauer)를 신경질적 가정주부, 정돈과 청결에 대한 강박증을 가진 여성으로 표현했다. 라마스는 남편을 통해 성병에 감염된 케시가 전염에 대한 두려움으로 그런 증세를 보였고, 이로 인해 이다 바우어는 성에 대해 부정적인 태도를 갖게 되었을 거라고 추측한다. 성에 대한 이다의 혐오는 그런 어머니의 경험에 대한 현실적인 반응이었다는 것이다. 하지만 "이다 바우어가 K 씨의 키스를 받고 성적으로 흥분하는 대신 혐오스러워 했다는 이유로 프로이트는 그녀가 히스테리 환자라 주장한다".[44] 이에 라마스는 묻는다.

> 그녀의 일관된 행동을 보면서도, 우리가 프로이트의 주장 ─ K 씨에 대한 이다 바우어의 태도는 자연스럽지 못하다는 ─ 에 수긍할 필요가 있을까? 그렇다면 그녀의 증상은 그녀의 실제 심정과 정반대로 나타난 것인가? 왜 우리는 그녀의 행동과 욕구가 서로 어긋났다는 주장을 받아들여야 하는가?[45]

그러나 이다 바우어의 저항에는 한계가 있었다. 미성년이었던 그녀에게는 이 불쾌하고 부도덕한 가족의 구성원이 되는 것 외에 다른 선택지가 없었다. 하지만 그녀는 충분히 나이가 들었을 때 이 부정을 폭로하기로 했다. K 씨의 성적인 접근을 거절함으로써, 이다는 성인의 연관 구조 전체를 위협했다.

K 씨가 이다의 낭만적인 환상을 자신의 성적 욕망에 굴복시키려 했을 때, 이다는 그

---

44 같은 책, p.161.
45 같은 책, p.162.

녀 자신을 포함한 모든 사람의 환상을 폭로했다. …… 어떤 면에서, 이다 바우어는 법칙을 어긴 것이다. 프로이트가 주목했듯이 K 부인은 이다가 악의로 가득한 복수심 속에서 다른 사람들을 고발하는 동안 유일하게 언급하지 않았던 사람이다. K 부인을 살려놓으면서 이다는 자신을 살렸다. 이를 통해 이다는 K 부인에 대한 그녀의 사랑뿐 아니라 그 사랑의 무의미함도 거부했다.[46]

이다 바우어는 페미니스트 영웅이다. 그녀는 자기 신변의 위험을 무릅쓰면서까지 가정 내에서 벌어진 성학대를 폭로했다.

프로이트의 환상, 도라

프로이트의 사례 연구에 관한 세 번째 해석은, 환자이자 여성인 도라보다 화자이자 치료사이자 남성인 프로이트에 더 집중한다. 이 해석은 사례 연구에서 도라라는 실존인물보다는 프로이트의 환상으로서의 도라에 관한 것이다.

매우 놀랍게도, 프로이트는 사례 연구를 마무리하면서 두 가지 사실을 인정한다. 첫째, K 씨에 대한 도라의 감정이 프로이트에게로 전이되었을 때, 그는 이것을 적절하게 해석하지 못했다는 것이다. 둘째, 프로이트는 K 부인에 대한 도라의 동성애적 애착을 이해하지 못했다는 것이다. 이 두 쟁점은 프로이트에 관한 수많은 페미니즘 논쟁의 기초가 되었다.

첫째, 프로이트는 도라의 전이가 갖는 중요성을 자신이 잘못 이해했다고 말했다. 그가 첫 번째 꿈을 해석했을 때, 프로이트는 불타는 집을 떠나는 것이 "당신이 치료를 포기하기로 했다는 것, 결국 당신을 돌아오게 할 수 있는 이는 오직 당

---

46 같은 책, p.165.

신의 아버지뿐이라는 사실"을 의미한다고 말했다.[47] 이후 그는 도라가 K 씨와 자신을 연관시키고 있다고 추측한다. 두 남성은 모두 흡연자였고, 또 둘 모두 "도라가 갑작스레 내게서 키스를 받고 싶다는 충동을 느낀 적이 있는지"를 궁금해했기 때문이다.[48] 그녀가 편지를 숨겼을 때 그는 또다시 전이에 주목한다. "나는 도라가 그저 나와 '비밀' 놀이를 하고 싶었고, 내게 자신의 비밀이 드러나도 괜찮다는 암시를 주고 싶었던 것이라 생각한다."[49] 후에 프로이트는 첫 번째 꿈이 치료 중단에 관한 것이었을지도 모른다고 설명한다. "그 꿈의 배후에 깔린 사고들은 내 치료에 대한 언급을 담고 있었으며, 위험으로부터 벗어나기 위한 오래된 해결책을 상기시키고 있었다."[50] 그러나 프로이트는 도라가 K 씨의 학대에서 도망친 것과 같은 방식으로 치료의 위험으로부터 도망쳤을 수 있다는 사실을 보지 못했다.

후기에서, 프로이트는 그에 대한 도라의 전이에 관해 고심하며 그것의 중요성에 관해 궁금해한다.

나는 제때 감정적 전이를 숙달하는 데 실패했다. …… 처음 치료를 시작할 때, 내가 그녀의 상상 속에서 그녀의 아버지를 대신하고 있었음은 분명하다 …… 하지만 그녀가 첫 번째 꿈을 꿨을 때, 그것을 통해 그녀 자신에게 K 씨의 집에서 도망쳤던 것처럼 내 치료에서 도망치라고 경고했을 때, 나는 그 경고를 경청했어야 했다. 나는 그녀에게 이렇게 말해야 했다. "지금, 당신이 K 씨로부터 느꼈던 감정이 내게로 전

47 Freud, *Dora: An Analysis of a Case of Hysteria*, p.88.
48 같은 책, p.92.
49 같은 책, p.96.
50 같은 책, p.113.

이되었습니다. 당신으로 하여금 내가 K 씨처럼 악한 의도를 가지고 있다고 의심하게 만든 신호(노골적인 형태이든 고상한 형태이든)가 있었습니까? 그렇지 않으면 당신은, 예전에 K 씨에게 그랬던 것처럼, 나에 관한 무언가에 끌리고 있거나, 나에 관한 무언가가 당신의 환상을 불러일으킨다는 것을 알게 된 겁니까?" …… 이렇게 전이는 내가 알지 못하는 새 일어났다. 도라에게 K 씨를 떠올리게 만든 내 안의 미지수 때문에 그녀는 K 씨에게 하고 싶었던 복수를 나에게 했고, K 씨가 자신을 기만하고 저버렸다고 믿었기 때문에 나를 저버렸다. 즉, 그녀는 자신의 기억과 환상의 본질적인 부분을 치료 과정에서 다시 만들어내는 대신 그냥 그것들을 실행에 옮겨버린 것이다.[51]

도라를 향한 프로이트의 사후 질문 — 무언가가 "당신으로 하여금 내가 K 씨처럼 악한 의도를 가지고 있다고 의심"하게 만들었는가? "예전에 K 씨에게 그랬던 것처럼, 나에 관한 무언가가 당신의 환상을 불러일으"켰는가? — 에서 우리는 많은 것을 얻을 수 있다. 이것들은 역전이의 문제를 제기하기 때문이다. 즉, 도라의 상상 속에서 왜 프로이트가 K 씨와 연관되었는지뿐 아니라, 프로이트의 상상 속에서 도라는 어떤 의미를 지니는지도 쟁점이 된다.

둘째, 프로이트는 K 부인에 대한 도라의 동성애적 애착을 이해하지 못했다. 도라는 최소한 5명의 인물에 대한 성애적이면서도 감정적인 동일시를 여러 번 보였다. 바로 어머니와 아버지, K 씨, K 부인, 그리고 가정교사 겸 하녀이다. 여러 번에 걸쳐 프로이트는 이들 각각을 도라의 주된 동일시의 대상으로 여겼다.

프로이트는 어머니를 동일시의 대상으로 여기면서도 이를 기각했다. "소녀와

---

51 같은 책, pp.140~141.

어머니의 관계는 몇 년 동안 좋지 않았다. 딸은 어머니를 멸시하며 자주 냉혹한 사람이라 비난했다. 그녀는 결국 어머니의 영향력에서 완전히 벗어나게 되었다."[52] 프로이트가 어머니에 관한 부분을 기각한 것은 아이러니한 일이다. 어머니가 두 번의 꿈에서 중심적인 역할을 했을 뿐 아니라, 정신분석학 이론 자체도 환자의 대상 세계에서 어머니를 가장 중심적인 인물로 강조하기 때문이다.

우리가 분명하게 본 것처럼, 프로이트는 도라에게 가장 중요한 동일시의 대상이 K 씨라고 믿었다. 그를 향한 억압된 사랑과 그 뒤에 숨겨진 아버지에 대한 동일시 때문이었다. 첫 번째 꿈에서 도라의 아버지가 그녀를 불에서 구해준 것을 근거로 프로이트는 아버지가 도라에게 중요한 애착의 대상이라고 판단했다. 그녀가 "자신을 유혹한 남성을 대신해주기를 아버지에게 기대했다"[53]는 이유에서였다. 이 해석은 도라가 두 번째 꿈에서 아버지를 죽였을 때 실패의 조짐을 보이기 시작했다. 결국 프로이트는 남겨진 사람들을 가지고 악전고투해야 했다.

도라의 아버지는 죽었고 다른 사람들은 이미 묘지로 갔다. 이제 도라는 자신이 읽고 싶은 책을 차분히 읽을 수 있다. 이것은 그녀의 복수, 부모의 억압에 대한 저항으로서의 복수의 동기 중 하나를 의미하지 않았을까? 만일 그녀의 아버지가 죽었다면, 도라는 마음껏 책을 읽거나 사랑을 할 수 있었을 것이다.[54]

그런데 만약 그녀가 자유로운 상태였다면, 그녀는 누구와 사랑을 하고 싶었을

---

52 같은 책, p.35.
53 같은 책, p.107.
54 같은 책, p.121.

까? 프로이트는 또 다시 그녀가 K 씨를 사랑한다고 말하려 한다. "당신은 K 씨를 향한 당신의 사랑이 존재하지 않았다고 생각하지만, (내가 주장했던 것처럼) 그것은 현재까지도 계속 남아 있습니다. 설령 당신이 그것을 자각하지 못한다는 것이 사실일지라도 말입니다."[55] 나중에 살펴보겠지만, 꿈의 마지막에 나오는 가정교사 겸 하녀는 일부 페미니스트들의 해석에서 매우 중요한 존재이다.

도라가 다음 번 치료에서 이것이 마지막이라고 선언했을 때, 프로이트는 도라를 여성 가정교사와 비슷한 위치에 놓으려 시도했다. 도라가 – 마치 여성 가정교사가 일을 그만둘 때 2주 전에 미리 통보하는 것처럼 – 2주 빠르게 치료를 끝내기로 결정한 일 때문이다(여기에서 언급되는 내용의 전후사정은 다음과 같다. 프로이트는 도라의 두 번째 꿈을 듣고 그녀의 히스테리에 대해 더 깊은 분석을 하기 원했다. 그러나 도라는 갑자기 이번 치료가 마지막이라고 말하고, 당황한 프로이트는 언제 그런 결정을 했느냐고 묻는다. 이에 도라는 2주 전에 마음먹었다고 대답한다. 프로이트는 이것이 여성 가정교사나 하녀가 일을 그만둘 때 2주 전에 주인에게 미리 통보하는 것과 유사하다는 느낌을 받는데, 이때 도라는 문득 K씨의 집에서 일하던 여자 가정교사 한 명이 일을 그만두면서 그에게 그런 식으로 통보를 했던 적이 있다고 알려준다. K씨가 그 가정교사에게 과도하게 집적거린 것이 원인으로, 그 일을 알게 된 가정교사의 부모 역시 즉시 집으로 돌아오라고 말했다는 것이다. 이 이야기를 들은 프로이트는 K 씨가 그 가정교사를 대했던 것과 똑같은 방식으로 도라를 대했기 때문에 모욕감을 느낀 그녀가 K 씨의 뺨을 때렸던 것이라고 해석한다. 그러면서 프로이트는 도라가 그 가정교사와 얼마나 유사하게 행동했는지를 지적한다. 도라는 그 가정교사처럼 K 씨와의 일을 자신의 부모에게 편지로 알렸고, 그 가정교사처럼 2주 전부터 자신이 하던 일을 그만두기로 마음먹었다는 것이다

---

55 같은 책, p.125.

―옮긴이 주). 그러고는 어쩌면 이 사례를 통틀어 가장 불가해한 이야기에서, 프로이트는 도라가 K 씨와 결혼하기를 원한다고 추측한다. "이제 알게 되었습니다. 아마도 당신은 이 사실을 상기시키는 것을 원치 않겠지만, 당신은 K 씨가 진지하게 청혼했으며, 당신이 그와 결혼해줄 때까지 그가 떠나지 않을 것이라는 환상을 가지고 있습니다."56 각주에서 프로이트는 자신이 K 부인의 중요성을 간과했음을 인정한다. "이렇게 드러난, 한없는 일련의 회피 뒤에서, 단 한 가지 요인이 작용하고 있음을 간파할 수 있었다. K 부인을 향한 도라의 뿌리 깊은 동성애적 사랑을 말이다."57

도라에 대한 프로이트의 배신

이 장에서 내 논지는 도라가 가부장제의 악에 저항할 때 프로이트는 그녀를 존중하고 옹호하는 것을 거부함으로써 도라의 신뢰, 즉 치료사인 프로이트에 대한 신뢰를 배신했다는 것이다. 지금부터는 유럽과 미국 등지에서 젠더에 관한 지적인 논쟁의 선구자로 추앙받는 프로이트가 어떻게 가부장제와 깊이 연루되었는가를 검증할 것이다.58

이 사례 연구의 몇 가지 쟁점들은 그가 가부장제에 연루되었음을 폭로한다. 왜 프로이트가 도라의 욕망에서 K 부인이 차지하는 중요성을 인식하기까지 오랜 시간이 걸렸을까? 도라의 어머니가 그녀의 꿈에서 중요한 역할을 했음에도 왜 프로이트는 어머니에 대해 고려하는 것을 기각했을까? 왜 마지막 치료에서

---

56 같은 책, p.130.
57 같은 책, p.126.
58 미국의 지적 논쟁에서 프로이트가 차지하는 중요성에 관한 논의는 아래의 책을 참고할 것. Ann Douglas, *Terrible Honesty*(New York: Farrar, Strauss, and Giroux, 1995).

가정교사 겸 하녀가 그에게는 상징적인 인물이 되었을까?

이 사례에 관한 두 가지 결론은 남성 지배와 악의 관계에 대한 우리의 논의와 매우 깊은 연관이 있다.

첫째, 프로이트는 이 이야기에서 다른 남성들이 자행한 학대 행위를 직시하지 못했다. 그 자신이 도라에게 잘못된 치료를 하고 있다는 사실조차 이해하지 못했기 때문이다. 프로이트는 K 씨와 아버지에 대한 도라의 감정이 자신에게로 전이되었을 때 이를 제대로 해석하지 않았다. 해석을 했다면 자신이 K 씨와 유사한 형태로 도라를 학대했다는 사실을 보게 되었을 것이기 때문이다.

둘째, 프로이트는 자신의 가부장적 세계관으로 인해 도라의 취약함을 인식하지도, 그녀가 적극적인 주체로서 저항하고 있음을 이해하지도 못했다. 프로이트는 K 부인, 어머니, 가정교사에 대한 그녀의 애착을 볼 수 없었다. 그는 여성들이 자신들의 삶에서 적극적인 주체가 될 수 있다고 생각하지 않았기 때문이다.

프로이트와 남성 폭력

프로이트는 도라에 대한 자신의 학대 행위를 이해하지 못했기 때문에 이 이야기 속에서 나타난 다른 남성들의 폭력 역시 보지 않았다. 많은 독자들에게, 도라의 성적 욕망이 K 씨를 향하고 있다는 프로이트의 고집은 이 사례 연구에서 가장 충격적인 부분일 것이다. 프로이트는 그녀의 인간관계와 가족관계에서 발생한 문제들을 무시한 채 그녀의, 이른바 불감증에 초점을 맞추었다.

처음 프로이트는 K 씨의 성학대에 대한 도라의 항의를 두둔하는 것처럼 보였고, 도라의 아버지가 그녀를 보호하지 않는 것은 적절치 못하다는 것에도 동의했다. 심지어 그는 도라의 경험을 "성적 트라우마"[59]로 칭하기까지 했다. 최초의 그는 도라의 공포를 이해하는 것처럼 보였고 안전을 갈망하는 그녀를 돕는 것처럼 보였기 때문에, 도라는 프로이트가 자신이 이제껏 만났던 그 어떤 남성과도 다르다고 생각했을 것이다. 그랬기에 프로이트가 그녀의 안전보다 그녀의 성적 환상에 더 많은 관심이 있음을 알았을 때 도라는 틀림없이 혼란스러웠을 것이다. 사실 도라의 환상은 가족의 병중 때문에 성적인 것이 되었던 것으로 보인다. 하지만 프로이트는 이러한 환상의 원인이 도라의 욕망 — 가족들의 광기를 해결하기 위해 최선을 다했던 그녀의 노력이 아니라 — 에 있다고 판단함으로써 자신에 대한 그녀의 신뢰를 저버렸다.

우리는 이제 첫 번째 꿈에 나왔던 불타는 집이, 프로이트의 치료의 위험성에 대한 도라의 무의식적인 자각을 상징하고 있음을 알 수 있다. 도라에게 프로이트와 함께 있는 것은 K 씨와 함께 있는 것만큼이나 위험한 일이었다. 프로이트 역시 사례를 기술하며 이것을 인정했다. "첫 번째 꿈을 꾸었을 때, 그녀는 전에 K 씨의 집에서 벗어났던 것처럼 내 치료에서 벗어나야 한다고 스스로에게 경고를 보냈던 것이다."[60] 프로이트는 도라의 섹슈얼리티에 집중함으로써 그녀의 성생활(어머니의 보석함)을 위기에 빠뜨렸던 것이다.

그 자신의 이러한 통찰이 있었음에도, 프로이트는 계속해서 K 씨를 향한 도라의 성적 욕망에 집중했다. 이것이 도라의 두 번째 꿈을 불러왔다. 그 꿈에서 도라는 자신의 아버지를 죽였고, 이로써 그녀는 "마음껏 책을 읽거나 사랑을"[61] 할 수 있게 되었다. 두 번째 꿈을 통해 도라는 간접적으로 프로이트에게 그가 죽기를, 그럼으로써 자신이 자유롭게 살 수 있기를 원한다고 말한 것이다. 그리고 이

---

59 Freud, *Dora: An Analysis of a Case of Hysteria*, p.43.

60 같은 책, p.140.

61 같은 책, p.121.

런 식으로 그녀가 보내오는 메시지를 프로이트가 이해하지 못하게 되었을 때, 도라는 치료를 종료하고 자신의 내면에서 그를 없애 그가 자신의 삶에 지속적인 영향을 끼치지 못하도록 만들었다. 프로이트의 잘못된 치료에 대한 도라의 암시적 언급을 그는 듣지 못했다.

프로이트는 왜 도라의 아버지와 K 씨를 동일시했으며, 도라가 이 남성들을 향한 성적 욕망에 집중하고 있다고 주장했을까? 왜 프로이트는 자신이 도라에게 그녀의 아버지나 K 씨와 다를 바 없는 행동을 하고 있음을 자각하지 못했을까? 그 이유는 여성에 대한 남성의 성폭력이 프로이트의 이론과 19세기 오스트리아 빈에서의 남녀관계에 근간을 두고 있었기 때문이다. 프로이트의 젠더와 섹슈얼리티 발달 이론에는 오이디푸스 콤플렉스, 거세 콤플렉스, 원초적 장면과 같은 개념이 있다. 오이디푸스 콤플렉스의 핵심은, 여성은 원초적 부모이기 때문에 남자아이와 여자아이 모두 원래 자신의 어머니에게 성애적인 애착을 느낀다는 사상이다. 여성은 그들에게 최초의 성적인 대상이다. 아버지가 어머니에게 성적인 요구를 한다는 것을 알게 될 때 남자아이들이 느끼는 최초의 충동은 아버지를 증오하는 것이다. 그러나 아버지의 압도적인 힘에 자신이 거세될 것이라는 공포로 인해 그들은 어머니를 향한 욕망을 억누르고 아버지와 자신을 동일시하며, 자신의 성적인 감정을 다른 여성에게로 옮긴다. 불행하게도 남성은 여성을 소유하고 지배하는 남성으로서의 권리를 내면화하는 것이다.

그러나 여자아이에게는 이 오이디푸스 콤플렉스 이론이 적용되지 않는다. 그녀들의 경우 이성애적 규범 — 어머니를 향한 그녀들의 성적인 감정을 부정하고 남성에 대한 성적인 감정을 발전시키는 — 을 따르는 것이 선행되어야 하기 때문이다. 마리아 라마스에 따르면, 정신분석학 이론은 여성이 겪는 이 모순을 해결하는 방법으로 두 가지 가설을 한다. 첫 번째 가설에서, 여자아이는 어머니가 이미 거세되었다는 사실을 알게 되면서 그녀를 증오하게 되고, 남성 성기에 대한 자신의 원망(願望)을 아기에 대한 원망으로 바꾼다고 한다. 이 원망은 그녀를 사회에 순응하는 이성애자로 만든다는 것이다. 두 번째 가설에서, 여자아이는 전능한 어머니로부터 자신을 해방시키는 수단으로서 아버지와의 관계를 갈망한다고 한다. 즉, 남성 성기를 추구하는 것은 자신을 어머니와 분리시키는 일종의 개별화라는 것이다.

라마스는 어머니(여성과 여성성)를 평가절하하고 아버지(남성과 남성성)를 향한 양가감정을 인식하지 못하는 이런 이론들을 거부한다.

그 두 가설 중 어느 것도 남근 자체를 향한 본질적인 양가감정의 가능성을 진지하게 고려하지 않는다. …… 정신분석학이 사용하는 언어에서 '남근'은 욕망의 기표(記標)를 나타내기도 하고 보호, 강인함, 남성으로서의 성적 능력, 모든 구속 — 특히 전기 오이디푸스적(preoedipal) 어머니 — 으로부터의 해방을 나타내기도 한다. 거세와 거세자로서의 아버지라는 환상은 우리로 하여금 폭력, 파괴, 사디즘과 같은 의미들을 사실로 받아들이라고 강요한다. 한편, 거세의 원초적 환상은 여성성과 마조히즘, 소멸이라는 공식에 의존하는 동시에 남근/아버지라는 가학적 의미에도 의존한다.[62]

오이디푸스 콤플렉스 이론을 여자아이에게 적용하려 할 경우 실패할 수밖에 없다. 어떻게 사디즘의 근본적으로 부정적인 속성들이 이성애적 욕망을 느끼는 데 필요한 원동력으로서 작용할 수 있는지를 설명할 수 없기 때문이다. 소멸하

---

62 Ramas in Bernheimer and Kahane, p.156.

는 어머니와 자신을 동일시하는 것은 여성으로서의 성적 정체성을 형성하는 데 긍정적인 영향을 줄 수 없다. 아버지/남근의 가학적이고 폭력적인 이미지를 이상화하는 것 역시 여성의 이성애적 욕망을 끌어내지 못한다.

정신분석학 이론에서는 섹슈얼리티와 폭력이 원초적 장면, 즉 아이가 부모의 성관계를 목격하면서 얻는 트라우마를 통해 연결된다고 본다. 프로이트는 대부분의 아동이 성관계를 폭력과 타락의 장면으로 해석한다고 믿었다. 이는 그들이 발달과정 중 항문 - 가학기(anal-sadistic stage)에 처음 그것을 경험하기 때문이다.

> "정신분석학 이론은 '원초적 장면'에 대한 환상이 사실은 아동에게서 생기는 오해라고 주장한다. …… 반면에, 나는 그것이 지배적 가부장제의 성적 환상에 대한 정확한 인식이라고 생각한다. …… 포르노그래피에서 가장 결정적으로 새겨지는 그 원초적 '장면'은 일종의 지배와 복종이며, 지배와 복종은 그 원초적 장면이 가지고 있는 기본적인 성애적 요소이다. …… 그리고 그 환상은 이성애적이다. 남자와 여자 사이에 생기는 '장면'이기 때문이다. 심지어 환상의 행위자가 동성이라 할지라도, 그 '장면'은 여성으로서 행위하는 사람의 복종과 비하를 묘사한다. 즉, 여성은 궁극적으로, 그리고 항상 비하되는 존재이다. 그 환상은 온건한 내용일 수도 있고 극단적인 가학피학증적 욕망을 드러내는 내용일 수도 있다. 그런 극단적인 욕망은 그 여성, 즉 여성성의 완전한 소멸에서 궁극적인 만족을 찾는다.[63]

어린아이에게 가학적인 성적 욕망이 있다고 주장함으로써 성폭력을 설명하려 했던 프로이트의 시도는 서구 사회에 만연해 있는 성폭력에 관한 최근의 연구와

---

63 같은 책, p.157.

모순된다.[64] 그러나 그가 강조한 '원초적 장면'의 폭력은 가부장제 문화에서 대부분의 성인 남성이 갖는 성적 환상이 폭력적이라는 점을 정확하게 묘사한다. 정신분석학 이론은 원초적 장면의 폭력을 섹슈얼리티에 관한 정신분석 이론의 중심에 두기 때문에 프로이트는 K 씨의 성적 학대 행위를 타당한 성적 접근으로 오해했다. 프로이트는 청소년기의 소녀가 이성애자가 되는 것은 필수적인 일이고, 폭력과 거세의 두려움이 동반되는 성적 발달은 언제나 괴로운 일일 수밖에 없다고 믿었기 때문에 K 씨의 구애에 깃든 폭력에 대한 도라의 당연한 두려움을 직시할 수 없었다. 프로이트의 환상 속에서 K 씨는 그저 매력적인 여성을 대하는 평범한 남성들처럼 행동했을 뿐이며, 이에 대한 도라의 반응인 불감증은 질병의 신호였다. 이 때문에 프로이트는 도라가 건강한 여성이 될 수 있도록 돕는다는 치료 목표를 위해 그녀를 향한 K 씨의 폭력에 초점을 두는 대신 K 씨를 향한 그녀의 성적 욕망을 일깨우기로 한 것이다.

프로이트는 자신이 도라의 성적 욕망에 집착하는 것이 K 씨의 학대를 그대로 복제하는 행동임을 알지 못했다. 정신분석학 이론은 보통 가학적인 성격을 띠는 성적 갈등을 통해 성숙한 성적 정체성을 얻을 수 있다고 가정하기 때문에, 그는 도라가 경험한 남성 폭력을 깨닫지 못했다.

성폭력은 가족관계의 특징일 뿐 아니라, 19세기 빅토리아 사회의 경제적 환경 속에서 확립된 것이기도 하다.

19세기 후반, 가사는 거의 유일한 여성의 직업이었다. 대부분 젊고 미혼인 가사도우미들이 상류층 부인들을 대신해 육체노동과 아이들을 돌보는 일을 떠맡게 되는

---

64 Judith Herman, *Trauma and Recovery*(New York: Basic Books, 1992).

경우가 점차 늘어났다. …… 그러나 섹슈얼리티에 관한 한, 젠더와 계급, 여성성과 봉사가 동시에 합쳐졌다. 부르주아 계급의 성적 환상은 그 대상이 되는 여성의 계급을 따지지 않았다. …… (이다 바우어가 자신을 여성 가정교사와 동일시한 것은) 여성성이 봉사, 특히 섹슈얼리티와 관련된 봉사와 연결되어 있음을 드러낸다. 즉, 이러한 동일시의 핵심에 있는 것은 남성에 대한 봉사로서의, 그리고 두말할 필요도 없이 복종과 비하에 뿌리를 둔 이성애의 환상이다.[65]

그러므로 프로이트의 이야기에서 가정교사 겸 하녀가 우연히 등장한 것이 아니라는 사실을 우리는 알 수 있다. 프로이트는 모든 하녀를 집 주인과 사랑에 빠지는, 혹은 실제로 그와 정사를 나누는 성적인 대상으로 묘사했다. 그래서 프로이트는 도라가 지나치게 하녀와 그녀 자신을 동일시할까봐 두려워했다.

엘렌 식수(Hélène Cixous)가 지적했듯, 도라의 사례에는 '아무 것도 아니다'라는 소리를 듣는 여성들이 간간이 나타난다. K 씨와 도라의 아버지 모두 자신들의 아내에 대해 그런 식으로 말했으며, 아내들(어머니들)에게 벌어졌던 일은 두 명의 여성 가정교사에게 더 노골적으로 나타난다. 도라는 "그녀를 위한 공간을 만들기 위해 대량으로 학살당하는 여성들을 본다. 그러나 그녀는 곧 자신도 학살될 것을 알고 있다." 도라도 프로이트도 교환의 체계에 의해 자신에게 배정된 위치, 즉 히스테리 환자와 여성 가정교사의 위치에 놓이는 것을 견딜 수 없다. 도라도 프로이트도 유혹당하고 버림받는 여성 가정교사와의 동일시를 견딜 수 없다.[66]

---

65 Ramas in Bernheimer and Kahane, p.174.
66 Jane Gallop in Bernheimer and Kahane, p.216.

인간의 삶을 규정하는 사회 체계 안에서 젠더에 계급이라는 요소가 더해질 때 노동계급 여성과 모든 여성의 소모성은 뚜렷하게 나타나게 된다. 프로이트는 도라에게 가해지는, 그 자신을 포함한 남성들의 폭력을 볼 여유가 없었다. 그는 당대의 남성 폭력, 여성 가정교사를 강간한 뒤 집에서 내쫓는 빅토리아 시대의 남성 폭력을 볼 여유가 없었기 때문이다. 성폭력은 항문기의 아이들이 만들어내는 환상이 아니라, 남성이 자기 가정의 여성과 자기보다 '낮은' 계급의 여성을 착취할 수 있는 지위를 갖는 가부장적 권력 구조에서 발생하는 현재진행형의 사건이다. 프로이트가 도라의 아버지와 K 씨의 폭력을 직시하려 했다면 그는 그 사회에서 높은 신분에 속하는 모든 남성들의 폭력과 마주하게 되었을 것이다. 최종적으로, 그는 자신의 이론과 그 적용에 자리 잡고 있는 남성 지배 ─ 여성의 섹슈얼리티에만 집중하며 남성의 성폭력을 무시하는 ─ 와 마주하게 되었을 것이다.

프로이트와 여성의 대처방식

프로이트는 자신의 가부장적 세계관으로 인해 도라의 취약함을 인식하지도, 그녀의 저항이 적극적인 대처방식의 한 형태라는 사실도 이해하지 못했다. 당대의 보편적인 가부장적 태도에서 벗어날 수 없었던 그는 도라, 그녀의 어머니, K 부인, 가정교사가 온전한 인간으로서 자신들의 삶에서 적극적인 주체가 될 수 있다는 사실을 볼 수 없었다.

각주에서, 프로이트는 K 부인에 대한 도라의 애착이 얼마나 중요한지 이해하지 못했다고 인정했다. 우리가 두 가지 꿈을 통해 봤듯이, 그는 도라와 어머니의 관계가 갖는 중요성 역시 간과했다. 프로이트가 그 사례를 잘못 다루었다는 데에는 의심의 여지가 없다. 이는 그의 이론들이 온전한 인간으로서의 여성의 역할을 규정하지 못했기 때문이며, 또한 당대의 경제적 상황이 남성에 대한 여성의 복종을 조장했기 때문이다.

프로이트의 젠더와 섹슈얼리티 이론들은 그가 도라의 취약성과 저항을 보지 못하게 만들었다. 우리가 보았듯 그의 오이디푸스 이론은, 남자아이는 거세로부터 도망치기 위해 어머니에게서 벗어나 아버지와 자신을 동일시하는 반면, 여자아이는 자신을 어머니와 동일시하며 그녀의 아버지 및 다른 남성들과의 관계에서 수동적인 역할을 받아들인다고 주장한다. 이 발달 차이는 경제적·정치적 질서에서의 남성 지배에 부합하는 힘의 위계를 만들어낸다. 더구나 남성은 자기가 수동적 동성애를 두려워하지 않고서는, 또한 성폭력의 희생자가 되지 않고서는 여성과 동일시하는 것이 어렵다는 것을 알게 된다.

프로이트는 …… 여성의 섹슈얼리티가 능동적·독립적 욕구라는 생각을 체계적으로 거부한다. 되풀이해서 그는 도라에게 K 씨의 대상으로서의 그녀 자신을 받아들이라고 촉구한다. 도라가 능동적 성적 욕망을 나타낼 때마다 프로이트는 그것을 다른 방향으로 해석한다. …… 그의 입장은 자기모순적이다. 프로이트는 최초로 여성의 성적 욕망을 발견한 사람이다. 하지만 그는 자신이 발견한 것이 남성 욕망에 수동적으로 종속되고 싶어 하는 충동 이상의 것이라는 사실을 알지 못했다. …… (프로이트는) 도라가 어머니와 양가감정을 느끼는 관계에 있었다는 사실, 또한 이 사례에서 또 다른 어머니상이라 할 수 있는 K 부인을 이상화하고 그녀와 도라 자신을 동일시했다는 사실을 보지 못했다. 프로이트의 가부장적 편견은 그가 도라와 여성들 간의 관계를 무시하도록, 그 대신 모든 관심을 도라와 남성들 간의 관계에 집중하도록 만들었다.[67]

---

67 Moi in Bernheimer and Kahane, p.191, 194.

프로이트의 이론과 그의 사회적 지위 – 가부장적 사회 안에서 교육을 받은 백인 남성 – 는 자신을 도라 또는 다른 여성과 동일시할 수 없도록 만들었다. 프로이트는 남성과의 관계에서 도라가 따라야 할 순종적인 역할을 깨우쳐줌으로써 그녀를 '도울' 수는 있었지만, 그는 그녀의 대상 세계에 합류할 수도, 그녀의 욕망을 옹호할 수도 없었다. 한 명의 남성이었던 그로서는 다른 사람, 특히 여성이 느끼는 욕망의 수동적인 양육자가 될 수 없었다. 정신분석학적 원칙조차 치료를 받으러오는 사람과 이러한 종류의 동일시를 해야 한다고 강조하는 데도 말이다. 치료사는 필요한 사람에게 통찰력과 기술을 제공하는 유급 도우미이다. 정신분석의 심층 구조에 자리 잡고 있는 이러한 윤리적 논리를 피하기 위해, 프로이트는 도라와 경쟁하며 그녀를 지배하고 학대하려 했다.

도라는 여성이었고, 그것도 만만치 않은 여성이었다. 프로이트에게 올 때까지 자신을 치료하면서 아무런 성과도 내지 못한 – 그리고 확실히 무능한 – 의사들을 비웃었던 젊은 아가씨는, 바로 그렇기 때문에 프로이트를 위협하는 경쟁자가 되었다. 만약 그가 병원(病原)을 파악하는 싸움에서 승리하지 못한다면 그의 무능함과 무력함이 탄로 나게 될 것이고, 그의 강력한 힘이 사라지게 될 것이며, 결국 그는 거세될 것이다. 만약 도라가 자신만의 방식으로 병원 파악 게임에서 이긴다면 그녀의 방식은 찬란하게 드러날 것이고, 프로이트의 방식은 파괴될 것이다. 여기에서 프로이트는 진퇴양난〔원문에는 스킬라와 카리브디스 사이(between Scylla and Charybdis)라고 쓰였는데, 스킬라와 카리브디스는 그리스 신화에 나오는 괴물들이다. 이 말은 나아갈 수도 없고 물러설 수도 없는 상황을 가리키는 관용구이다 — 옮긴이 주〕에 빠진 자신을 발견한다. 만약 그가 병원을 파악하기 위한 연구 끝에 도라와 동일한 결과를 도출하게 된다면 그는 여성이 된다. 즉, 거세되는 것이다. 그러나 만일 그가 그녀를 경쟁자로 여기고 물리치기로 결심한다면, 반드시 성공해야 한다. 실패의 징벌 역시 거세이기 때문이다.[68]

가부장제 사회에서 남성이 된다는 것과 전문 치료사, 즉 '다른 사람'을 치유하기 위한 기술을 갖춘 치료사가 된다는 것은 논리적으로 모순된다. 남성이 되려면, 지배적인 태도를 취해야 하며 통제권을 얻기 위한 모든 경쟁에서 이겨야 했다. 반대로 치료사가 되려면, 다른 사람과의 상호 변화의 과정에 참여해야 했다. 결국, 프로이트를 통해서 가부장제 사회의 남성과 여성 사이에서 이루어지는 치료의 모순과, 남성 치료사에 의한 폭력과 학대가 그토록 만연한 이유를 볼 수 있다. 프로이트와 같은 남성 치료사는 남성과 여성 간의 위계를 지키기 위해 지배력을 유지해야 했으며 이로 인해 자신의 치료 행위가 추구하는 목적을 달성하지 못했다. 능동적인 도덕적 행위자로서 도라를 보는 것은 프로이트 자신의 이론과 그의 사회적 위치에 깃든 폭력과 정면으로 맞서는 일이 되었을 것이다.

제인 갤럽(Jane Gallop)은 도라의 가정교사 겸 하녀의 경제적 지위에 대한 유비(類比)를 통해 프로이트가 도라와 동일시할 수 없었음을 묘사한다. 도라, 그녀의 어머니, K 부인이 여성이었기 때문에 그녀들과 동일시할 수 없었던 프로이트에게, 당연하지만 자신과 사회적 계급이 다른 두 여성 가정교사, 성적으로 학대당하고 소외당하는 그녀들과 동일시하는 것은 더더욱 어려웠다는 것이다.

도라의 사례가 보여주는 것은, 도라와 프로이트 모두 직시하고 싶지 않았던 사실, 즉 K 부인과 도라의 어머니 모두 하녀와 다를 바 없는 위치에 있었다는 사실이다.

---

68 같은 책, p.195.

페미니스트적·상징적·경제적인 측면에서 보면, 어머니/아내는 대체가능하고 경제적으로 열등한 위치에 처한 사람인 것이다.[69]

서로 맞물린 젠더와 계급의 위계질서를 보지 못하는 이 불능이 치료를 위한 동일시를 방해했다. 인간 이하의 젠더를 나타내는 도라, 그리고 인간 이하의 사회적 계급을 나타내는 여성 가정교사와 자신을 동일시할 수 없었던 프로이트의 불능은 정신을 치유하기 위한 그의 능력을 제약했다.

도라가 프로이트의 치료를 종결하기 직전, 두 번째 꿈의 마지막 부분에서, 그는 이렇게 적고 있다. "하녀가 문을 열어줬고, 어머니와 다른 사람들은 이미 묘지에 가 있다고 알려줬어요."[70] 나중에 도라는 프로이트에게 '잊고 있었던 꿈의 일부'를 이야기해준다. "조용히 제 방으로 가, 책상 위에 놓인 커다란 책을 읽기 시작했어요."[71] 이러한 관찰을 통해 우리는 도라의 주체성을 확인할 수 있다. 하지만 프로이트는 마지막 치료에서까지 도라가 자신의 사랑, 그리고 K 씨와 결혼하고 싶다는 자신의 바람을 인정해야만 치유될 수 있다고 주장했다.[72] 그는 다른 가능성 — 도라는 그가 결코 이해할 수 없는 욕망을 가졌다는 것, 그녀에게 남성(아버지, K 씨, 프로이트)들은 의미와 힘의 원천이 아니었다는 것, 그녀는 다른 여성들(어머니, K 부인, 여성 가정교사)과 함께함으로써 충족감을 얻을 수 있었다는 것, 설령 불행을 불러온다 해도 가부장제에 대한 반항은 그녀의 삶에서 큰 의미를 지녔다는 것 — 을 상상할 수 없었다.

---

69 Gallop in Bernheimer and Kahane, p.217.
70 Freud, *Dora: An Analysis of a Case of Hysteria*, p.114.
71 같은 책, p.120.
72 같은 책, p.130.

이 사례에서, 프로이트는 도라를 치유해주겠다는 약속을 배신했다. 그는 도라의 고통과 그녀의 무의식적인 삶의 구조를 이해하는 대신 자신의 가부장적 이론과 그 실천을 그녀에게 강요했고, 그리하여 그녀의 삶을 치유하는 것에 전념하겠다는 약속을 배신했다. 역설적으로, 프로이트에 대한 페미니스트적 분석은 남성과 여성 모두가 이데올로기나 권위의 눈치를 보지 않는 도덕적인 주체로서 행동하는 방법을 모색할 때 가부장제를 이해하고 해체할 수 있다는 희망의 실마리를 우리에게 준다.

이 장에서 우리는 19세기 지그문트 프로이트의 사례 연구에서 나타나는 저항과 지배의 이슈를 살펴봤으며, 젠더에 얽힌 악이 어떤 방식으로 유지되는가를 부분적으로 밝혀냈다. 다음 장에서는 집단과 사회적 계급 사이에서 앞서 살펴본 것과 동일한 지배와 저항의 역학이 작용하는 사회적 맥락을 고찰한다.

제8장

예수의 이름으로 폭력에 저항하기[1]

　기독교인 아버지, 기독교인 친척, 기독교인 성직자로부터 신체적·성적 학대를 경험한 사람에게는, 예수의 이미지를 구원하는 그리스도로서 다시 그리는 것이 몹시 힘들 때가 있다. 최근 연구를 하면서 나는 기독교 가정과 교회에서 다양한 형태의 학대를 당한 생존자들이 쓴 시나 글에 관심을 갖게 되었다. 성서의 구절들과 예수의 이야기들이 공포와 학대의 폭력을 정당화하고 영구화하는 데 이용될 때, 어떻게 생존자들은 하나님과 그리스도의 긍정적인 상을 다시 세워 자신들을 치유할 수 있을까? 이 장은 아동 학대의 생존자들이 예수의 이름으로 폭력에 저항하는 방법에 관한 최초의 실험적인 탐구를 담고 있다.

　우리는 하나님이 자신의 사람을 통해, 새로운 힘을 가지고 이야기하는 시대에

---

1 이 글의 원본은 다음과 같다. "Resisting Violence in the Name of Jesus," *Journal of Pastoral Theology* 7(Summer 1997), pp.15~22.

살고 있다. 늘 그렇듯이, 하나님은 많은 경우 가장 유명한 지도자들, 즉 우리가 텔레비전이나 영화, 신문이나 잡지에서 보고 듣고 읽는 정치인, 연예인, 심지어 종교 지도자들의 커다란 목소리를 통해 말하지 않는다. 하나님은 자신의 아들 이스마엘을 구하기 위해 울부짖는 하갈을 통해(창세기 21:8~21), 이스라엘의 정탐꾼들을 구하기 위해 목숨을 걸었던 라합을 통해(여호수아 2:1~24), 혈루증에 걸린 여인을 통해(누가복음 8:43~48), 예수가 죽은 자 가운데에서 다시 살아난 것을 그의 제자들에게 알리는 막달라 마리아를 통해(요한복음 20:1~2) 말씀하셨다. 이와 마찬가지로, 하나님은 오늘날에도 누구도 예상치 않은 장소에서 새로운 형상으로 예언자와 성자들을 일으켜 세운다.

시편 30장 1~3절은 지금까지도 많은 이에게 영감을 주는 구절이다.

주님, 주님께서 나를 수렁에서 건져주시고 내 원수가 나를 비웃지 못하게 해주셨으니, 내가 주님을 우러러 찬양하렵니다.
주, 나의 하나님, 내가 주님께 울부짖었더니 주님께서 나를 고쳐주셨습니다.
주님, 스올에서 이 몸을 끌어올리셨고 무덤으로 내려간 사람들 가운데서 나를 회복시켜 주셨습니다.

이 시편은 교회 안에서 형성된 새로운 신학자들의 공동체, 자신들이 받은 하나님의 새로운 계시를 온전히 알아차리지 못한 신학자들, 말하자면 신체적·성적 학대의 생존자들이 좋아하는 구절이다. 아래의 시는 캐런 다우트(Karen Doudt)가 쓴 것으로, 최근에 연합감리교 출판사(United Methodist publication)의 ≪얼라이브 매거진(Alive Magazine)≫이라는 잡지에도 재수록되었다.

나의 하나님, 나의 하나님

어찌하여 나를 버리셨습니까?

나의 몸은 울부짖습니다.

나의 손은 묶여 있고

나의 목은 긴장으로 고통스러우며

나의 가슴은 꽉 죄어 있어 숨 쉬는 것도 힘들고

나의 배는 불안으로 신음하며

나의 입은 마르고

나의 눈이 감기어 잠들지 못하며

나의 귀는 울리고

나의 마음은 불안을 잉태하며

나의 다리는 뒤틀리고, 나의 근육은 굳어져 소리치고

나의 심장은 계속 뛰며 고통스러우니

오, 하나님, 나의 하나님

당신은 지금 어디에 계십니까?

나의 영혼은 갈망합니다, 당신을

안식과 함께 올 평화를

진리의 발걸음으로 다가올 평화를

부서짐의 치유와 함께 오는 평화를

속박으로 고통당하는 영혼의 해방과 함께 평화를

나의 깊은 고통을 신뢰하는 사람과

나눌 수 있을 때 조용히 다가오는 평화를

오, 하나님, 나의 하나님

내 눈의 샘물로부터 나를 해방하소서

남아 있는 내 마음의 벽을 부수어버리소서

내 존재를 둘러싸고 있는 두려움을 무너뜨리소서

내가 계속 손을 벌리고, 펼 수 있는 용기를 일깨워주소서

주님, 내게 인내심을 주셔서 내가

- 치유에 걸리는 시간을

- 내 감정의 깊고 무거운 고통을

- 외로움의 고통을

- 진리와 이해의 추구를

- 의미의 추구를

견디게 하소서

오, 하나님. 나는 버려진 아이와 같고, 너무나 외로워서 살아남기 위해 내 자신을 굳어지게 만듭니다. 나는 다시 외칩니다. 제발 당신의 팔로 나를 감싸주시며 돌봄으로 나를 숨기소서. 내 마음의 벽을 녹여주소서. 내가 소중한 이들을 온전히 신뢰할 수 있도록 도와주시어 그들에게 내 이야기를 들려주고 평안을 찾을 수 있도록 하소서. 이 죽음을 통해 내가 삶을 얻기를 기도합니다.[2]

---

2 James N. Poling, *The Abuse of Power: A Theological Problem*(Nashville: Abingdon Press, 1991), pp.37~38. *Alive Now*(Nashville: Upper Room, 1995)에도 수록.

자신의 삶에서 경험한 폭력에 저항함으로써, 캐런과 다른 생존자들은 우리 시대 하나님의 사랑과 힘에 대한 새로운 종교적 증언을 한다. 가정 폭력과 성폭력의 이슈는 교회와 목회적 돌봄의 실천, 그리고 우리의 신학에 의미 있는 변화를 요구한다. 생존자들은 결혼을 신성시하는 태도, 여성과 아동을 남편과 부모에 종속시키려는 태도가 폭력과 학대의 환경을 조장한다는 사실을 생생하게 보여 주었다.[3] 교회 지도자들이 이 문제에 관해 생각해야 할 것 중 하나는 폭력의 생존자들이 교회에서 증언할 때, 교회의 모든 교인이 그것을 이해하고 거기에 반응하도록 하기 위해서는 우리의 설교와 가르침과 목회적 돌봄이 어떻게 변화되어야 하는가를 묻는 것이다. 우리의 전통적 사상은 폭력적인 상황에서 살아남으려 노력하는 이들이나 과거에 경험한 학대와 폭력으로부터 치유받기를 원하는 이들에게 어떤 영향을 주는가? 애니 임벤스(Annie Imbens)와 이네케 존커(Ineke Jonker)는 『기독교와 근친상간(Christianity and Incest)』[4]에서 근친상간 생존자들의 종교적 삶에 관한 자신들의 연구를 요약한다. 그들은 전통신학의 무비판적 적용은 세 가지 영역에서 문제를 야기한다고 본다. 첫째, 여성의 이미지, 둘째, 하나님의 이미지, 셋째, 신앙과 실천의 이미지. 근친상간의 여성 생존자들은 기독교인 여성을 겨냥한 서로 엇갈린 메시지들 — 성모 마리아처럼 순수하고 흠 없는 존재가 되지 못할 경우 이브처럼 남성을 유혹하는 악한 존재가 될 거라고 말하는 메시지들 — 에 특히 민감하다. 아버지가 어린 자신을 성적인 존재로 봤다는 사실은 그녀들이 거대한 죄책감과 수치심을 느끼도록 하며, 하나님에게 다가가는 것을 가로막는다. 전능한 아버지의 모습으로 제시된 하나님은 그녀들에게 대안적인 신

---

3 Annie Imbens and Ineke Konker, *Christianity and Incest*(Minneapolis: Fortress Press, 1992); Poling, *Abuse of Power*.

4 Imbens and Jonker, *Christianity and Incest*.

앙심을 주는 대신 자기 아버지의 힘을 더욱 두려워하게 만든다. 일부 생존자들은 자비로운 예수에게서 위로를 발견하지만, 하나님 아버지께 복종하라는 그의 명령에 혼란스러워 한다. 결국, 종교는 그들에게 억압에 대한 반항과 저항이 아니라 오히려 용서, 겸손, 복종, 그리고 희생을 명령하는 것이다. 여성 생존자들은 하나님, 그리스도론, 기독교인의 삶에 대한 근본적인 교리를 수정하라고 요청하고 있다.

다음의 찬송 시에서 밸러리 J. 브리지먼 데이비스(Valerie J. Bridgeman Davis)는 다양한 형태의 폭력으로 고통당하는 아프리카계 미국인 여성들이 하는 말을 들려준다. 요한복음 5장 2~8절의 메아리라 할 수 있는 그 이야기를 들어보자.

온전해지기를 원하느냐?

그녀는 고통의 침대에 누워 있었다.

미칠 듯이 지끈거리는 그녀의 머리를 부여잡고

일부러 이성에서 벗어나서:

그는 그녀를 또 때렸다 - 그리고 그녀에게 말했다.

그녀가 그것을 요구했다고.

거기에 누워서, 그녀는 떠올리려 노력했다.

언제 그녀가 그런 요구를 했는지.

침상은 그녀의 관이 될 수도 있었다.

그렇게 마비되어갔다, 그녀는.

그러나 그녀 영혼 속에서 선지자가 소리쳤다:

네가 온전해지기를 원하느냐?

이성으로 되돌아가는 길은 아득히 멀다.

오직 그 선지자만이 돌아가는 길을 안다.

그러나 구타당한 그 이마는 알고 있었다.

그 여정은 '앞으로 영원히, 더 이상은 안 돼'와 함께 이미 시작되었음을.[5]

예수가 베데스다(Bethesda) 연못의 남자에게 보여주었던 생생한 연민의 이미지는 한 여성에게 영감을 주어 폭력이 지속되어서는 안 된다고 말하고, 교회를 떠나 살아갈 수 있는 힘을 찾을 수 있게 만들어주었다. 그녀는 교회에서 침묵을 지키는 여성, 남편에게 복종하는 여성을 말하는 구절로 돌아가지 않았다. 오히려 그녀는 오랫동안 치유를 기다려왔고, 삶을 선택하라고 격려하는 예수의 사랑이 필요했던 사람과 자신을 동일시했다.

아래의 시와 연도(煉禱, 가톨릭에서 죽은 자를 위해 암송하는 기도문 — 옮긴이 주)는 니카라과의 기독교인 여성이 쓴 것으로, 여성과 아동의 신체에 저질러진 형언하기 어려운 다양한 형태의 폭력들을 증언하고 있다. 미국의 지원 아래 벌어진 콘트라 전쟁은 니카라과 농민들의 삶을 파괴했고, 전후에도 압도적인 가난과 억압을 불러와 사회, 지역 공동체, 가족의 삶을 황폐화시켰다.

추모

하나님,

우리는 피 흘리는 여인을 기억합니다.

그녀는 그 피로 인해 버림받았습니다.

---

5 Valerie J. Bridgeman Davis, In Linda H. Hollies, ed., *Womanist Care: How to Tend the Souls of Women*, vol.1(Joliet, Ill.: Woman to Woman Ministries, Inc. Publications, 1991).

우리는 이름 없는 모든 여성을 기억합니다.

그녀들은 손과 발에서 피를 흘릴 때까지 수용소에서 일하다 사라졌습니다.

우리는 노예였던 우리의 할머니들을 기억합니다.

그녀들은 주인에게 매를 맞고 겁탈을 당했습니다.

우리는 우리의 어머니들을 기억합니다.

그녀들의 피가 자궁 속에서 우리를 키웠습니다.

우리는 우리의 자매들, 그녀들의 죽음을 기억합니다.

그녀들은 자신이 사랑했던 교회의 목사와 성직자를

만나볼 기회조차 얻지 못하고 죽었습니다.

우리는 치료자, 우리의 친구, 우리의 거룩한 어머니들을 기억합니다.

그들은 우리에게 조상의 비밀을 전해주었습니다.

우리는 여성들의 피 흐르는 상처를 기억합니다.

그녀들은 공장과 사창가에서 일합니다.

우리는 과부가 되고 아이를 잃은 자매들을 기억합니다.

그녀들은 전쟁과 침략의 폭력에 시달렸습니다.

우리는 우리의 모든 딸과 자매들을 기억합니다.

그녀들의 피는 에이즈로 더럽혀졌습니다.

우리는 여성, 우리의 어머니, 우리의 자매, 우리의 딸들을 기억합니다.

그녀들은 집안에서 사악한 남편과 애인에게 난도질당하며 피를 흘렸습니다.

우리는 이렇게 피 흘린 여성들이 예수님께 깊이 감동한 것을 기억합니다.

우리는 또한 여성들의 피에 감동받았습니다.

예수님은 이들을 받아들이시고, 이들에게 생명을 주셨으며, 이들이 홀로 더럽혀지고 소외되었을 때 위험을 무릅쓰고 가까이 오셨습니다.

하나님, 우리는 당신이 이 모든 여성을 기억할 것을 믿습니다. 우리의 모든 이름과 우리 삶의 모든 이야기를 기억할 것을 믿습니다. 우리의 눈물이 당신을 감동하게 할 것을 믿습니다. 우리는 또한 당신이 우리를 알고 있고, 그로 인해 우리가 혼자가 아님을 믿습니다. 당신이 항상 우리와 함께하고 있다는 것 ― 비록 어디에, 어떻게 있는지 모른다 할지라도 ― 을 믿습니다. 이것을 위해 우리는 당신에게 간구합니다. 우리를 축복해주시고 항상 우리와 함께하시기를. 아멘.6

니카라과 여성에 의한, 니카라과 여성을 위한 이 기도는 혈류증을 앓던 여성을 동정한 예수(누가복음 8:43~48)를 떠올리게 한다. 버림받고 실의에 빠진 여성이 기적을 위해 예수에게 다가가 그를 만졌을 때, 그 신앙이 드러나 몸의 질병과 사회적 오명을 치유해주었다. 이처럼 이 이야기는 폭력, 강간, 가난, 영양실조, 질병으로 피 흘리는 수많은 여성에게 힘을 줄 수 있다. 그녀들에게 예수는 높은 자리에서 12명의 제자들과 함께 있는 이도, 천국에서 좌편과 우편으로 사람들을 세워놓고 권좌에 앉아 있는 이도 아니다. 오히려 사람들 가운데 한 사람, 사람들 중의 한 사람, 하나님이 사람들 가운데에서 들어 올린 사람의 이미지에 더 가깝다. 이 예수는 여성에게 자행되는 불의와 폭력을 누구보다 깊이 이해한다. 설령 그녀가 어떤 사회적 계급과 경제적 지위에 있든 말이다. 그는 그 여성을 어머니,

---

6 라틴 아메리카 교회 협의회에서 주관한 예배의 설교를 개작한 것이다. 이 기도는 니카라과 마나과에서 AEDAF(Asociacion Evangelica de Asesoramiento Familiar: 가족 치유를 위한 복음주의 센터)의 목회상담사로 활동 중인 브렌다 콘수엘로 루이즈가 보내주었다. 원래 스페인어로 쓰인 것을 번역했다.

자매, 딸처럼 사랑하고 이해해주며, 그녀가 겪는 악에 저항하는 것을 지지해준다.

캐서린 J. 푸트(Catherine J. Foote)는 자신의 저서에서 아동 성학대로 고통 받았던 경험담을 들려주고, 그것을 예수가 당했던 폭력적 학대와 연결시킨다.

상처는 상처이다. 그것은 없어지지 않는다.
부서진 뼈는 맞추어질 수 있지만, 치유 받는다 해도, 상처의 흔적들은 남는다.
그런 것이다.
나는 학대를 당했다. 나는 상처를 입었다. 그리고 상처는 상처이다.

사람들이 내게 말한다, "용서해".
부서짐과 치유를 모르는 사람들이 나에게 말한다, "넘어가".
고통을 두려워하는 사람들이 말한다, "뒤돌아보지 마".
나는 고집스럽게 이 고통을 느낀다.
나는 고집스럽게 이 상처를 들여다본다.
나는 왜 이런 들쭉날쭉하고, 얇은 선이 있는지 고집스럽게 기억한다.
나는 고집스럽게 나 자신과 함께 여기에서, 나를 붙들고 말한다.
"그것은 잘못된 거였어."

예수님, 나는 당신이 당신의 아픔을 기억하는 것을 알고 있습니다.
당신에게는 의심 많은 도마가 만졌던 그 상처들이 계속 남아 있습니다.
당신이 상처를 입었을 때 진짜 대가를 치렀다고 주장합니다.
기억하는 이 자리에 나와 함께 서주십시오.

상처는 진짜 아프다고 내가 분명히 말할 때 나와 함께 서주십시오.

상처는 상처라는 이 진리에 나와 함께 서주십시오. 아멘.7

예수는 고문당하고 십자가에 못 박히면서 생긴 자신의 상처를 보임으로써(요한복음 20:24~30), 도마의 의심에 진리와 자비로 답했다. 마찬가지로, 캐서린 푸트도 아동 학대의 현실과 그 결과에 대한 교회의 의심에 답했다. 예수가 부상을 당하고 상처를 입었기 때문에, 그녀는 그녀의 고통을 말하지 못하게 하려는 음모에 복종할 필요가 없다. 오히려 그녀의 상처는 예배당의 십자가와 이야기를 통해 모두에게 상처를 보이는 주 예수 그리스도에 대한 그녀의 신앙을 상징한다.

캐런 다우트, 밸러리 브리지먼 데이비스, 니카라과 여성들, 캐서린 푸트의 찬송가는 성서 속 시편과 신약성서 속 이야기의 위대한 전통을 따르면서 온갖 감정 속에서도 하나님을 믿을 수 있는 그녀들의 능력과 신실함을 보여준다. 그녀들은 자신들이 겪은 악과 폭력을 이야기하며 성서의 시편 저자처럼 원수들에게 책임을 질 것을 요구한다. 내가 이러한 시들과 이야기들을 들려주는 것은, 가족 구성원이나 교회로부터 학대를 받은 이들에게 신앙으로 통하는 창을 제공하기 위함이다. 내가 이러한 시들과 이야기들을 들려주는 것은 하나님이 우리 세대에 전해주는 새로운 종교적 간증 때문이다. 그들의 생생한 고통과 희망은 교회의 공식적인 신학과 실천으로 통제되지 않는 하나님의 힘과 사랑을 드러낸다.

우리 시대 최고의 지성 중 일부가 이러한 종교적 증언의 통찰들을 조직신학으로 바꾸기 위해 힘써 일하고 있다.8 백인 페미니스트 신학자들은 이러한 일을

---

7 Catherine J. Foote, *Survivor Prayers: Talking with God about Childhood Sexual Abuse* (Louisville: Westminster/John Knox Press, 1994), p.71.

8 다행히도, 현재 진행되는 예수의 이미지 재고를 위한 훌륭한 기반이 갖추어졌다. Kelly Brown

150여 년간 해오고 있고, 우머니스트(Womanist) 신학자들 역시 3세기 이상 지속되어 온 흑인 여성들의 불굴의 신앙에 기대어 연구하고 있다. 그들은 쉬운 답이 있는 전통적인 질문을 던지지 않는다. 그들은 욥 ― 친구들의 정치적으로 올바른 조언을 거부하고 오직 하나님을 알현하는 것을 통해서만 만족할 수 있었던 이 ― 과 같은 질문을 던진다. 비록 거룩한 교리에 비판의 화살이 쏟아진다 할지라도, 교회는 이러한 의견에 항상 귀 기울여야 한다. 학대를 당한 여성과 아이의 관점에서 예수의 이미지를 다시 세우는 것이야말로 이 시대 기독교 신앙인의 과제이다.

목회신학자로 일하면서, 나는 예수를 이 세상의 악과 폭력에 저항했던 사람으로 새롭게 이해하게 되었음을 고백하겠다. 나는 악에 대한 저항이야말로 하나님과 인간 삶의 근본적인 속성이며, 이는 악에 대한 예수의 저항으로 나타났다고 믿는다.9 예수의 정신이 체계적인 악에 의해 완전히 파괴되지 않는 이유는 악에 대한 저항이 하나님의 근본적인 속성이기 때문이며, 그 정신이 악에 저항하는 사람들을 통해 계속 살아있기 때문이다. 이처럼 저항이란 단순히 삶의 어려움에 대한 인간의 반응이 아니라, 인간의 삶과 하나님의 삶의 일부이다. 십자가에 못 박힌 예수의 모습은 대다수 사람들의 눈에 실패로 비췄을지언정, 그것은 하나님

Douglas, *The Black Christ*(Maryknoll, N.Y.: Orbis Books, 1994); Jacquelyn Grant, *White Women's Christ and Black Women's Jesus: Feminist Christology and Womanist Response* (Atlanta: Scholars Press, 1989); Joanne Carlson Brown and Carole R. Bohn, eds., *Christianity, Patriarchy, and Abuse: A Feminist Critique*(Cleveland: Pilgrim Press, 1989); Elisabeth Schüssler Fiorenza and Mary Shawn Copeland, eds., *Violence Against Women*, Concilium Series 1(Maryknoll, N.Y.: Orbis Books, 1994); Maryanne Stevens, ed., *Reconstructing the Christ Symbol: Essays in Feminist Christology*(New York: Paulist Press, 1993); Carol J. Adams and Marie M. Fortune, eds., *Violence against Women and Children: A Christian Theological Sourcebook*(New York: Continuum, 1995).
9 이 절에 나온 그리스도론적 관점은 다음 책에서 한층 발전된 형태로 소개된다. James N. Poling, *Deliver Us from Evil: Resisting Racial and Gender Oppression*(Minneapolis: Fortress Press, 1996).

이 저항에 참여했음을 나타낸다. 신학자 엘런 원드라(Ellen Wondra)는 말한다.

예수의 삶의 의미는 그의 죽음을 통해 확인되었으며, 그의 부활을 통해 정당성을 입증했다. 그의 고통과 죽음은 불의한 세상에 저항했던 예수의 의로운 삶의 결과였다. …… 예수는 그가 함께 지내며 가르쳤던 소외된 자들에게, 하나님의 통치에 대한 자신의 예언적·우상파괴적 비전에 충실했다. 수치스럽고 고통스러운 죽음을 경험하면서도, 예수는 지배자에게 고통 받고 희생되는 자들과의 연대를 유지했다.[10]

이것은 예수가 얼마나 스스로를 폭력의 희생자, 생존자들과 동일시했는가를 보여준다. 예수는 기꺼이 그들과 연대해 죽을 만큼 그들을 사랑했다. 그의 정신은 우리 시대의 폭력과 억압에 저항하는 모든 사람과 함께한다.

목회적 돌봄을 제공하는 이들은 남성 폭력의 생존자에 대한 종교적 사고에 특히 민감해야 한다. 출판된 여러 자료를 읽는 것에서 시작해, 우리는 주위에서 점점 늘어나고 있는 수많은 증언에 익숙해질 수 있다. 우리는 생존자들과 함께하며 그들이 일기를 쓰거나 시를 짓거나 성서의 시편과 이야기를 자신의 이야기로 다시 쓸 수 있도록 격려할 수 있다. 그리고 이러한 신앙의 고백들을 일반적인 기도와 예배에 포함시킬 수 있다. 이러한 실천이야말로 하나님의 모든 사람들에게 깊이 있는 돌봄을 제공하고, 우리 공동체 안에서 가장 힘없는 이에게 힘을 부여한다는 우리의 소명을 이루는 것이다.

예수의 이미지를 개인적 인간관계에서 폭력을 경험한 이들의 구원자로 재구

---

10 Ellen K. Wondra, *Humanity Has Been a Holy Thing: Toward a Contemporary Feminist Christology*(Laham, Md.: University Press of America, 1994), p.333.

축하는 작업은 이제 막 시작되었다. 하나님께 감사할 일이다. 나는 내 삶의 선장인 사랑과 권세의 하나님과 그 무엇 ― 개인 간의 폭력이든, 여성과 아동에 대한 사회의 착취이든, 심지어 교회의 선언이든 ― 도 우리로부터 떼놓을 수 없는 예수 그리스도를 찬미하며 이 글을 마친다. 하나님은 우리 세대를 위해 새로운 일을 행하고 있다. 만약 우리가 권능과 자비를 믿고 행동한다면, 우리는 축복을 받을 것이다.

제9장

침묵하는 목소리 듣기:
정의를 위한 목회신학의 과업[1]

연구 결과에 의하면 "아동 성학대 가해자들에 대한 유죄 선고 비율은 1퍼센트
이다".[2] 여기에 드러나지 않은 사건들을 더할 경우, 남성의 성폭력에 내려지는
처벌은 더 충격적일 것이다. 『성폭력, 힘의 악용(The Abuse of Power)』에서 나는
아동 추행범들과 함께하는 가운데 내가 겪은 이야기들 중 일부를 소개했다.[3] 이
장에는 내가 목사로서 성학대의 생존자 및 가해자와 함께하며 겪었던 일에 대한

---

1 이 글의 원본은 다음과 같다. "Hearing the Silenced Voices: The Work of Justice in Pastoral
  Theology," *Journal of Pastoral Theology* 1(Summer 1991), pp.6~27. 이 글은 *The Abuse of
  Power: A Theological Problem*(Nashville: Abingdon Press, 1991)에 나오는 연구를 기반으로 쓰
  인 것이다.
2 Diana Russell, *The Secret Trauma: Incest in the Lives of Girls and Women*(Basic Books,
  1986), p.86.
3 이 이야기들은 이 책 제6장에 소개되었다.

신학적인 성찰이, 특히 정의의 실천이라는 관점에서 성찰한 내용들이 담겨 있다.[4]

목회신학은 사역 경험에 뿌리를 두고 있기 때문에, 나는 인식론에 초점을 맞춘 신학적 방법론으로 눈을 돌리고자 한다. 우리는 무엇을 알 수 있으며, 어떻게 그것을 알 수 있을까? 이에 대한 세 가지의 기본적인 질문이 있다.

· 첫째, 만약 경험이 모든 지식의 바탕이라면 경험의 본질은 무엇이며 우리는 경험을 어떻게 묘사하는가?
· 둘째, 개인, 가족, 사회 안에서 진실과 왜곡을 분류하기 위해서는 우리에게 어떤 비판적 이론이 필요한가?
· 셋째, 하나님과 세상에 관한 어떤 신학적 가설들이 우리의 지각과 행동을 형성하는가?

나는 캐런이 아동기에, 그리고 성인이 되고 나서도 겪었던 성학대의 경험을 듣기 위해 그녀와 1년 넘게 서신을 교환했다. 그녀는 나에게 악의 힘과 희망의 회복력을 일깨워준 가장 중요한 증인이었다. 나는 그녀의 증언을 이용해 위의 질문에 대한 답과 그에 대한 내 확신을 보여주고, 우리가 주로 남성에 의해 자행

---

4 여성과 아동에 대한 성학대의 기초적인 연구는 러셀(Russell)의 저서와 다음 책들에 요약되어 있다. David Finkelhor, *Child Sexual Abuse*(Free Press, 1984); Ellen Bass and Laura Davis, *The Courage to Heal*(Harper and Row, 1988); Marie Fortune, *Sexual Violence: The Unmentionable Sin: Ethical and Pastoral Perspective*(Pilgrim Press, 1983); Marie Fortune, *Is Nothing Sacred: When Sex Invades the Pastoral Relationship*(Harper and Row, 1989); Mary Pellauer et al., eds., *Sexual Assault and Abuse: A Handbook for Clergy and Religious Professionals* (Harper and Row, 1987).

되는 성학대의 결과를 이해할 수 있도록 인도할 것이다.

먼저, 우리는 어떻게 인간의 경험 속에서 악과 희망의 차이를 알 수 있는가?[5]

캐런의 이야기 일부는 "나는 이야기하지 않기로 약속했다(I Promised Not To Tell)"라는 이름의 기사로 발표되었다.[6] 사실, 그녀는 너무 철저하게 약속을 지킨 나머지 아버지에게서 추행 당했던 일을 거의 잊게 되었다. 생존자들 중에서는 흔치 않은 경우이다. 성인이 되어 대학을 졸업한 뒤, 그녀는 가족의 지인의 컨설턴트로 일했다. 그런데 사업을 위한 여행 도중, 그 지인은 그녀를 호텔 방으로 유인해 강간했다. 그녀는 과거에 그랬듯 다시 한 번 말하지 않기로 결심했다. 그녀는 대학원에 들어가 교육학 박사 과정을 수료했고, 대학교수로서 초빙을 받았다. 이때 그녀는 자신의 강간 경험을 목사에게 이야기했지만, 그는 오히려 치료 도중 그녀에게 성관계를 요구했다. 결국 그녀는 신체적으로까지 병들게 되었고, 자신을 치료하는 의사에게 모든 일을 털어놓았다. 후일 그녀는 전문적이면서도 그녀에게 깊이 공감해주는 목사를 만나 자신의 이야기를 했고, 그 목사는 그녀에게 유능한 치료사를 소개해주었다.

치료를 받던 중 그녀는 근친상간을 기억해냈다. 그녀의 아버지는 그녀가 기억하기 훨씬 전부터, 아마도 3살 무렵부터 그녀의 방을 드나들었다. 이러한 밤중의 방문은 그녀가 십대가 될 때까지 계속되었다. 그녀는 너무나도 큰 트라우마를 얻었고 거기에서 빠져나오지 못했다. 수렁에 빠진 그녀의 상태는 그녀를 착한 소녀로 여기는 가족에 의해, 그녀의 학업 성적만을 중시하며 그녀의 두통과 다른

---

5 Rob van Kessel 덕분에 나는 고통과 희망 사이의 역동적인 긴장에 관한 통찰력을 얻을 수 있었다. Rob van Kessel, *Zes Kruiken Water: Enkele Theologische Bijdragen Voor Kerkopbouw* (Netherland: Gool and Stricht, 1989).

6 "I Promised Not To Tell," *Messenger*(November 1989), pp. 20~21.

신체 증상들을 무시하는 학교에 의해 더욱 악화되었다. 심지어 교회조차 그녀의 부모는 좋은 사람들이고, 아이는 순종해야 하며, 하나님은 선한 아버지라고 그녀에게 가르쳤다.

치료사, 여성을 위한 협력 단체, 그 밖의 수많은 이들의 도움으로 캐런은 자신의 아픔을 직면할 용기를 얻을 수 있었고, 희생자가 아닌 생존자가 되었다.

몇 주 후 예배를 드리러 동네 교회에 간 그녀는 그곳에서 아버지가 성찬식에 참여하는 모습과, 예전 치료 때 그녀에게 성적으로 접근했던 목사가 예배를 인도하는 모습을 목격했다. 그녀는 내게 보내는 편지에서 더 이상 교회에 가지 않을 것이라고 말했다.

내가 캐런의 이야기를 하는 것은 목회신학의 연구에서 따라야 할 원리를 제시하기 위함이다. 캐런과 같은 사례는 수없이 많고, 많은 목사와 상담사들 또한 비슷한 이야기를 듣는다. 이러한 고백에 나타나는 고통과 불의는 너무도 엄청나며 분노를 자아낸다. 다행히도, 많은 사람이 새로운 자세로 이러한 이야기를 경청하게 되었고, 사회 그 자체도 변화하기 시작했다. 이 고통의 이야기들은 우리의 마음을 움직이고 있다. 그러나 캐런의 이야기를 놀라운 것으로 만드는 원천은 거기에 담긴 고통이 아니다. 오히려 그 고통과 대비되어 나타나는, 그녀의 정신에 자리 잡은 회복의 희망이야말로 그녀의 이야기를 놀라운 것으로 만든다. 그리고 이렇게 대비되는 명암이 그녀의 경험 그 자체를 이해하기 위한 열쇠이다.

캐런이 자신의 삶을 개인적인 고통으로만 받아들였다면 그 경험을 심도 있게 이해하기는 어려웠을 것이다. 하지만 그녀가 그 고통을 누군가에게 말하고 자신의 영혼에 잠들어 있는 희망을 일깨워 행동으로 옮겼을 때, 그녀의 삶은 변화했다. 나는 캐런에게 또다시 학대를 저지름으로써 하나님으로부터 받은 소명을 모독한 목사에게 분노한다. 나는 그녀가 겪었던 고통의 실체를 밝혀내고 그녀에게 희망으로 이어지는 연결고리를 선사했던 의사, 두 번째 목사, 치료사를 보내신 하나님께 감사한다.

내가 생존자와 동반하면서 가장 주목했던 것은 그 악과 고통이 아니었다. 내 이목을 끌었던 것은 고통에 대비되어 나타나는, 결코 사라지지 않는 회복의 희망이었다. 나는 이 명암이 생존자들의 내면 가장 깊숙한 곳의 경험을 해방시켜 우리의 참여와 연구에 도움을 주리라 믿는다. 이러한 분석과 성찰 과정에서 심리학과 신학이 제공하는 모든 도구를 이용할 수 있을 것이다.

나의 첫 번째 인식론적 원칙은, 인간의 깊이 있는 경험은 목회신학에 필요한 자료이며, 그 경험은 인간의 고통과 희망의 경험 사이의 명암을 탐색함으로써 열릴 수 있다는 것이다.

개인적 경험의 서술은 그 자체로 충분하지 않다. 언어와 문화에 의해 형성된 경험은 많은 왜곡을 포함하기 때문이다. 뒤섞인 진실과 왜곡은 개인적·사회적 의미와 권력의 지평을 검증하기에 알맞은 비판적 이론들[7]을 통해 구분되어야 한다. 나에게 가장 영향을 주었던 세 가지 이론은 포스트모던 분석으로 재해석된 정신분석학 이론, 페미니스트 이론, 그리고 흑인 신학이다.

캐런의 삶은 그 안에 자리 잡은 진실을 가리는 비밀과 왜곡들로 통제되어왔다. 그녀는 40년간, 심지어 오늘날까지도 인생의 진실을 탐구하고 있다. 반면, 그녀의 가족과 그 교회의 교인들은 자신들의 삶의 진실을 직시하지 못하고 있다. 우리는 비밀과 억압의 상황에서 어떻게 진실을 알 수 있을까?

회복력을 가진 인간의 정신은 매 순간마다 자신의 정체성을 정의해주는 관계

---

7 David Tracy, "Practical Theology in a Situation of Global Pluralism," in *Formation and Reflection: The Promise of Practical Theology*, ed. James Poling and Lewis Mudge(Philadelphia: Fortress Press, 1987), 144ff.

망을 회복하려 한다. 반사회적 인격이나 노예제 및 대량 학살에 기반을 둔 사회와 같이 한 사람이나 한 사회의 주관적 성향에서 악이 이길 때가 있다. 하지만 그런 때에도 관계망은 가치를 증대시키기 위해 분투한다.[8]

나는 바로 여기에서 인간 정신에 자리 잡고 있는 온전함과 정의를 향한 자아의 추구가 이루어진다고 믿는다. 나는 이러한 용기와 희망을 전혀 기대하지 않았던 곳, 즉 아동 성학대의 생존자와 가해자 가운데에서 발견했다. 그곳에서 희망이 발견된다면, 악이 만연한 것처럼 보이는 다른 장소에도 희망은 있을 것이다.[9]

캐런의 경우 그녀의 희망은 신체적 증상이라는 형태로 나타났다. 초등학생이었을 무렵의 그녀는 심각한 두통으로 주위 사람에게 도움을 청하곤 했다. 하지만 학교의 요청으로 받았던 검진에서는 아무런 이상이 없다는 진단을 받았다. 이것은 그녀가 자신의 의식을 더욱 억압하게 만들었다. 훗날, 그녀는 마침내 자신의 신체적 질병을 인식할 수 있게 되었고, 의사는 그녀의 질병과 학대 사이의 연관성을 밝혀내주었다. 캐런의 의식은 오랜 세월 동안 삶의 진실을 잊고 있었지만, 그녀의 몸은 그것을 기억하고 있었던 것이다. 나는 이것이 무의식이야말로 근본적으로 진실한 것이며, 그것은 정신보다 신체와 더 밀접한 관련을 맺는다는 프로이트의 확신을 보여준다고 믿는다.[10] 온전한 자아를 탐색하는 일에는 그

---

8 Bernard Loomer, "The Free and Relational Self," in W. Widick Schroeder and Gibson Winter, *Belief and Ethics: Essays in Ethics, the Human Sciences and Ministry In Honor of W. Alvin Pitcher*(Chicago: Center for the Scientific Study of religion, 1978), 80ff; William Dean and Larry E. Axel, *The Size of God: The Theology of Bernard Loomer in Context*(Macon, Ga.: Mercer University Press, 1987), p.42.

9 자아에 관한 내 이론은 주로 정신분석학 이론에 근간을 두고 있다. Althea Horner, *Object Relations and the Developing Ego in Therapy*(New York: Jason Aronson, 1984).

10 프로이트는 무의식으로부터 나온 진실이 스스로를 표출하려 든다고 믿었다. "볼 수 있는 눈과 들을 수 있는 귀를 가진 이의 앞에서 비밀을 유지하는 것은 불가능하다. 설령 입술이 침묵한다 해도 손가락이 말할 것이기 때문이다. …… 배반은 신체 모든 부분에서 새어나온다. 바로 이 때문

사람을 회복시키는 힘이 있으며, 이 힘은 구원을 향한 믿음의 자원이 될 수 있다.

자아 탐색은 기본적으로 인간관계적 차원을 함유하고 있다. 자아는 관계적이다. 자아가 정신 내부에서 하는 경험은 타인을 내면화함으로써, 즉 타인에게 정서적 에너지를 집중함(cathexis)으로써 형성된다.[11] 자신과 타인을 구분하는 것은 자아의 구조를 정확하게 반영하지 않는 이론적인 영역에 지나지 않는다. 자아란 곧 그것이 맺고 있는 관계이다. 캐런의 경우, 그녀가 가족 관계를 내면화할 때 악이 그녀의 삶 속에 스며들었다. 그녀는 밤마다 자신을 찾은 아버지에 의해, 학대를 부인하고 그것을 함구한 가족에 의해 상처를 입었다. 그녀는 가족과 자신을 동일시함으로써 그 가족의 '함구'병의 고통을 앓았던 것이다.[12]

그러나 이 관계는 또한 캐런이 가진 그녀 자신에 대한 희망을 실현시켜주었다. 그녀가 치유 과정에서 새롭게 관계를 맺었던 이들은 진실의 편에 서서 그녀를 도와주었다. 캐런은 이 선의로 가득한 관계망을 유지하며 그녀 자신에 대한 지속적인 공격의 위협들을 없애기 위해 계속 노력하고 있다.

두 번째로, 인간의 정신은 공동체를 추구한다. 이는 우리 모두에게 정서적으로 중요한, 서로 얼굴을 맞대면서 형성되는 개인 간의 관계 이상의 것이다. 오히려 공동체는 우리 삶의 맥락을 형성하고 통제하는 권력과 이데올로기를 가진 제도를 포함하는 것이다.

에 마음속에 숨겨져 있는 가장 은밀한 곳의 의식을 끌어내는 것이 가능하다." *Dora: Analysis of Case of Hysteria*(New York: Collier Books, 1963), p.96.

11 대상관계 이론에서 말하는 내면화 과정에 관한 논의는 다음의 책을 참고할 것. W. W. Meissner, *Internalization in Psychoanalysis*(New York: International University Press, 1981); Heinz Kohut, *The Restoration of the Self*(New York: International University Press, 1977).

12 무의식적인 과정이 어떻게 부모에게서 자식으로 넘어가는지에 대한 논의는 다음의 책을 참고할 것. Alice Miller, *For Your Own Good: Hidden Cruelty in Child-rearing and the Roots of Violence*(New York: Farrar, Strauss, and Giroux, 1983).

제도는 우리 삶 속의 규율을 결정하는 권력의 중심이다.[13] 가족을 제외할 경우, 캐런에게 가장 중요한 제도는 학교였다. 학교에서 그녀는 부모와 다른 권위자들에게 복종하는 착한 소녀가 되라고 배웠다. 그녀는 삶의 고통에 침묵하라고 배웠다. 그녀는 얌전히 앉아 있으라고, 묻는 말에만 대답하라고, 예쁘게 꾸미라고, 불평하지 말라고 배웠다. 이 훈련은 대학원에 들어갈 무렵의 그녀가 강간의 위기에 반응할 때 큰 영향을 미쳤다. 그녀는 이상적인 박사 과정 학생이었다. 제도에 대한 순응은 가족 규율과 그녀의 정신 내적인 방어기제를 강화했다. 그녀는 잘 적응한 사람, 잘 사회화된 성취자로서 살아남았다. 이 순응은 또한 진리가 알려지는 것을 방해했다. 역설적으로, 이 제도는 그녀의 희망의 원천이기도 했다. 그녀의 생존은 그녀의 학문적 성공과 밀접하게 연관되어 있기 때문이다.

공동체를 추구한다는 것은 또한 이데올로기적 차원을 포함한다. 이데올로기란 언어로 이루어진 규범의 지평이자 인식과 정체성을 지배하는 무언의 가정(假定)들이다.[14] 캐런은 남성이 우대되는 사회에서 자랐다. 그녀는 할 수 있는 한 착한 소녀와 착한 여성이라는 순종적 역할을 성실하게 수행하며 살았고, 그에 대한 보상으로 사회적 존경과 성공을 얻었다. 신체적 건강의 붕괴는 그녀가 경험한 악과 미래에 나타날 회복의 희망 사이의 긴장이 점차 커지고 있다는 신호였다.

---

13 나는 제도적 권력을 이해하는 과정에서 다음 자료들의 도움을 받았다. George Herbert Mead, *Mind, Self, and Society*(Chicago: University of Chicago Press, 1936); Walter Wink, *Unmasking the Powers: The Invisible Forces that Determine Human Existence*(Philadelphia: Fortress Press, 1986).

14 David Tracy, *Plurality and Ambiguity*(New York: Harper and Row, 1987). "이데올로기는 언어를 모두 사용하고, 진리를 모두 분석하며, 지식을 모두 안다는 조건에 의해, 그리고 그 조건 안에서 만들어지는 무의식적이지만 체계적으로 기능하는 태도, 가치, 믿음이다. 페미니스트 사상가들은 다른 무엇보다도 특히 언어가 결코 순수하지 않다는 것을 증명해왔다. '이성적인 남자'라는 남성중심적인 언어를 포함해서 말이다." p.77.

그녀의 삶이 내부적으로 붕괴하면서, 그녀는 이데올로기의 영향에 대해, 가부장제 사회에서 여성이 되는 것이 무엇을 의미하는가에 대해 의문을 품게 되었다. 가부장의 이데올로기는 그녀를 학대할 수 있는 권한을 남성들에게 주었고 그 책임으로부터 그들을 보호했다.[15] 그녀는 자신에게 이루어진 범죄에 대한 심판이 생략된 치료를 감내해야 했다.

공동체를 바라는 캐런의 회복의 희망은, 그녀가 스스로 반공동체 형성을 주도하면서 극적으로 나타났다. 치유를 받는 동안, 그녀는 자신의 의사, 목사, 치료사로부터 도움을 받으며 신중하게 한 여성 집단을 선택해 그들에게 자신을 위한 특별한 공동체가 되어달라고 요청했다. 이 집단의 도움을 받으며 그녀는 진실을 알고 그녀의 편에 서서 그녀를 학대하는 제도와 이데올로기에 맞서는 데 헌신하는 사람들을 모아 자신의 공동체의 둘레를 점차 넓혀갔다.

세 번째로, 회복력 있는 인간의 정신은 악의 지배 속에서도 끊임없이 사랑과 정의의 하나님을 추구한다. 한 문화 안에서 가장 뚜렷하게 나타나는 하나님, 공동체, 인간 본성에 대한 이미지는 인간 잠재력의 이상과 한계를 가장 심오한 수준에서 확립한다.[16]

캐런에게는 아버지의 특권, 강간자의 특권, 모든 남성의 특권과 하나님 아버지의 특권 사이에 신화적인 깊은 연결이 있었다. 교회에서 그녀는 하나님이 그

---

15 페미니스트 이론이 가부장을 어떻게 정의하고 이해하는가는 다음 책에 요약되어 있다. Hester Einstein, *Contemporary Feminist Thought*(Boston: G. K. Hall, 1983).

16 Bernard Meland는 Faith and Culture(Carbodale, Ill.: Southern Illinois University Press, 1953)에서 과정 신학의 기본적 사상을 요약한다. "신앙은 감성과 가치평가에 대한 축적된 합의로 이해되며, 문화 안에서의 감각과 개념이 어느 정도 깊이의 차원에서 이루어지는지 규정함으로써 문화의 정신적 요체의 특성과 범주를 설정한다. 그렇기 때문에 어느 때에든지 인식 및 상상력의 범주와 깊이는 그 질적인 의미의 지속적이고 근원적인 자원, 신앙에 비례한다."

녀의 아버지처럼 사랑에 가득한 아버지이며, 그녀의 역할은 말 잘 듣고, 항상 감사하며, 복종하는 아이가 되는 것이라고 배웠다. 그녀를 학대하고 강간했던 남성들은 그들의 죄를 보려 하지 않는 교회 안에서의 하나님 아버지를 상징한다. 현대 페미니스트의 몇몇 저술은 이러한 주제에서 한걸음 더 나아가 속죄 이론을 검증한다. 속죄에 대한 이론들은 인간의 죄악에 대한 하나님 아버지의 분노, 오직 순결한 아이인 예수에 대한 학대와 그의 죽음을 통해서만 해소될 수 있는 그 분노에 기반을 두고 있는 것처럼 보인다. 심지어 더 진보적인 형태의 속죄론에서조차 다른 이들을 구원하기 위해 고통당하고 죽는 것을 받아들였던 예수의 자발성은 아버지 ― 우리에게 무엇이 최선인지를 아는, 사랑으로 가득한 ― 에게 복종하며 침묵 속에서 고통을 참으라고 우리에게 가르친다.[17] 캐런은 이런 종류의 하나님을 잘 안다. 그녀는 아버지에게서 시작되어 모든 남성, 마지막에는 남성이신 하나님에 이르는 권위의 계보를 배워왔기 때문이다. 그녀는 정의의 하나님, 사랑의 하나님과 진정한 관계를 맺는 데 몹시 어려움을 겪었다. 치료를 받는 동안, 그녀는 자신을 받아들여주고 자신에게 새로운 하나님의 상징을 선사할 수 있는 사람들로 구성된 작은 공동체를 발견했다. 여성에게 자행되는 성학대에 관한 페미니스트의 연구가 점차 사회적으로 큰 영향을 미치게 되면서, 캐런은 자신의 용기를 공개적으로 말할 수 있다는 용기와 희망을 키울 수 있었다.

캐런이 나와 서신을 왕래하는 이유 중 하나는 하나님, 즉 그녀가 자신의 삶에서 내적 진리와 희망을 찾을 수 있도록 돕는 하나님의 이미지를 발견하기 위함이다. 그녀가 순수한 종교적 믿음을 발견할 수 있는가의 여부는 하나님에 관한

---

17 Joanne Carlson Brown and Carole R. Bohn, eds., *Christianity, Patriarchy, and Abuse: A Feminist Critique*(Cleveland: Pilgrim Press, 1989); Ronald Goetz, "God's Plan to Kill Jesus," *Christian Century*(April 11, 1990): p.363.

기본적 인식을 기꺼이 새롭게 고칠 수 있는 기독교 공동체를 그녀가 발견할 수 있는가에 달려 있다.

이 장에서 나는 인식론적인 지식 탐구에서 비판적 이론이 어떻게 활용되는지를 묘사하고 설명하려 한다. 사람과 사회는 너무나 악독한 방식으로 진실을 왜곡하기 때문에, 우리는 비판적 이론을 이용해 조직적 왜곡을 폭로하고 억압된 진실을 해방시켜야 한다. 진실의 해방은 그것을 볼 수 있는 사람에 의해서만 가능하다. 목회신학의 과제는 함구된 진실의 목소리를 들음으로써 정의와 자비가 모든 피조물에게 미치도록 하는 것이다.

목회신학의 목적 중 하나는 하나님과 인간 경험의 관계, 우리를 해방의 행위로 인도하는 그 관계를 정의하는 것이다. 이것은 내 신학적 방법론을 설명해준다. 이는 희망의 경험을 악, 고통과 대조하는 것에서 시작한다. 이러한 대조는 비판적 이론을 사용해 경험과 문화를 분석하게 한다. 이것을 통해 건설적인 종교의 해석이 가능케 된다.[18] 진실에 관한 우리의 연구를 통해, 우리는 어떤 보편적인 개념을 만들어낼 수 있는가? 진실의 본질, 즉 하나님의 본성에 관해 우리는 어떤 증언을 할 수 있는가?

나는 아래에 나올 진술들이 이중적인 성격을 지녔음을 알고 있다. 때로 이것들은 인간의 깊이 있는 경험, 즉 고백의 경험을 일반화한 것들에 대한 경험적인 연구에 기반을 두고 있다. 또 어떤 의미에서 앞으로의 서술은 내가 최초로 설정했던 가설들의 반복이라 할 수 있다. 나는 이것들이 진실이라 믿어 의심치 않는다. 우리의 연구는 우리가 언제나 강하게 느껴왔던 어떤 확신을 재확인하며 우

---

18 James N. Poling and Donald Miller, *Foundations for Practical Theology of Ministry*(Nashville: Abingdon Press, 1985).

리를 원점으로 이끌 것이다. 진실의 속성에 관해 내 신학적 주장은 다음과 같다.

첫째, 진리는 서사적(敍事的) 구조를 갖는다. 알프레도 노스 화이트헤드(Alfred North Whitehead)는, 과거에 있었던 실제 세계의 인과적 효과가 축적되면서 최초의 경험이 형성된다고 했다. 우리의 정체성은 주로 과거의 일을 통해 형성된다.[19] 우리가 이해하는 과거는 우리가 미래를 세우는 재료가 된다. 이는 기억이 정체성과 자유의 중심이라는 뜻이다. 과거를 온전히 기억하는 한, 우리는 자유로운 존재가 될 수 있다. 억압되거나 무의식의 영역에 남아 있는 과거의 기억도 인과적 효과를 남길 수는 있지만, 그것만으로는 재구성으로 이어질 가능성이 거의 없다.[20]

캐런의 정체성은 근친상간과 강간의 경험 속에서 형성되었다. 그녀가 인간으로서 누려야 했던 자유는, 그녀가 자신의 트라우마를 기억해내고 새로운 인간관계와 공동체를 통해 치유를 얻을 때까지 극도로 제약되었다. 그녀가 과거를 이용할 수 있게 되기 전까지 과거는 그녀에 대한 속박이었다. 다른 말로 표현하면, 그녀가 스스로를 안정적인 중산층 가정의 건강한 일원으로 여기는 한, 그리고 그녀가 사회에 잘 적응한 성인으로서 연기하는 한, 그녀의 삶에 관한 공식적인 서사는 거짓인 것이다. 이 서사는 그녀의 축적된 과거의 진실 — 거짓과 왜곡을 포함해 — 을 인식함으로써 해체해야 한다. 거짓 서사의 신화성을 제거하고 희망을 강화시켰을 때, 캐런은 한층 바람직한 서사를 세울 자유를 얻을 수 있었다.

모든 사람과 모든 단체는 이야기를 통해 그 정체성을 만들어낸다. 그러나 이

---

19 Alfred North Whitehead, *Process and Reality*(New York: Free Press, 1978).

20 기억과 치유에 관한 논의에 대해서는 다음의 글을 볼 것. Daniel Day Williams, "Suffering and Being in Empirical Theology," in *The Future of Empirical Theology*, ed. Bernard Meland (Chicago: University of Chicago Press, 1969), p.185.

야기 그 자체는 과거를 공식적으로만 해석하는 경향이 있다. 이야기는 지배층의 이데올로기적 제약이 선호하는 방식에 따라 부분적으로 정체성을 왜곡한다. 사람들은 대개 숨겨진 부분을 증언할 수 없다. 이것이 억압된 이들의 목소리에 귀를 기울여야 하는 이유 중 하나이다. 많은 경우 그들은 숨겨진 이야기, 한 공동체의 온전한 정체성을 파악하기 위해 반드시 알아야만 하는 이야기를 들려준다.

목회신학의 연구는 서사를 해체하고 재구성하는 과정에 기반을 둔다. 서사는 과거의 누적된 효과가 어떻게 현재의 직접성을 구성했는가에 대한 해석이다. 부적합한 이야기는 현재의 구조를 왜곡하며 진실을 어떻게 인식하고 거기에 어떻게 반응할 것인가에 영향을 끼친다. 범죄자가 범죄를 저지른 직후에 증언한 사건의 내용이 몇 년간 심리 치료를 받은 이후에 증언한, 즉 재구성된 내용과 다른 것이 그 예이다. 내적 대상 세계의 구조는 자기보고(自己報告)가 아니라 전이의 분석을 통해 드러난다. 대상 세계에 대해 더 진실한 상을 보여주는 서사야말로 더 진실한 서사이다.[21]

신학적으로 볼 때, 하나님은 이야기이다. 그 안에는 우리 모두를 아우르는 깊이 있는 서사가 자리 잡고 있으며, 우리 모두의 이야기가 연결되어 있다. 인간의 영혼은 그 자아의 이야기가 거룩한 생명의 위대한 이야기와 합치되는 것을 지향한다. 우리는 우리의 이야기가 거짓이 아닌 진실이기를 바란다. 그러나 우리는 '아무 것도 아닌 존재'가 되지 않으려고 우리 자신이 방어적으로 만들어낸 거짓 이야기가 삶의 깊은 진실에 의해 파괴되는 것 또한 두려워한다. 하나님을 이해하는 한 가지 방법은 우리의 개인적·집단적 이야기들을 숙고하는 것이다.

---

21 목회신학에서 말하는 이야기에 관한 논의는 다음의 글을 볼 것. Charles Gerkin, *The Living Human Document*(Nashville: Abingdon Press, 1984); Gerkin, *Widening the Horizons*(Philadelphia: Westminster Press, 1986).

둘째, 진실은 관계망이다. 모든 것들이 철저하게 상호의존한다는 발상은 제국주의적 자아와 고립된 객체라는 데카르트적 세계의 기본적 패러다임을 바꾸는데 기초가 된다. 이 옛 패러다임은 내적 관계를 문제시했지만, 화이트헤드는 경험 그 자체가 관계적·사회적이라고 보았다.[22] 모든 존재는 상호의존의 망, 즉 그물 안에 있다. 우리의 경험은 현실이라는 그물의 경험이며, 그물에 대한 우리 각자의 반응은 장래에 그것이 어떤 성향을 띨 것인지에 영향을 준다.[23]

그물은 우리가 매일같이 다른 사람, 그중에서도 특히 깊은 정서적 애착을 느끼는 사람과 상호작용을 하며 구축하는 인간관계의 세계를 포함한다. 그 그물은 행실과 행동에 한계를 정하는 권력을 가진 제도를 포함한다. 그물은 언어의 구조와 인식과 정체성을 결정하는 구조화된 이데올로기들을 포함한다. 하나님은 관계적 망[24], 즉 특정한 시간대에 존재하는 모든 것들의 총합이다. 우리 안에 하나님이라는 그물이 있고 그 그물 안에 우리가 있기 때문에, 실제 세계에 존재하는 모든 것과 마찬가지로 우리의 경험 역시 하나님의 성육신이다.

우리는 관계의 망을 어떻게 연구하는가? 우리는 복잡한 내적 관계를 어떻게 이해하는가? 우리는 어떻게 생명이 일어나는 맥락을 전체적으로 보면서 그것을 말로 표현할 수 있을까? 경험주의 원리[25]는 하나님인 그 그물을 돌보는 것을 의미한다. 이 그물은 전의식(前意識)의 영역에서 우리에게 영향을 준다. 우리가 의

---

22 Whitehead, *Process and Reality*.

23 Bernald Loomer는 존재의 관계적 속성에 관한 가장 훌륭한 논의 중의 하나를 제시했다. 다음 자료를 볼 것. Dean and Axel, eds., *The Size of God*, 31ff.

24 같은 책, p.20. "이러한 분석의 관점에서, 온전한 하나님은 갈등하고, 불완전하며, 미완성된, 그리고 진화하는 우리의 구체적이며 상호 연결된 사회적 망의 총체와 동일시된다." p.40.

25 James Poling, "Empirical Theology" in *Dictionary of Pastoral Care and Counseling*(Nashville: Abingdon Press, 1990), pp.356~358.

식적일 때, 우리는 그물 역시 의식할 수 있게 된다.

관계의 망은 젠더, 계급, 인종, 성별에 관한 이슈를 둘러싸고 있는 이데올로기들의 가능성과 한계를 아우른다. 이러한 이데올로기들이 비판적으로 검토되지 않는다면, 이것들은 신학자들이 모르는 사이에 신학의 규범적 지평에 큰 영향을 끼칠 것이다. 연구를 담는 '그릇'은 인간 삶과 관계의 본질에 관한 특정한 규범적 가설들을 통해 정치적으로 형성되기 때문이다. 현실의 왜곡이 비판적으로 검증되고 고쳐지지 않을 경우, 왜곡된 것들은 악으로서 항상 우리 곁에 머물게 될 것이다. 그러나 관계적 망은 희망의 원천이기도 하다. 우리의 상호의존성과 그 내재적인 가치들은 우리가 서로에게 자비롭도록 만들고 거기에서 생기는 희망은 우리를 자유롭게 한다. 하나님을 이해하는 한 가지 방법은 우리의 삶에 내재된 관계를 숙고하는 것이다.

셋째, 진실은 직접성의 과정이다. 화이트헤드는 자신의 관점을 '과정 철학'이라 칭하며 이를 인간 경험과 본질에 관한 기존의 관점과 구별했다. 우리는 이러한 관점이 우리의 의식 내부에서 일으키는 혁명을 이해하기 위해 노력하고 있다. 버나드 멜랜드(Bernard Meland)는 이 과정의 움직임을 '생동적 직접성'이라 부른다.[26] 임상 연구는 무의식적 과정을 세세하게 돌보고, 그 순간에 일어나고 있는 것을 적절한 타이밍에 진실하게 해석해주면서 치료적인 관계를 특별히 돌보는 일이다. 직접성의 그런 과정은 오직 관계, 임상적 용어로 전이와 역전이라 알려진 관계의 분석을 통해서만 알 수 있다. 직접성의 과정을 분석한다는 것은 그 순간 하나님의 움직임을 돌본다는 것을 의미한다. 인간 영혼의 창조적 충동은 거룩한 충동이다. 거기에는 개체에서 개체로, 사건에서 사건으로 흐르는 에너지가

---

26 Meland, *Future of Empirical Theology*, p.13, 297.

있다. 모든 사건은 에너지의 이 흐름 속에서 상호 연결되어 있으며, 이 에너지는 자신의 생명을 미래로 넘겨준다. 과정이 어떻게 움직이는가를 결정하는 그 중심에는 자유의 순간과 새로움의 순간이 있다.

과거의 트라우마 때문에, 캐런은 자신 삶의 생동적 직접성에 참여할 수 없었다. 그녀는 그녀를 지켜주고 그녀와 공감할 수 있는 다른 영혼들의 존재와 함께할 필요가 있었다. 그녀가 이러한 관계들을 신뢰했을 때, 그녀는 자신의 경험을 신뢰할 수 있는 힘을 터득했다. 나는 그녀와 대화를 나누면서 그녀로부터 큰 영향을 받았다. 그녀는 우리의 관계에 존재하는 진실에 훨씬 더 경각심을 가지라고 나에게 가르쳐주었다.

하나님은 생동적 직접성의 과정이다. 우리의 영적인 경험의 내적 운동 안에서, 과거의 기억 안에서, 다른 사람 또는 공동체와의 상호작용 안에서 하나님은 존재한다. 이것이 바로 성육신 신학(incarnation theology)이다.

우리는 어떻게 사건의 직접성 속에서 벌어지는 과정의 흐름을 다루는가? 어떤 식으로 다룰 필요가 있는가?[27] 그것이 전의식적 또는 무의식적일 때, 우리는 어떻게 그 과정을 다루는가? 로버트 랭(Robert Langs)은 치료사와 환자가 허위에 근거를 둔 관계를 구축하기 위해 공모하는 '거짓 치유'에 대해 말한다. '진실 치유'의 기초는 직접성 속에서 발생하는 과정의 흐름을 해석하는 것에 전념하는 것이다. 과정에 관한 정확한 해석과 공감이야말로 모든 종류의 치료의 토대라 할 수 있다.[28] 하나님을 알 수 있는 한 가지 방법은 우리 경험의 생동적 직접성에 관

---

27 Bernard Meland, "Can Empirical Theology Learn from Phenomenology?" in *The Future of Empirical Theology*. 296쪽에 나오는 '감사의 의식'에 관한 그의 논의와 297쪽에서 언급된 '직접성과 근본 원리 간의 교류'를 볼 것.

28 Robert Langs, *Psychotherapy: A Basic Text*(New York: Jason Aronson, 1983), pp.718~719.

해 숙고하는 것이다.

요약하면, 내 목회신학은 인간 경험의 본질과 하나님과 우리의 관계의 본질에 관한 세 가지 가설에 기초를 둔다. 진실은 서사이다. 진실은 관계적 망이다. 진실은 직접성의 과정이다. 이는 인식론의 세 번째 원리, 즉 목회신학의 연구에서는 하나님과 세상에 관한 개인의 기본적인 가설을 인식하는 것이 필요하다는 사실을 보여준다.

나는 목회신학이 실증적·개인적 인식론에 기초를 둔다고 믿는다. 우리는 경험의 깊이를 실증적으로 다룸으로써, 또 관계의 망 안에서 진실에 대해 어떤 개인적 관계를 맺는지 정직하게 성찰함으로써 진리를 알 수 있다. 나는 내 임상 목회의 몇 가지 측면들을 공유했다. 나는 성학대의 희생자와 가해자들을 위하는 치료사로서의 책무를 다하기 위해 내 신학을 근본적으로 바꾸었다. 나는 극단의 고통과 악의 경험 속에서 회복의 희망을 만났다. 사회에 순응하며 스스로의 감정을 마비시키려 했던 내 성향들은 일부나마 극복되었다. 나는 과거 그 어느 때보다도 교회와 사회를 더 심도 있게, 더 근본적으로 비판할 수 있게 되었다.

선함보다는 악함 속에서 살던 사람들의 삶이 변화되는 회복의 희망을 경험할 때 나 자신의 삶도 변화했다. 나는 사랑과 권능의 하나님을 믿는다는 것이 무엇인지 조금이나마 알게 되었다. 이 하나님은 세상 자체와 완벽하게 동일시되며, 이러한 하나님에게 악과 선에 관한 우리의 일상적 구분은 적용되지 않는다. 이 세상의 악한 것들은 선한 것들과 마찬가지로 하나님의 일부이다. 하지만 그런 극심한 모호성 가운데에는 회복의 희망, 아름다움을 향한 억압될 수 없는 지향이 자리 잡고 있다. 가장 끔찍한 악 속에서도, 하나님의 회복의 희망은 끊임없이 작동한다. 이것이 노예, 홀로코스트의 생존자, 그리고 아동 학대의 희생자의 증언이 아주 중요한 이유이다. 그들은 선과 악에 관한 진실을 알고 있다. 그들은 현실의 가운데에 결코 악에 의해 파괴되지 않는 희망이 있다는 것을 알고 있다. 우리처럼 사회적 특권을 누리는 이들은 지나치게 사회화되어 있고 우리 자신의 악과 고통에도 무감하기 때문에 그러한 희망을 발견하기가 몹시 어렵다. 우리는 밑바닥에서 선 그 자체의 원천을 발견했던 이들과 우리 자신을 함께 놓아야 한다. 목회신학의 과업은 입막음 당한 진실의 목소리를 듣는 것이다. 이데올로기와 종교의 파괴적 힘에 대항하기 위해서는 진실의 목소리에 귀 기울여야 한다. 이것이 정의를 위한 목회신학의 과업이자 우리가 추구해야 할 지식이다.

제**10**장

진실 말하기:
성폭력과 가정 폭력에 대한 설교[1]

이 장은 여성과 아동에게 이루어지는 남성 폭력의 상황에서 예배가 어떤 목회적 돌봄의 측면을 갖는지를 다루는 것으로 시작하겠다. 나는 이를 통해 설교의 신학적 해석학, 성경 말씀의 이용, 남성 폭력이 심각하게 받아들여질 때 나타나는 몇 가지의 신학적·윤리적 문제와 같은 주제를 다루려 한다. 제8장에서는 나는 생존자들이 최근에 쓴 찬송가 몇 가지를 소개했다. 이것들은 예식적인 중요성을 갖는 동시에 개인적·공적 예배를 위한 자원을 제공한다. 제11장에서는 용서에 관한 설교의 예시를 소개하며, 강단에 선 목사가 남성 폭력을 다루는 실용적인 방법을 제시할 것이다. 제12장에서는 폭력을 휘두른 남성을 위한 치유 봉

---

1 이 글의 원본은 다음과 같다. "Preaching to Perpetrators of Violence," in *Telling the Truth: Preaching about Sexual and Domestic Violence*, ed. John S. McClure and Nancy Ramsay(Cleveland: United Church Press, 1999), pp.71~82

사가 어떤 형식으로 이루어져야 하는지의 문제로 고민하는 한 지역 목사를 소개하겠다. 비록 이 장들은 모두 교회에서의 예배 생활에 관한 논의를 시작할 뿐이지만, 이러한 개혁들이 어떻게 이행될 수 있는지 신중하게 고민하는 것은 중요한 일이다.

조지(George)가 십대인 딸을 성적으로 학대한 일로 체포되었을 때, 그는 몹시 후회했으며 하나님과 교회의 용서를 간구했다. 하지만 내가 그에게 용서의 의미가 무엇이라 생각하느냐고 물었을 때, 그는 대답하지 못했다. 성인이 되고난 이래 언제나 신실한 교회 구성원이었던 그는 죄악과 용서에 관한 설교를 들어왔고, 성찬식 전에 이루어지는 고해성사에도 열심히 참여했다. 그러나 그는 집 안에서 벌어지는 성폭력과 가정 폭력이 구원을 얻기 전에 하나님 앞에서 고백해야 할 죄악이라고 가르치는 설교는 한 번도 들은 적이 없었다. 체포된 후, 친구들과 교회 구성원들은 그를 피했다. 그는 자신이 거부당하고 있다고 생각했고 외로움을 느꼈다. 그는 이 인생의 위기에서 자신을 도와줄 영적 자원을 어디서 구할 수 있는지를 알지 못했다. 한편, 그는 교회와의 친교를 회복함으로써 자신이 저지른 모든 악의 결과에 대한 책임을 회피하려 했다. 다른 한편으로, 그는 영적인 재생의 길을 제시해주는 진정한 정의와 은혜의 말씀을 들을 필요가 있었다.

조지와 같은 사람과 만나는 일은 다음의 문제를 일깨워준다. 복음의 설교자들은 마치 교인들 사이에 폭력의 생존자와 가해자가 전혀 없는 것처럼 설교를 해왔다. 그래서 가정에서 폭력을 경험한 이들은 자신들에게 필요한 설교를 듣지 못했다. 생존자와 가해자들은 모든 교인들이 연루된 문제인 가정 폭력에 관한 명확한 윤리적 지침을 듣지 못했던 것이다. 문제를 바로 잡기 위해서는, 교인들 사이에 가정 폭력의 생존자와 희생자가 반드시 존재한다는 것, 하나님은 폭력을 싫어한다는 것, 따라서 약자를 보호해야 한다는 것을 깨달아야 한다. 하지만 가해자와 생존자 중 누구도 고백과 회개의 구원적 가치와 안전이 확립되고 폭력이 중지된 후 시작될 새로운 인생의 가능성에 관해 듣지 못했다. 그래서 가족은 그들의 문제를 숨기며, 외부의 사람들 역시 그 문제를 무시해주길 바라왔다. 하지만 가해자와 생존자가 자신의 죄악을 고백하기 위해 무엇이 필요한지, 어떻게 교회 안에서 진정으로 온전한 친교를 회복할 것인지를 아는 것은 중요한 일이다.

폭력의 가해자를 위한 설교의 원칙들

성폭력과 가정 폭력에 관한 설교에서 지켜야 할 원칙들은 단순하다.

1. 추가적인 학대로부터 약자를 보호하기(환대).
2. 학대자에게 책임을 요구하기(대면, 고백, 회개).
3. 가능하다면 피해자와 가해자 간의 관계를 회복하기. 많은 경우 이 회복은 불가능하다. 피해는 너무 크고, 상처는 너무 깊으며, 변화의 요구에 대한 학대자의 저항은 너무 격렬하기 때문이다. 이것이 가능하지 않다면, 그 관계의 상실을 애도하며 당사자들이 개별적으로 회복할 수 있도록 돕기(비탄에 빠진 이에 대한 위로).[2]

교회는 역사적으로 오랫동안 가정 폭력에 침묵하며 공모해왔기 때문에, 이 문제에 관한 설교의 실천은 복잡하다. 이 장에서 나는 폭력의 생존자와 가해자를

---

2 Carol J. Adams and Marie M. Fortune, eds., *Violence against Women and Children: A Christian Theological Sourcebook*(New York: Continuum, 1995), p.458.

포함한 하나님의 사람 모두에게 복음의 말씀을 설파하고자 하는 설교자가 직면하게 되는 몇 가지의 어려움을 살펴볼 것이다. 먼저 나는 이 문제를 야기한 일부 역사적 이슈들을 논의할 것이다. 그 뒤 몇 가지의 해석학적 원칙들을 재검토하고, 교인들 가운데 가해자가 있다는 경각심 속에서 재해석될 필요가 있는 신약의 말씀들을 살펴볼 것이다.

지배에 대한 설교의 역사

가정 폭력에 대해 설교하기 위해, 우리는 다음과 같은 질문을 해야 한다. 왜 사람들은 다른 사람에게 폭력을 휘두르는가? 그리고 이런 폭력으로 고통 받게 될 이들에게는 어떤 결과가 초래되는가? 나는 연구 끝에 이 질문들의 답이 복잡하다는 결론을 내렸다. 〈깨진 맹세(Broken Vows)〉3에 나온 빅토르 루이스(Victor Lewis)에 따르면, 많은 남성은 자신에게 여성을 소유하고 통제할 자격이 있다고 생각한다. 또한 많은 부모가 자녀를 완벽하게 통제하려 들며, 이때 그들은 이 권력을 행사하기 위해 서슴지 않고 폭력을 사용한다. 이렇듯 사람들이 자신에게 타인을 학대할 자격이 있다고 생각하게 된 데에는 매우 오랜 기원이 있다. 퍼트리샤 힐 콜린스(Patricia Hill Collins)와 같은 학자는 타인을 소유하고 폭력을 통해 그 권리를 행사하는 행동이 미국에서 300여 년이 넘도록 지속되었던 노예제와 여성에 대한 억압에 그 뿌리를 두고 있다고 주장했다.4 나는 특히 인간을 소유하

---

3 *Broken Vows*는 가정 폭력의 예방을 위한 만들어진 영상물이다(Seattle: Center for the Prevention of Sexual and Domestic Violence, 1995).

4 Patricia Hill Collins, *Black Feminist Thought: Knowledge, Consciousness, and the Politics of*

는 것이 합법적이고, 그 권리를 행사하기 위해서는 폭력을 사용할 수도 있다는 주장이 형성되는 데 종교가 어떤 도움을 주었는가에 관심을 가지고 있다.[5] 우리는 미국의 노예제하에서 노예 여성과 아동에 대한 신체적 폭력뿐 아니라 성폭력도 이루어졌음을 알고 있다. 우리는 300년 동안 공식적으로 인간을 소유하고 학대할 것을 조장했던 나라, 종교 지도자와 신학자들까지도 이러한 정책과 실행을 지지했던 나라에 살고 있다.

『검은 그리스도(The Black Christ)』에서 켈리 브라운 더글라스(Kelly Brown Douglas)는 인간을 소유하는 것이 어떻게 종교적으로 정당화되었는가를 묻는다. 그녀는 예수의 의미를 영적인 것으로 만듦으로써, 즉 세속적인 것과는 무관한 것으로 만듦으로써 그것이 가능했다고 답한다. "복음주의자들은 기독교의 자유와 평등이라는 주제를 영적인 것으로 만들어버릴 수 있었다. …… 예수의 구원은 역사 안에서 자유와 아무런 관련이 없어진 것이다."[6] 예를 들면, 노예들이 세례를 받기 전 그들에게는 다음과 같은 명령이 내려졌다.

당신은 하나님과 교인들 앞에서 선언하라. 당신이 살아 있는 동안 당신이 충성하고 있는 주인에 대한 의무와 복종으로부터 스스로를 자유롭게 할 의도로 세례를 요청하지 않겠노라고. 오직 자신의 영혼의 선을 위해, 그리고 예수 그리스도의 교회의 구성원들에게 약속된 은혜와 축복에 동참하기 위해서만 세례를 받겠노라고.[7]

Empowerment(New York: Routledge, 1990).

5 이 부분의 이슈에 관한 더 깊이 있는 논의는 다음의 책을 볼 것. James Newtown Poling, *Deliver Us from Evil: Resisting Racial and gender Oppression*(Minneapolis: Fortress Press, 1996), pp.136~148.

6 Kelly Brown Douglas, *The Black Christ*(Maryknoll, N. Y.: Orbis Books, 1994, 1994), p.15.

7 같은 책, p.17.

예수 그리스도를 향한 세례의 전제조건으로 이러한 맹세를 강요함으로써, 목사들은 다른 기독교인들이 인간을 노예화하고 소유하기 위해 자행하는 신체적·성적 폭력을 정당화했다. 그들은 기독교적 자유가 다음 생에만 영향을 미치는 은총의 상태이며, 이는 현생에서 폭력으로부터 자유로운 것과는 무관하다고 말했다. 이처럼 복음을 영적인 것으로 만들어버리는 일은 미국에서 300년 동안 노예제에 찬동하고 이를 영구화하는 폭력에 일조했다.

리긴스 얼(Riggins Earl)에 의하면, 노예제를 정당화했던 이들의 악에도 모든 인류를 향한 예수의 자비의 정신이 살아 숨 쉬는 것은 역사 속에서 하나님이 행사하는 기적이다. 저항 중인 노예 공동체가 만연한 악의 가운데에서 어떻게 예수를 고백할 수 있었을까? 예수의 존재에 대한 그들 자신의 종교적 경험을 믿음으로써, 그들의 한계를 규정한 거짓들을 배격함으로써, 회심한 노예들은 악에 저항했고 예수 그리스도 안에서 사랑과 권능의 하나님을 고백했다. 그 과정 속에서 그들은 지배로부터의 자유라는 내면의 소중한 영적인 장소를, 악으로부터의 성역을 발견했다.[8]

재클린 그랜트(Jacquelyn Grant)와 델로리스 윌리엄스(Delores Williams), 그리고 다른 우머니스트 및 페미니스트 신학자들은 노예제, 인종차별, 폭력에 대한 아프리카계 미국인의 긴 저항의 역사를 명확하게 제시했다. 재클린 그랜트는 노예제와 가정 내에서 예속되었던 흑인 여성들의 역사 때문에라도 우리가 사용하는 하인 언어(servanthood language)를 재고해야 한다고 말한다.[9] 델로리스 윌리

8 Riggins Earl, Jr., *Dark Symbol, Obscure Signs: God, Self, and Community in the Slave Mind*(Maryknoll, N. Y.: Orbis Books, 1993), p.52.

9 Jacquelyn Grant, in *Reconstructing the Christ Symbol: Essays in Feminism Christology*, ed. Maryanne Stevens, (New York: Paulist Press, 1993). Jacquelyn Grant, *White Women's Christ*

엄스 역시 미국에서 흑인 여성에게 강요되었던 씨받이(노예 재생산을 위함 — 옮긴이 주)의 역사 때문에, 대리모에 기초한 우리의 속죄 이론을 재고해야 한다고 말한다.[10]

유럽계 미국 여성에게 가해진 억압에 관해서도 유사한 이야기가 있다. 빅토리아 시대에 추구되었던 '진정한 여성다움'은 경건, 순결, 복종, 가정적인 성품을 강조했는데, 이 모든 것은 남성의 재산권을 정당화했다.[11] 19세기 남성에 대한 여성의 복종과 이러한 억압을 강제하기 위한 폭력을 정당화하는 논의의 선두에 섰던 이들은 바로 기독교 신학자들이었다. 1848년 발표된 여성 인권 선언은 여성이 투표할 수도, 재산을 소유할 수도, 자녀에 대한 양육권을 행사할 수도, 술 취한 남편으로부터 스스로를 보호할 수도 없는 현실에 대한 저항이었다. 리타 나카시마 브록(Rita Nakashima Brock)은 진정한 여성다움 등을 숭배하는 순결의 교리에 의문을 던진다. 그에 따르면, 이것은 남성이 실재하는 악이 폭로되는 것으로부터 스스로를 보호하기 위해 예수의 이름으로 꾸며낸 교리라는 것이다.[12]

이렇게 간략하게 살펴보는 것만으로도 우리는 오랜 역사 동안 인간이 재산으로서 소유될 수 있으며, 이러한 인간에 대한 소유권은 폭력을 통해 강제될 수 있다는 사상이 신학적으로 정당화되어왔음을 알 수 있다. 거다 러너(Gerda Lerner)의 말과 같이, 우리는 아주 오래된 전통을 뒤집으려고 한다.[13] 공정함을 기하기

and Black Women's Jesus: Feminist Christology and Womanist Response(Atlanta: Scholars Press, 1989).

10 Delores, Williams, *Sister in the Wilderness: The Challenge of Womanist God-Talk*(Maryknoll, N. Y.: Orbis Books, 1993), p.164.

11 Hazel Carby, *Reconstructing Womanhood*(New York: Oxford University Press, 1987), p.25.

12 Rita Nakashima Brock, in Stevens, *Reconstructing*. Rita Nakashima Brock, *Journey By Heart: A Christology of Erotic Power*(New York: Crossroad, 1988)도 참고할 것.

위해, 나는 개인 인권에 관한 진보적 견해가 그 기저에 깔린 미국의 백인 우월주의와 남성 지배의 이데올로기를 변화시키지는 못했다고 말하겠다. 많은 저자들이 강조했듯, 인권 투쟁은 여기에서 더 나아가야 한다.

생존자와 가해자들을 만나는 일을 한 덕분에, 나는 우리 목사들이 지금보다 더 많은 일을 해야 한다는 것을 알게 되었다. 우선 즉각적으로, 우리는 여성을 보호하기 위한 대피소와 사법 체계를 구축하는 정의로운 작업의 중대성을 인지하고 그것을 지지해야 한다. 하지만 장기적으로 볼 때 결정적으로 중요한 것은 기독교 신학을 재구성하고 이를 통해 우리의 설교를 변화시키는 일이다.[14]

의심과 고백의 해석학[15]

해석학적 방법론의 관점에서, 나는 인간이 순수한 복음 ― 역사와 사회적 위치로 인해 왜곡되지 않은 ― 에 접근할 수 없다는 전제와 함께 출발한다. 비록 '역사적 예수'를 복원하려는 노력을 통해 1세기 농부의 모습에 대한 묘사가 역사 속에서 논의되던 그리스도와 일치하지 않는다는 것을 입증하는 데 도움을 준다 할지라도, 이러한 연구의 결과는 오늘날의 기독교 집단 간의 갈등을 해결하는 데 도움을 주지 못한다.[16] 심지어 보수적 교단의 교리조차 성서는 '정확하게 설명되어야'

---

13 Gerda Lerner, *The Creation of Feminist Consciousness: From the Middle age to 1870*(New York: Oxford University Press, 1993).

14 James Newton Poling, *The Abuse of Power: A Theological Problem*(Nashville: Abingdon Press, 1991).

15 Poling, Deliver Us form Evil, pp.148~155.

16 John Dominic Crossan, *Jesus: A Revolutionary Biography*(San Francisco: HarperSanFrancisco,

하고(디모데후서 2장 15절), 성령에 의해서 해석되어야 한다고 가르친다.[17] 역사적 연구가 중요한 이유는, 교회로 하여금 구전 전승에서 시작되어 성경의 모든 판본과 그 해석에서 지속되어온 왜곡을 벗겨내지 않을 수 없게끔 만들기 때문이다.[18] 진실을 연구하는 것은 예수에 관한 모든 거짓을 파괴하기 위해 중요한 작업이다. 그러므로 우리는 기독교 집단들이 복음을 그들 자신의 특권과 권력을 위해 오용하려 할 때 의심의 해석학을 견지하고 그에 대응해야 한다.

내 방법론은 또한 영적인 힘인 예수가 하나님에게 신실한 이들에게 힘을 실어 준다는 고백의 해석학에 기반을 두고 있다. 예수의 사랑과 권능은 거대한 악과 불의 앞에서 생존과 자유를 위해 투쟁하는 사람들 가운데 살아 있다. 교회 지도자들은 성서 속 예수의 정신에 동조하며 복음을 전파하라고 부름을 받은 자들이다. 저 옛날 이 세상을 살다가 죽은 뒤 부활했던 예수는, 약한 자에 대한 폭력이 저항에 부딪힐 때마다 다시 살다가 죽은 뒤 부활한다. 이 현실 속에서 예수를 보는 법을 배우는 것은 성서 속에서 고통 받는 이들의 친구라고 선포된 예수에게 신실해지는 방법이다.

실제로는 성경을 해석하기 위한 방법을 규정하는 과정에서 의심의 해석학과 고백의 해석학은 동시에 작동한다. 우리는 예수의 이름을 부르짖으며 지배와 악

1994); Burton L. Mack, *The Lost Gospel: The Book of Q and Christian Origins*(San Francisco: HarperSanFrancisco, 1993): William Herzog II, *Parables as Subversive Speech: Jesus as Pedagogue of the Oppressed*(Louisville: Westminster Press, 1994).

17 The Westminster Confession of Faith(1647), *The Book of Confessions*(Louisville: Presbyterian Church USA), 6.010.

18 Itumeleng T. Mosala, *Biblical Hermeneutics and Black Theology in South Africa*(Grand Rapids, Mich.: Eerdmans, 1989); Cain Hope Felder, ed., *Stony the Road We Trod: African American Biblical Interpretation*(Minneapolis: Fortress Press, 1991); Elizabeth Schüssler Fiorenza, *Bread Not Stone: The Challenge of Feminist Biblical Interpretation*(Boston: Beacon, 1984).

의 시스템을 만들기 위한 권력을 요구하는 모든 개인과 단체를 의심해야 한다. "나더러 '주여, 주여' 하는 자마다 천국에 다 들어갈 것이 아니요, 다만 하늘에 계신 내 아버지의 뜻대로 행하는 자라야 들어가리라"(마태복음 7장 21절). 우리는 또한 종교적으로 신실한 이들, 예수에 의해 해방되고 힘을 부여받은 이들의 고백을 들어야 한다. 의심과 고백 사이에서 건강한 균형을 발견하는 것은 몹시 어려운 일이지만 말이다.

우머니스트 신약 학자인 클라리스 마틴(Clarice Martin)은 진리의 해석학과 결과의 해석학을 구분하면서, 이 양자 간의 긴장을 언급한다.

'해석학'은 단순히 한 구절이나 말씀의 '정확한 의미'를 결정하기 위해 추구하는 인지적 과정도, 그 자체만으로 의미가 확정된 진실과 보편성에 의문을 제기하며 숨겨진 뜻을 파헤치는 학문도 아니다. 해석 작업에서 근본적으로 중요한 것은 해석자가 설정한 목표의 성향, 주어진 해석이 그 문헌에 관심을 가진 이들의 공동체에 줄 영향, 문화적 가치·사회적 적실성·윤리에 관한 질문들이다.[19]

마틴은 『해석학의 책임(The Responsibility of Hermeneutics)』을 인용한다. "해석학에서는 어떤 해석의 '진실성'뿐 아니라 그 영향, 즉 인간이 자신의 목표와 행동을 형성할 때 해석과 해석 방법이 미치는 영향 역시 중요하다."[20] 이러한 형태

---

19 Clarice J. Martin, "Black Theodicy and Black Women's Spiritual Autobiography," in *A Troubling in My Soul: Womanist Perspectives on Evil and Suffering*, ed. Emilie M. Townes(Maryknoll, N. Y.: Orbis Books, 1993), p.25.

20 Martin은 여기서 Roger Lunden Anthony Thistleton과 Clarence Wallhout의 *The Responsibility of Hermeneutics*(Grand Rapids, Mich.: Eerdmans, 1985), x, xi를 인용한다.

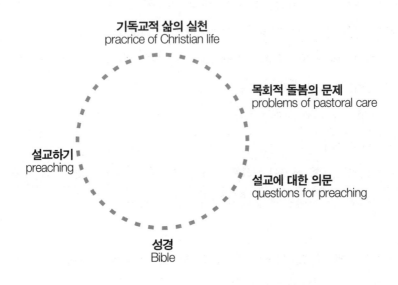

기독교적 삶의 실천
pracrice of Christian life

목회적 돌봄의 문제
problems of pastoral care

설교하기
preaching

설교에 대한 의문
questions for preaching

성경
Bible

의 해석학은 정경(正經)의 본문과 저항 공동체의 살아 숨 쉬는 신앙 및 경험 간의 리듬과 역동적인 상호작용을 포함한다. 성서만을 가지고 연구하는 것으로는 예수를 이해할 수 없기 때문에, 오늘날의 해석자는 예수에 대한 신앙으로 살아가는 저항 공동체에 빠져들어야 한다. 오늘날의 저항에 참여하지 않는다면, 과거 예수의 저항에 깃든 정신을 이해할 수 없다. 성경 속 예수의 진리는, 예수의 이름으로 계속되는 저항을 통해 드러난다.

　해석학적 순환은 달리 말하면 설교와 목회적 돌봄의 변증법이라 할 수 있다. 설교자는 복음을 성경의 진리로서 선포한다. 사람들은 자신이 목회적 돌봄을 행하면서 겪는 문제에 관해 설교자에게 질문한다. 이 관계는 원으로 그려볼 수 있을 것이다. 이 원 안에서 기독교적 삶을 실천하면서 목회적 돌봄에 문제가 생기면, 그것은 다시 설교에 대한 의문을 낳고, 이 의문은 성경을 연구하게 하며, 그 연구가 다시 기독교적 삶의 실천에 영향을 미친다. 목회적으로 돌보는 목사에게 사람들이 가지고 오는 질문은 그 사람이 특정한 역사적·사회적 맥락 안에서 설교된 복음을 따라 살려고 할 때 생기는 문제들과 질문인 것이다.

이러한 문제들 중 일부는 개인주의, 쾌락주의, 물질주의와 같이 기독교인들이 살고 있는 문화에 대한 비판이다. 기독교 공동체의 일원이 사랑, 정의, 성령에 따라서 살려 노력할 때, 그들은 문화와 갈등하게 된다. 이들의 혼란을 해소하고 복음에 따라 살겠다는 그 결의를 확고하게 하기 위해서는 목회적 돌봄이 필요하다. 목회적 돌봄에서 나타나는 또 다른 문제는 설교되는 복음에 대한 비판이다. 즉, 설교자의 복음은 우주를 창조하신 삼위일체의 하나님을 극히 부분적으로만 설명한다는 것이다. 어떤 형태로든 교회와 설교자가 세상에 맞추어준다면, 사람들이 복음대로 살려고 노력할 때 문제가 발생한다. 예를 들어 설교자가 가해자를 너무 빨리 용서함으로써 아이들과 다른 가족 구성원들을 위험에 빠뜨린다면, 그는 생존자에게 문제를 안겨준 것이다. 이 경우 설교는 세상의 구미에 맞추어 진정한 복음을 왜곡한다. 그래서 설교자와 목사는 문화에 관한 비판과 설교된 복음 ― 전체 복음과 구별되는 ― 에 관한 비판 모두를 들을 수 있어야 한다.

아동 학대를 포함한 성폭력과 가정 폭력은 ― 이에 대한 교회 지도자의 외면과 침묵을 생각하면 최근에 발생한 행위라고 할 수는 없지만 ― 목회적 돌봄의 새로운 문제이다. 성폭력과 가정 폭력은 어떻게 미국의 문화에 대한 비판이 될 수 있는가? 가족과 개인 간의 폭력은 어떻게 설교되고 있는 복음에 대한 비판이 될 수 있는가? 우리는 성차별주의, 인종차별주의, 왜곡된 섹슈얼리티, 이상화된 결혼과 가족 등 문화에 대한 비판으로 이어질 수 있는 다양한 폭력의 실례를 볼 수 있다. 나는 또한 성폭력과 가정 폭력이 오랫동안 설파되어왔던 복음에 대한 비판이라 믿는다. 만약 우리가 목회적 돌봄으로부터 얻는 정보에 귀를 기울인다면, 우리는 남성의 지도력, 핵가족, 부모의 권위, 권위에 대한 복종, 고통과 용서, 구원의 본질에 관한 왜곡된 신학적 메시지를 들을 수 있을 것이다.

우리의 설교에서, 우리는 진리의 해석학(성경과 설교의 관계)과 결과의 해석학(그리스도의 몸으로 사는 경험) 둘 다에 주의를 기울여야 한다. 해석학적 원칙이라는 측면에서 우리는 설교가 성서 본문의 해석으로서 진실성을 갖는지, 특정한 역사적·사회적 상황 아래에서 실천되었을 때 진실성을 갖는지를 질문해야 한다.

폭력의 가해자에게 성경을 설교하기

이 절에서, 나는 교인 중에 폭력의 생존자와 가해자가 있을 때 성경을 설교하는 것에 관한 몇 가지 실천적인 제안을 하고자 한다.

1. **예배로서의 목회적 돌봄.** 설교자 또는 목사로서, 우리는 우리의 목회 기도와 설교에서 피해자와 생존자들을 언급해야 한다. 학대받는 아이들, 데이트 폭력에 마주한 십대들, 매 맞는 여성들, 아동 학대를 경험했던 성인 생존자들, 학대받는 노인들 등. 여기에 더해, 우리는 폭력의 가해자들이 자신의 삶 속의 죄악을 발견하도록, 또한 자신의 파괴적 행위에 대한 책임을 지고 회개하기 위해 교회에 오도록 기도해야 한다. 이는 사람들이 어떠한 상황에 처해 있든 그들을 사랑하는 하나님의 돌봄을 확장하는 일이다. 이러한 기도와 실천을 행하는 한편, 종교 지도자들은 구성원들이 폭력의 경험을 폭로할 때를 대비해 그들이 도움을 받을 곳을 알아두어야 한다. 모든 교인들은 구타당하는 여성을 위한 대피소와 아동 학대를 위한 긴급직통전화, 노인 학대 구제 기관, 강간 상담 센터 등의 명칭과 연락처를 알고 있어야 하며, 이를 통해 목회적 돌봄이 필요한 구성원들에게 즉시 응

답할 수 있어야 한다.[21]

2. 가정 폭력에 관한 윤리적 설교. 설교자 또는 목사로서, 우리는 가정 폭력과 그 기저에 있는 원인에 대해 명확한 윤리적 입장을 취할 필요가 있다. 다음은 성폭력·가정 폭력 예방센터에서 제안하는 윤리적 입장들이다.

(a) 가정 안에 폭력과 학대를 위한 자리는 없다. 가족 구성원을 때리거나 학대하는 행위를 위한 그 어떤 법적 정당화도 있을 수 없다. "어떤 상황에 처하든, 사람은 맞아서는 안 된다"라는 말은, 이런 가치관을 대변한다. 타인을 때리거나 학대하는 것은 바로 자기 자신을 폭행하는 것과 다를 바 없다. 폭력은 신체적 힘에 뿌리를 둔 힘의 불균형을 정립하며 이를 강요한다. 그것은 가족들이 서로 신뢰하고, 속을 터놓으며, 상대에게 친밀감을 느낄 가능성을 축소한다. 여기에는 아동 학대를 정당화하는 데 이용되는 아동 체벌에 대한 비판적인 검토도 포함된다.

(b) 가정 폭력에 대한 강경한 입장을 공개적으로 표명할 필요가 있다. 전통적으로, 외부인이 저지르는 폭력은 공동체를 위협하는 사회적 악으로서 규탄 받아왔다. 반면 가정 안에서 벌어지는 폭력은 너무나도 자주 묵과되었으며, 마치 절대로 존재하지 않는 문제인 양 취급되어왔다. 가정생활 속에 그 어떠한 폭력과 학대

---

21 성폭력과 가정 폭력에 대응하는 방법에 관해서는 다음의 책을 볼 것. Carole Warshaw and Anne L. Ganley, *Improving the Health Care Response to Domestic Violence: A Resource Manual for Health Care Providers*(San Francisco: The Family Violence Prevention Fund, 1995); Carol J. Adams, *Woman-Battering*(Minneapolis: Fortress Press, 1994); Michael Paymar, *Violent No More: Helping Men End Domestic Violence*(Alameda, Calif.: Hunter House, 1993); Jeffrey L. Edleson and Richard M. Tolman, *Intervention for Men Who Batter: An Ecological Approach* (Newbury Park: Sage, 1992).

도 있어서는 안 된다고 공개적으로 주장했던 사람은 거의 없었다.

(c) 가정은 공동체 안에서 중요한 사회적 단위이다. 매우 다양한 형태를 가진 가정은, 우리가 양육과 돌봄을 받는, 그럼으로써 친밀감과 신뢰를 나누는 법을 배우는 집합체이다. 하지만 많은 가정에서 이러한 기능이 온전히 수행되지 못하고 있다. 그러한 가정은 문제를 겪을 수밖에 없다. 많은 가정이 말 그대로 폭력과 학대로 파괴되고 있는 것이다.

(d) 가정 폭력의 문제는 개인적인 문제가 아니라 사회 전체의 문제이다. 개인이 가정 안에서 겪는 폭력은 사실 더 큰 사회적 맥락에서 기인한 것이기 때문이다.

(e) 가정 폭력을 예방한다는 것은 그 뿌리가 되는 원인을 해결한다는 의미이다.

(f) 교육이란 기본적으로 가정 폭력의 파괴적 패턴들을 변화시킨다는 의미이다.

(g) 섹슈얼리티는 모든 사람의 삶에서 매우 중요한 요소이다.

(h) 많은 경우 학대를 멈추기 위해서는 외부에서 학대가 벌어지는 가정에 개입할 필요가 있다.

(i) 종교적 가정에서 자란 가족 구성원에게 종교적 자원은 불가결한 것일 수 있다.

(j) 궁극적으로, 가정 폭력은 힘과 통제에 관한 문제이다.

(k) 종교 공동체에서 가정 폭력을 해결하기 위해 기울이는 모든 노력의 총합은 곧 정의를 구현하는 일이 된다.[22]

3. 전통 교리의 재평가. 우리는 가정에서 폭력을 겪는 사람들, 폭력으로 인해 당장 위기에 처한 사람들, 과거의 폭력에서 회복되고 있는 성인 생존자들, 폭력의

---

22 Marie Fortune, *Violence in the Family: A Workshop Curriculum for Clergy and Other Helpers*(Cleveland: Pilgrim Press, 1992), pp. 18~22.

가해자들이 우리의 설교, 기도, 찬송, 연도(煉禱)를 포함한 모든 예배의 내용들을 어떻게 받아들이는지 유심히 관찰해야 한다. 가장 약한 사람들과 연대한다는 "이들 중 가장 작은 자"(예수는 자신을 가장 작은 자와 동일시했다 ─ 옮긴이 주) 원칙은, 폭력의 가해자에게 설교할 때 중요하다.

A. 여성의 복종, 남성의 지배

성서의 어떤 구절들은 오랜 역사 동안 여성의 복종을 조장하기 위해 사용되어 왔다. 특히 이 구절들은, 자신의 배우자를 폭력적으로 지배하려 드는 남성 학대자들을 합리화할 때 가장 빈번하게 이용되었다.

> 아내 된 사람들은 주님께 순종하듯 자기 남편에게 순종하십시오. 그리스도께서 당신의 몸인 교회의 구원자로서 그 교회의 머리가 되시는 것처럼 남편은 아내의 주인이 됩니다. 교회가 그리스도께 순종하는 것처럼 아내도 모든 일에 자기 남편에게 순종해야 합니다(에베소서 5장 22~24절).

이 구절을 선포하는 수많은 설교들로 인해 미국 사회 안에서 남성 지배는 종교적 경건함을 띤 보편적인 생각이 되었다. 남자아이들은 사회화되는 과정에서 이 지배의 관습을 다양한 형태로 체득하게 되었다. 남성은 남편이 될 때 자신에게 지배와 통제의 권한이 부여되었다고 생각하며, 위협을 느낄 때 통제력을 유지하기 위한 폭력의 사용을 정당화한다. 이 '가정규례'는 여성과 남성 사이의 평등과 자유를 주장하는 다른 성경 구절들과 모순되어 보이는데, 다행스럽게도 이것에 대한 페미니스트들의 활발한 논의가 이루어지고 있다.[23] 예를 들어, 어떤 성경 구절들은 여성과 남성 간의 젠더 평등을 옹호한다.

여러분은 모두 믿음으로 그리스도 예수와 함께 삶으로써 하느님의 자녀가 되었습니다. 세례를 받아서 그리스도 안으로 들어간 여러분은 모두 그리스도를 옷 입듯이 입었습니다. 유대인이나 그리스인이나 종이나 자유인이나 남자나 여자나 아무런 차별이 없습니다. 그리스도 예수 안에서 여러분은 모두 한 몸을 이루었기 때문입니다. 여러분이 그리스도에게 속했다면 여러분은 아브라함의 자손이며 따라서 약속에 의한 상속자들입니다(갈라디아서 3장 26~29절).

예수 그리스도 안에서 여성과 남성이 평등하고 자유로움을 설교하는 것은 몇몇 부부들에게 큰 영향을 미칠 것이며, 이는 결국 수많은 폭력을 야기했던 남성 지배의 전통적 주제들을 변화시킬 것이다.

B. 가족에서의 자녀들의 복종

어떤 성경 구절들은 자녀에 대한 부모의 절대적 권위를 조장하기 위해 이용되어왔으며, 이 때문에 아이들은 어른들에게 안전과 보호를 요구하는 그 어떤 윤리적 주장도 할 수 없었다. 『성폭력, 힘의 악용(The Abuse of Power)』에서 캐런(Karen)은 부모를 공경하라는 계명을 지킨 결과가 어떠했는가를 증언한다. 캐런은 그 계명 때문에 아버지에게 당한 근친상간에 대해 침묵했다.[24] 아래의 성경 구절들은 신중하게 해석될 필요가 있다. 부모들이 자신의 권위에 윤리적 제약이 있다는 것을 깨닫도록 하기 위해서 말이다. 십계명과 신약성서의 이름으로 부모가 폭력을 휘둘러 자녀에게 상해를 입히거나 성학대를 저지르는 것을 있을 수

---

23 Catherine Clark Kroeger in Adams and Fortune, pp.135~140.
24 Poling, *The Abuse of Power*, pp.35~48.

없는 일이다.

자녀 된 사람들은 부모에게 순종하십시오. 이것이 주님을 믿는 사람으로서 마땅히 해야 할 일입니다. "네 부모를 공경하여라" 하신 계명은 약속이 붙어 있는 첫째 계명입니다. 그 약속은, 계명을 잘 지키는 사람은 복을 받고 땅에서 오래 살리라는 것입니다. 어버이들은 자녀의 마음에 상처를 입히지 말고 주님의 정신으로 교육하고 훈계하며 잘 기르십시오(에베소서 6장 1~4절).

이 구절의 마지막 부분은 부모에게 부드러운 지침을 내리지만, 그것만으로는 첫째 구절에서 부모에게 주어진 권위를 거스르기에 충분하지 않다. 어쩌면 이 성경 구절은 아이들을 하나님이 보낸 사자(使者)라고 하며 보호했던 예수의 말씀과 대조해볼 필요가 있을 것이다.

그 때에 제자들이 예수께 와서 "하늘나라에서는 누가 가장 위대합니까?" 하고 물었다. 예수께서 어린이 하나를 불러 그들 가운데 세우시고 "나는 분명히 말한다. 너희가 생각을 바꾸어 어린이와 같이 되지 않으면 결코 하늘나라에 들어가지 못할 것이다. 그리고 하늘나라에서 가장 위대한 사람은 자신을 낮추어 이 어린이와 같이 되는 사람이다. 또 누구든지 나를 받아들이듯이 이런 어린이 하나를 받아들이는 사람은 곧 나를 받아들이는 사람이다" 하고 대답하셨다. "그러나 나를 믿는 이 보잘것없는 사람들 가운데 누구 하나라도 죄짓게 하는 사람은 그 목에 연자 맷돌을 달고 깊은 바다에 던져져 죽는 편이 오히려 나을 것이다. 사람을 죄짓게 하는 이 세상은 참으로 불행하다. 이 세상에 죄악의 유혹은 있게 마련이지만 남을 죄짓게 하는 사람은 참으로 불행하다"(마태복음 18장 1~7절).

C. 용서와 화해의 교리들

가해자들은 자신의 폭력으로 인한 결과를 회피하고 강제로 다른 사람들을 자신의 권위 아래 두기 위해 용서와 화해에 관한 성경 구절을 빈번하게 이용했다. 폭력의 가해자가 체포되자마자 자신의 목사를 찾아가 용서를 구하는 것은 그리 드문 일이 아니다. 그는 몹시 후회하는 것처럼 보이고 하나님의 자비를 얻기에 합당한 언행을 보이기 때문에, 많은 목사가 다음과 같은 선언을 내린다. "당신은 용서받았습니다." 그러면 가해자는 목사에게 '가정을 지키기 위해' 화해를 중재해달라고 간청한다. 목사는 가해자와 함께 대피소로 와 그곳의 상담사들에게 화해를 해야 하니 무력한 여성과 자녀들을 집으로 보내달라고 요청한다. 상담사들의 말에 따르면, 이때가 대피소에서 목사를 볼 수 있는 유일한 시간이라고 한다. 가해자가 아내와 자녀들에게 성경 말씀대로 자신을 용서하라고 강요했을 때, 나는 가해자를 편든 것이나 다름없었다. 아래의 성경 구절이 죄악과 구원의 교리 이상으로 해석될 때, 이것은 무력한 가족 구성원들을 위험에 빠뜨리고 가해자가 겉으로 부인하면서도 실제로 지속하는 통제를 지지해준다.

너희가 남의 잘못을 용서하면 하늘에 계신 아버지께서도 너희를 용서하실 것이다. 그러나 너희가 남의 잘못을 용서하지 않으면 아버지께서도 너희의 잘못을 용서하지 않으실 것이다(마태복음 6장 14~15절).

마태복음 18장 15~20절과 누가복음 17장 3~4절을 다루는 설교들 역시 가해자들로 하여금 자신이 용서를 요구할 수 있다고 믿게 만들었다. 다행스럽게도, 용서와 화해에 관한 의미 있는 연구가 수행되면서 이 구절들의 역사와 그 목적에 관한 재해석도 이루어졌다. 가해자들은 자신의 사악한 행동을 멈추기 위해 올바른 성경의 해석으로부터 도움을 얻을 필요가 있다. 〈Broken Vows〉에서 목사는 가해자에게 말한다. "내가 할 일은 당신의 아내에게 당신의 곁으로 돌아가 가정을 지키라고 말하는 것이 아니라, 당신에게 당신이 폭력으로 자신의 결혼을 파괴했다고 말하는 것이다. 당신은 하나님의 눈앞에서 죄를 범했고, 구원을 얻기 위해서는 반드시 회개해야 한다. 나의 책무는 그녀에게 죽음이 아닌 삶을 추구하라고 말하는 것이다." 폭력의 가해자들은 폭력의 용서가 회개와 성화(聖化)의 과정이며, 엄격한 기독교적 연대 안에서 수년에 걸쳐 이루어지는 일이라는 사실을 직시하고 배워야 한다.[25]

D. 순종, 봉사, 고통의 교리

폭력의 가해자들에게 문제를 불러오는 또 다른 성경 구절은 기독교인이 된다는 것이 곧 순종하고, 봉사하며, 고통을 감내하는 것을 의미한다고 생각하게끔 만드는 문구들이다. 불행히도 가해자들은 이 구절들을 그 자신에게는 적용하지 않으면서, 자신이 권력을 행사하려 하는 이들에게만 강요한다. 많은 경우 부모들은 자녀가 질문하지 않고 부모에게 순종하며, 부모의 유익을 위해 잔심부름과 허드렛일을 도맡아 하고, 체벌과 학대로부터 오는 고통을 받아들이기를 원한다. 많은 경우 남성은 결혼 생활과 가정의 우두머리가 되길 원하고, 자신의 결정에 배우자가 복종하길 기대하며, 여성에게 봉사를 요구하는 것을 당연한 일로 여기고, 자신의 폭력으로 야기된 고통을 대수롭지 않게 생각한다. 아래와 같은 성경 구절들은 가해자들에 의해 잘못 해석되어 그들의 폭력적 행위를 정당화하는 데 이용될 수 있다.

---

25 Frederick W. Keene and Marie Fortune in Adams and Fortune, pp. 121~134, 201~206.

바로 이것을 위하여 여러분은 부르심을 받았습니다. 그리스도께서는 여러분을 위하여 고난을 당하심으로써 여러분이 자기의 발자취를 따르게 하시려고 여러분에게 본을 남겨 놓으셨습니다. 그는 죄를 지으신 일이 없고 그의 입에서는 아무런 거짓도 찾아볼 수 없었습니다. 그는 모욕을 당하셨으나 모욕으로 갚지 않으시고, 고난을 당하셨으나 위협하지 않으시고, 정의롭게 심판하시는 이에게 다 맡기셨습니다. 그는 우리 죄를 자기의 몸에 몸소 지시고서, 나무에 달리셨습니다. 그것은, 우리가 죄에는 죽고 의에는 살게 하시려는 것이었습니다. 그가 매를 맞아 상함으로 여러분이 나음을 얻었습니다. 전에는 여러분은 길 잃은 양과 같았으나, 이제는 여러분의 영혼의 목자이며 감독이신 그에게로 돌아왔습니다(베드로전서 2장 21~25절. 요한복음 13장 12~17절, 14장 15절, 마태복음 20장 24~28절, 고린도후서 1장 5~7절, 로마서 5장 1~5절, 고린도전서 12장 26절, 야고보서 1장 15~17절도 함께 볼 것).

스스로를 '영혼의 목자이며 감독'이라고 생각하는 가해자는 자기의 권력과 통제를 정당화하기 위해 이 성경 구절을 이용할 수 있을 것이다. 또한 그는 이 구절들에 대한 해석의 역사로부터 지지를 얻을 수도 있을 것이다. 19세기 진정한 여성다움에 대한 숭배는 예수의 고통과 순종을 산업화의 여명기에 집을 지키던 여성들이 지켜야 할 기독교적 가치관과 연관시켰다. 남편을 사랑하고 그에게 순종하며, 가족을 위해 고통을 견뎌내는 정순한 여성은 그야말로 기독교 문명의 보고였다. 비록 이러한 가치관은 여성 인권 운동이 벌어지며 도전을 받았지만, 여전히 수많은 기독교 가정 안에 살아남아 몇몇 복음주의 설교에서 노골적인 지지를 받고 있다. 설교자들은 예수의 고통과 순종에 관해 설교할 때, 그의 고통과 순종이 자녀에 대한 부모의, 아내와 아이에 대한 남편의 폭력과 지배를 지지하지 않는다는 사실에 유념할 필요가 있다. 다행스럽게도, 해방 신학자들에 의해 폭력

에 대한 저항을 다루는, 그럼으로써 예수의 이야기를 이어나가는 훌륭한 연구들
이 이루어지고 있다.[26]

E. 대리모와 십자가의 교리

그러나 우리가 아직 죄인이었을 때에, 그리스도께서 우리를 위하여 죽으셨습니다.
이리하여 하나님께서는 우리들에 대한 자기의 사랑을 실증하셨습니다. 그러므로
지금 우리가 그리스도의 피로 의롭게 되었으니, 그리스도로 말미암아 하나님의 진
노에서 구원을 얻으리라는 것은 더욱 확실합니다. 우리가 하나님의 원수일 때에도
하나님의 아들의 죽으심으로 말미암아 하나님과 화해하게 되었다면, 화해한 우리
가 하나님의 생명으로 구원을 얻으리라는 것은 더욱더 확실한 일입니다. 그뿐만 아
니라, 우리는 또한 우리 주 예수 그리스도로 말미암아 하나님을 자랑합니다. 우리
는 지금 그로 말미암아 하나님과 화해를 하게 된 것입니다(로마서 5장 8~11절. 디
모데전서 2장 5~6절, 마태복음 4장 17절도 함께 볼 것).

성폭력과 가정 폭력으로 인해 영구적인 신체 상해와 죽음이 일어나는 경우가
드물지 않다. 1995년 미국에서 살해된 여성 중 30퍼센트 이상이 남편, 전 남편,
남자친구, 전 남자친구 등 가까운 사람들의 손에 죽었다. 매년 2,000명가량의 아
동이 부모나 그들의 보호자에게 살해당한다.[27] 가정 안에 그토록 폭력이 만연해

---

26 Joanne Carlson Brown and Rebecca Parker, *Christianity, Patriarchy, and Abuse: A Feminist Critique*; Emile Townes, Rita Nakashima Brock and Marie Fortune in Adams and Fortune, pp.36~91.

27 Dawn Bradley Berry, *The Domestic Violence Sourcebook*(Chicago: Contemporary Books, 1995). 워싱턴 주 시애틀에 소재한 성폭력·가정 폭력 예방센터에서 수집한 통계도 볼 것.

있기 때문에 설교자들은 십자가와 대리모의 이미지, 즉 어떤 사람이 타인을 위해 죽는 일의 필연성을 우리가 어떻게 이야기해야 하는지 신중하게 생각해야 한다. 권위 있는 사람이란 '자신에게 종속된 이들의 생사여탈권을 부여받은 사람'이라는 생각은 불행히도 몇몇 가해자들의 가학적 충동을 자극한다. 구타 끝에 살인을 저지르고 만 이들은 자주 이런 말을 한다. "내가 그녀를 가질 수 없다면, 다른 누구도 못 가지게 하겠어." 학대를 자행하는 부모들은 때때로 자녀에게 이렇게 말한다. "널 죽여서라도 내 말을 듣게 하겠다."

이것은 예수의 죽음의 목적과 속죄의 이론들에 관한 신학적 논의를 어렵게 만든다. 예수의 죽음은 악으로부터 승리를 쟁취하기 위한, 하나님의 진노를 잠재우기 위한, 희생적인 사랑의 대가를 보여주기 위한 희생인가? 십자가에 대한 우리의 신학 속에서, 우리는 희생자와 생존자들에게 다른 사람들의 원죄로 인해 희생되어 죽임 당한 예수와 자신을 동일시하라고 조장하고 있는가? 내가 이해하는 한 예수의 복음은 이러한 질문들에 '예'라고 답하는 것을 용납하지 않는다. 예수는 약한 자, 잃어버린 자, 버림받은 자를 찾아 구원하기 위해 온 것이다. 예수는 이미 학대받고 있는 자들에 대한 더 큰 학대를 정당화하기 위해 온 것이 아니다. 그럼에도 설교가 악을 정당화하기 위해 이용되고, 가해자들이 힘에 의한 학대를 정당화하기 위해 이러한 설교를 듣는다는 사실을 염두에 둔다면, 복음의 설교자들은 과감하게 이러한 질문들의 답을 찾아야 할 것이다.[28]

가정 폭력의 생존자와 가해자들은 자신들에게 필요한 설교를 듣고 있는가? 많은 경우, 나는 그렇지 못하다고 생각한다. 이 장에서 우리는 설교자가 자신의 교인 가운데 폭력의 생존자와 가해자가 있다는 사실에 직면하게 될 때 일어나는

---

28 Williams, *Sister in the Wilderness: The Challenge of Womanist God-Talk*를 볼 것.

문제의 일부를 검토했다. 설교자로서 우리는 교인 가운데에도 결혼 생활 안에서, 자녀들에 대한, 노인과 다른 가족 구성원들에 대한 폭력에 연루되는 사람들이 있음을 생각할 수 있어야 한다. 교회 구성원의 25퍼센트에서 50퍼센트가 심각한 개인 간의 폭력을 경험했고, 이때 얻은 트라우마에서 벗어나기 위해 고군분투하고 있다는 연구 결과도 있다. 어떤 상황에 처한 사람이라도 돌보는 사랑과 권능의 하나님을 설교하고자 할 때, 우리는 이러한 폭력을 다루어야 한다. 교회의 침묵은 예수 그리스도의 온전한 복음의 표현이라 할 수 없다.

우리는 미국 역사 속에 나타난 인간에 대한 소유를 이해할 필요가 있다. 그것은 아프리카계 미국인을 대상으로 하는 노예제를 정당화했고 가정 내 여성과 아동에게까지 적용되었다. 우리는 노예제를 폐지했고 젠더 평등에 찬성표를 던졌지만, 아직까지도 지배와 복종에 관한 생각을 우리의 신학에서 완전히 제거해버리지는 못했다. 이것은 우리가 가족과 사회에서의 폭력을 감소시키려 노력하면서 추구해야 할 중대한 신학적·역사적 과제이다.

가해자로 하여금 폭력을 사용하는 것이 정당하다고 여기게끔 오도하는 특정 성경 구절들을 해석하려면 해석학적 원칙이 필요하다. 그들은 자신의 폭력적인 행동을 가정 내 여성과 아동의 복종으로, 용서와 화해에 대한 요구로, 순종, 봉사, 고통의 교리로, 성경 속에서 강조된 대리모와 십자가에 관한 잘못된 해석으로 합리화한다. 하지만 다행스럽게도 이러한 성경 구절과 교리에 대한 의미 있는 신학적 연구가 이루어지면서 우리 사회의 폭력을 밝혀내고 있다.

폭력의 생존자와 가해자를 위한 설교의 가장 중요한 원칙은 희생자와 생존자들의 증언에 귀를 기울이는 것이다. 폭력의 희생자들은 자신의 경험에 대한 권위자인 동시에 자신의 종교적 경험의 증인이다. 설교자가 그들에 대한 목회적 돌봄의 과정 속에서 그들의 말을 주의 깊게 경청할 때, 우리는 우리 시대 복음의 의미에 관한 새로운 대화를 시작할 수 있다. 그리고 이런 목회적 작업을 통해 예수의 삶과 죽음, 부활이라는 구원의 이야기가 또 다른 세대를 위해 실현될 것이다. 이런 작업 속에서, 하나님은 영광을 받고 교회는 그리스도의 몸이 된다.

제**11**장

벌써 용서할 시간인가?
용서에 관한 설교

지금부터는 내가 경험한 협동예배를 위해 쓴 설교를 소개하고자 한다. 학대의 생존자와 대화하면서, 나는 복음의 관점에서 용서의 문제를 탐구했다. 비록 많은 생존자들이 의문을 제기하기는 하지만, 그들이 그들의 학대자와 화해 — 심지어 이것이 엄청난 위험을 초래할 때조차 — 하라는 압력을 받는 경우가 많다는 것을 생각하면 용서는 가장 중요한 문제 중 하나이다. 많은 기독교인은 용서가 복음의 핵심이라고 믿는다. 설령 용서가 강한 사람과 약한 사람 모두에게 고르게 적용되지 않는다 할지라도 말이다. 공동체는 약자가 용서함으로써 자신들을 흡족하게 만들어주길 기대하지만, 이것은 동시에 강자를 책임으로부터 보호한다. 용서를 이런 식으로 이해하는 것은 무력한 이들을 위험에 빠뜨리고 교회가 남성 폭력과 결탁하도록 만든다. 제10장에서 나는 남성 폭력에 관한 설교에 연루된 일부 해석학적 이슈들을 논의했다. 이 장에서 나는 실례를 통해 설교자가 어떻게 생존자와 가해자들 앞에서 용서의 이슈를 전달할 수 있는지 보여주려 한다.

누가복음 23장 33~34절을 보자.

그들은 해골이라 하는 곳에 이르러서, 거기서 예수를 십자가에 달고, 그 죄수들도 그렇게 하였는데, 한 사람은 그의 오른쪽에, 한 사람은 그의 왼쪽에 달았다. 그때 예수께서 말씀하셨다. "아버지, 저 사람들을 용서하여 주십시오. 저 사람들은 자기네가 무슨 일을 하는지를 알지 못합니다."

마이클(Michael)이 스카우트 리더에게 성적으로 학대를 당한 후 5년이 지났다. 이제는 그를 용서할 시간인가?

미셸(Michelle)이 아버지에게 근친상간을 당한 후 25년이 지났다. 이제는 아버지를 용서할 시간인가?

독일에서 홀로코스트가 일어난 후 50년이 지났다. 이제는 생존자들이 전범을 용서할 시간인가?

나는 최근 지역 교회에서 개최한 "사순절의 언어"라는 포럼의 강사로 초청을 받았다. 그들이 제시한 첫 번째 토론 주제는 바로 용서였다. 이 과제는 나로 하여금 원래 예정에 없었던 몇 가지 연구와 자기 탐구를 하게 만들었다.

내 생애 대부분의 시간 동안 용서란 배경 사상, 즉 항상 곁에 머물러 있었지만 신중하게 생각해본 적은 없는 주제였다. 대부분의 기독교인들은 주일에 하나님 앞에서 죄를 고백하고 그분의 사랑과 용서에 대한 확신을 얻으며 예배를 시작한다. 용서란 내 인생에서 몇 번이나 간구하고 얻었던 것이다. 예레미야와 같이 나는 하나님이 나의 삶을 새롭게 했을 때 내 불의를 용서하고 내 죄를 더 이상 기억하지 않으리라 믿었다(예레미야 31장 34절).

나는 언제나 내가 용서의 의미를 안다고 생각했다. 우리는 하나님의 의로움 앞에서 모두 죄인이기 때문에, 우리의 죄를 고백하지 않고서는 하나님 앞에 나아갈 수 없다(이사야 6장 5절). 하나님이 우리의 죄를 용서하지 않는다면, 우리가 어떻게 예배를 드릴 수 있겠는가? 다윗 왕이 말했듯 하나님은 "우리 죄를, 지은 그대로 갚지 않으시고 우리 잘못을, 저지른 그대로 갚지 않으신다"(시편 103편 10절). 다윗 왕은 다시 말한다. "주님, 주님께서 죄를 지켜보고 계시면, 주님 앞에 누가 감히 맞설 수 있겠습니까? 용서는 주님만이 하실 수 있는 것이므로, 우리가 주님만을 경외합니다"(시편 130편 3~4절). 기독교인으로서의 내 삶을 통틀어, 하나님 안에서의 내 신앙은 그분이 내 죄악을 용서해주리라는 것을 알았기에 가능했던 것이다. 하나님이 나를 매일 용서하시기 때문에, 나는 스스로를 용서할 수 있고 내 생명을 예수 그리스도에게 신실하게 헌신할 수 있다.

그러나 최근 몇 년 동안, 나는 용서의 교리가 남용되는 것처럼 보이는 이야기들을 들으며 괴로움을 느꼈다. 몇몇 목사가 교인들에게 권하는 용서는 그 교인들을 위험에 빠뜨릴 수도 있다. 5년 전, 한 여학생이 내게 자신의 이야기를 들려준 적이 있다. 프랜(Fran)은 자신을 학대했던 목사와 맺어왔던 5년 동안의 성적 관계를 끊어버리고 5일 뒤 새로운 교회의 목사를 찾아갔다. 하지만 그녀가 자신에게 일어난 일을 제대로 말하기도 전에, 새 목사는 학대자에 대한 용서를 이야기했다. 첫 대화에서 그 여성 목사는 프랜에게 『용서 배우기(Learning Forgive)』라는 책[1]을 주었는데, 거기에는 용서를 못할 때 사람들에게 일어나는 열 가지 일이 나열되어 있었다. 다음과 같은 것들 말이다. "그들은 계속해서 상황과 인간을 통제하려 한다. 그들은 긴장과 스트레스의 삶 속에서 압박을 받는다. 그들은 아

---

[1] Doris Donnelly, *Learning to Forgive*(Nashville: Abingdon Press, 1979).

마도 자신의 수명을 단축시킬 것이다. 그들과 하나님의 관계가 약화된다." 즉, 자신을 학대한 사람을 용서하지 못하는 것은 스스로에게 치명적인 결과를 가져다줄 죄라는 것이다. 다행히 프랜은 그 책을 읽지 않았고, 용서를 자신의 '치유 이후의 단계'로 미루었다.[2] 그녀의 첫 번째 책무는 그녀 자신의 영적인 치유이지 학대자를 용서함으로써 다른 사람들을 돌보는 것이 아니었기 때문이다.

네덜란드에서 이루어진 어느 의미심장한 연구에 따르면, 용서를 생각하는 것은 생존자들에게 가장 위험한 일 중 하나이다. 애니 임벤스(Annie Imbens)와 이네케 존커(Ineke Jonker)는 자신들이 들었던 이야기를 전해주었다. "샬럿(Charlotte)은 목사에게 자신이 삼촌에게 학대를 당했다고 말했고, 목사는 그녀에게 삼촌과 좋은 관계를 유지하는 것이 매우 중요하다고 대답했다. 이 대답은 그녀의 삶에 엄청난 영향을 주었다. 엘런(Ellen)은 이제 할아버지를 그만 피하고, 할아버지와 함께하는 가족 모임에 와야 한다는 말을 수없이 들었다. 오빠가 자신에게 한 짓을 어머니에게 이야기했던 메리 베스(Mary Beth)는, 어머니로부터 '오빠를 용서해주겠니? 제발 둘 사이의 일을 잘 해결하렴. 나도 그러길 기도할게'라는 대답을 들었다."[3] 나 역시 이런 이야기들을 여러 차례 들었다.

학대가 벌어지는 상황에서 목사가 어설픈 용서를 재촉한다는 이야기는 내 신학 안에서 긴장감을 불러왔다. 최근까지도 내 신앙은 나의 원죄에 대한 하나님의 과분하고 조건 없는 용서에 기반을 두고 있었다. 그러나 나는 이 교리가 가정

---

2 Marie Fortune, "Forgiveness: The Last Step," in *Violence against Women and Children: A Christian Theological Sourcebook*, ed. Carol Adams and Marie Fortune(New York: Continuum, 1995), pp. 201~206.

3 Annie Imbens and Ineke Jonker, *Christianity and Incest*(Minneapolis: Fortress Press, 1992), p. 235.

내에서 벌어지는 근친상간과 성직자에 의한 성학대의 결과를 축소하기 위해 이용된다는 것을 듣고 두려워졌다. 이 딜레마로 인해 나는 이 문제에 대해 더 깊이 생각하게 되었다.

최근의 해석학 연구 중 일부가 내 딜레마를 해결하는 데 도움을 주었다. 나는 특히 종교적 사상의 진리와 결과 사이의 관계에 관한 논의 속에서 많은 생각을 한다. 『해석학의 책임(The Responsibility of Hermeneutics)』에서 런던(Lunden), 티슬턴(Thistleton), 월하웃(Walhout)은 이렇게 말한다. "해석학에서는 어떤 해석의 '진실성'뿐 아니라 그 영향, 즉 인간이 자신의 목표와 행동을 형성할 때 해석과 해석 방법이 미치는 영향 역시 중요하다."4 다시 말해, 설교를 하는 우리는 성경에 대한 해설뿐 아니라 그 설교에 대한 사람들의 이해와 그로 인해 그들의 일상에 미치게 되는 영향에 대해서도 책임을 가지고 있다는 것이다. 때때로 나는 목회신학을 '교회의 믿음과 실천이 신자들의 삶을 억압하는지 해방하는지를 확인하기 위한 연구'라고 정의한다. 이러한 종류의 해석학은 심지어 교회의 가장 소중한 교리조차 선한 목적으로도 악한 목적으로도 이용될 수 있다고 가정한다. 칼 바르트(Karl Barth)의 말을 빌려 표현한다면, 목사의 소명 가운데 하나는 한쪽 귀로 성서의 말씀을 듣고, 다른 귀로 사람들의 말을 듣는 것이다. 어떤 설교에서든 다음 두 가지를 질문해야 한다. 성경이 말하는 것이 무엇인가? 그리고, 용서와 같은 생각을 사람들의 일상생활에서 실천할 때 어떠한 괴리가 발생하는가?

내가 용서에 관해 이러한 물음을 던졌을 때, 용서에 관한 내 신학에도 문제가 있다는 것을 깨달을 수 있었다. 내가 하나님의 용서를 구할 때, 나는 하나님의

---

4 Roger Lunden, anthony Thistleton, and Clarence Walhout, *The Responsibility of Hermeneutics*(Grand Rapids, Mich.: Eerdmans, 1985), x. xi.

용서 - 가없이 주어지는 은혜의 결과인 - 를 받는 죄인의 입장에 서 있었다. 내가 십자가에 못 박힌 예수의 말씀을 들을 때, 나는 그를 십자가에 못 박던 군인 중 한 명이 되어 말씀을 들었다. 용서가 힘없는 이들에 대한 무기로 이용될 가능성에 대해서는 생각해본 적이 없었다. 그러나 근친상간을 당한 여자아이에게 아버지를 용서하라는 요구하는 것, 오클라호마 폭격이나 홀로코스트에 대한 섣부른 용서를 요구하는 것은 용서를 더 큰 형태의 학대로 변질시키는 것이다.

용서에 관한 고민 속에서 나는 이후 내게 도움을 준 두 가지 생각에 이르게 되었다. 첫째, 용서는 새로운 율법으로 변질될 수 있기 때문에, 교회는 말과 행동에 조심해야 한다. '우리가 우리에게 죄 지은 사람을 용서해준 것 같이 우리의 죄를 용서해 주소서(마태복음 6장 12절)'라는 주기도문은, 우리는 하나님의 자비로운 용서를 위해 기도하고, 우리의 삶 속에서 다른 이들에게 자비로워질 수 있기를 기도해야 한다는 의미이다. 만약 우리가 상처 입힌 다른 이에게 용서를 요구한다면, 이는 이 기도에 깃든 정신과 완전히 동떨어진 행동이 된다. 우리의 죄에 대한 책임을 우리가 상처를 준 사람들의 어깨에 짊어지우는 것은 정말 간교한 일이다. 이는 하나님의 은혜와 사랑과는 무관한, 우리가 여태껏 하나님에게 용서해달라고 간구해왔던 불의한 정신일 뿐이다. 용서하지 못한 하인의 이야기를 생각하자. 하인의 빚을 탕감해준 왕은, 그 하인이 다른 동료들에게 자비를 베풀지 않는다는 것을 알고 격노했다(마태복음 18장 23~35절). 마찬가지로, 우리가 해를 입힌 사람에게 용서를 요구하는 행동에는 하나님이 내린 용서의 정신이 온데간데없다. 실천의 관점에서 볼 때, 이것은 교인들이 정의를 추구해야 할 때 목사가 그들에게 '용서를 배워라'라고 충고하는 것을 중단해야 한다는 뜻이다. 내 첫 번째 생각은 무력한 이에게 용서를 요구함으로써 그것을 새로운 율법, 새로운 억압으로 만들지 말아야 한다는 것이다.

내 두 번째 생각은 교회가 용서를 단순한 개인의 책임으로 돌리지 말아야 한다는 것이다. 용서는 오히려 그리스도의 몸 전체를 위한 공동의 과정이어야 한다.[5] 우리가 상처 입은 개인 한 명에게만 책임의 짐을 부과할 때, 우리는 용서의 교리를 오용하게 된다. 『기독교와 근친상간(Christianity and Incest)』의 연구에서 발견한 사실 중 하나는 근친상간 생존자의 다수가 교회를 떠났다는 것이다. 불쾌한 주제를 제기한다는 이유로 비난받고, 학대자를 용서하는 대신 분노를 표출한다는 이유로 따돌림을 당했기 때문이다. 나는 이것이 용서의 교리를 오용한 것이라 생각한다. 성서가 말하듯, 한 구성원에 대한 상해는 그리스도의 몸 전체에 대한 상해이다. '한 지체가 고통을 당하면, 모든 지체가 함께 고통을 당합니다'(고린도전서 12장 26절. 로마서 12장 15도 볼 것). 나는 주기도문에 나오는 연대의 표현을 대단히 좋아한다. '우리가 우리에게 죄 지은 사람을 용서해준 것 같이 우리의 죄를 용서해 주소서'(마태복음 6장 12절). 하나님의 사랑에 관한 이 기도는 해를 입은 사람들의 고립감과 부담을 키워서는 안 되며, 오히려 그리스도의 몸인 교회가 책임지고 죄와 악에 의해 상처 입은 사람들과 연합해 정의와 용서를 실현해야 한다는 것을 일깨워준다.

나는 이 두 생각의 도움을 받았다. 용서는 율법이 아닌 하나님으로부터의 은혜이다. 용서는 본디 그리스도의 몸 전체의 책임이지, 상처 입은 개인의 책임이 아니다.

그렇다면 우리가 할 일은 무엇인가? 어떻게 우리는 용서를 예수 그리스도 안에서 드러난 하나님의 사랑의 표현으로서 바라보는 관점을 유지하면서도, 약자

---

5 용서에 관한 공동의 책임이라는 발상은 David Livingston의 *Healing Violent Men*(Minneapolis: Fortress Press, 2001)에서 훌륭하게 다루어지고 있다.

들에게 강요되는 용서의 오용을 방지할 수 있는가? 킨(Frederick W. Keene)은 용서에 관한 최근 논문6에서 예수 자신은 그를 십자가에 못 박았던 군인들을 용서하지 않았다는 사실에 주목한다. 예수는 이렇게 말한다. "아버지, 저 사람들을 용서하여 주십시오. 저 사람들은 자기네가 무슨 일을 하는지를 알지 못합니다." 아직 예수가 용서할 시간이 아니었기 때문이다. 그는 폭력의 희생자였으며, 용서를 할 수 있는 입장이 아니었다. 고통의 와중에, 예수는 하나님이 폭력을 자행한 자들에게 자비를 베풀기를 기도한다. 기도는 그 자체로 하나님 안에서의 용서, 고통으로부터 예수가 얻을 자유, 십자가에 못 박힌 후 새로운 생명을 받은 그의 부활을 암시하고 있다.

이 글은 '벌써 용서할 시간인가?'라는 질문에 답하기 위한 한 가지 길을 제시한다. 정의와 치유의 시간은 따로 있고, 용서의 시간은 따로 있다. 하나님의 사랑은 때에 맞게 치유와 정의를 가져올 것이고, 하나님의 사랑은 때에 맞게 우리가 용서할 수 있도록 할 것이다. 우리 모두는 과거의 폭력과 상해로 얻은 상처와 아픔을 짊어지고 있다. 용서의 시간이 되었을 때, 하나님은 우리에게 성령의 은혜와 안위를 줄 것이다. 그 전까지, 우리가 아직 진심으로 용서할 수 없을 때에는, 우리는 예수의 기도를 입에 담을 수 있을 것이다.

> 자비와 사랑의 하나님. 당신은 지금 내가 용서하기 힘들다는 것을 아십니다. 모든 이를 향한 당신의 충만한 사랑을 이해하려면, 나는 더 많은 치유를 받으며 성장해야 합니다. 그러나 나는 하나님이 내 학대자의 영혼에 은혜를 베푸시기를 기도합니다. 진리가 무엇이든

---

6 Frederick W. Keene, "Structures of Forgiveness in the New Testament," in Adams and Fortune, pp. 121~134.

지, 정의가 무엇이든지, 사랑이 무엇이든지, 그것들을 위해 세상에 있는 모든 폭력이 중지

되기를 예수의 이름으로 기도합니다. 아멘.

제**12**장

남성 학대자를 위한
예배를 생각하기

민한식[1]

"남성 폭력의 가해자들이 하나님을 예배할 자격이 있습니까? 그들이 하나님의 사랑을 받을 가치가 있습니까?" 이러한 질문들은 내가 여성과 아동에 대한 남성 폭력의 문제들을 연구하기 시작한 이래 항상 나를 따라다녔다. 책과 기사를 통해 그들에 대해 알게 되면서 나는 스스로를 정직하게 바라볼 수 있었고, 인간관계 속에서 폭력과 학대를 저지르고 싶어 하는 자신의 성향을 발견할 수 있었다. 또한 내 연구는 나로 하여금 남성 폭력이 너무나도 쉽게 일어나게 하는 남성 중심적인 종교와 문화를 비판적으로 검증하도록 만들었다.[2]

---

1 민한식은 연합감리교 교회의 라모인 강 교구와 매콤 한인 교회의 목사로, 일리노이 주 블랜딘즈빌에 거주하고 있다. 그는 2000~2001 학년도에 제임스 폴링의 연구실에서 연구 조교로 근무했다. 이 논문은 게렛 신학대학원의 루스 덕(Ruth Duck)이 강의한 '치유 예식' 수업을 위해 작성된 것이다.

연구를 진행하면서, 나는 내가 봉사하고 있는, 또는 앞으로 봉사할 교회의 신자들 가운데 상당수의 희생자와 가해자가 있음을 예상할 수 있게 되었다. 설령 그들 대부분의 정체를 모른다 할지라도 말이다. 이러한 남성 폭력의 실체에 대해 어떤 목회적 반응이 적절할까? 이 새로운 지식을 알게 된 상태에서 어떻게 보편적인 교회를 계획하고 예배를 이끌 수 있을까? 문헌 조사와 개인적인 관찰을 통해, 나는 교회가 침묵하며 희생자를 비난하는 것 이상의 일을 하지 않았다는 비난이 그리 부당한 것은 아니라는 사실을 알게 되었다. 대부분의 교회 지도자들은 남성 폭력의 주제를 터부시했으며, 그것이 교회 안에서 발생한다는 사실을 인정하지 않으려 했다. 많은 교회 지도자가 남성의 이야기만을 믿는 경향이 있어서 여성의 목소리를 무시해왔고, 이것은 그 여성이 먼저 유혹했다는 누명을 쓰고 비난을 받도록 만들었다.[3]

남성 폭력에 대한 교회의 또 다른 우려할 만한 반응은 용서의 교리를 오용하는 것이다. 제10장에서 제임스 폴링은 교회 지도자들이 얼마나 쉽게 폭력의 가

---

2 나는 목사로서 학대자와 그 어떤 직업적 관계를 맺은 적이 없다. 그러나 나는 지금까지 살아오면서 내 친구의, 조카의, 내가 교회에서 가르친 아이들의 아버지인 가해자들을 몇 번 만날 수 있었다. 가해자와 직접 대면한 경험이 부족하다는 사실은 학대자와 함께하는 예배에 관한 내 구상에 한계가 되었다. 이런 한계에서조차, 우리가 여성 배우자에게 비폭력적인 존재가 되기 위해 노력할 때 하나님의 치유가 그들에게, 나에게, 남성 중심적인 사회에게 있기를 소망한다. 이를 위한 또 다른 소망은, 내가 장래에 사역을 하면서 남성 폭력의 문제들을 다룰 준비를 갖추는 것이다.

3 성인에게 성적인 학대를 당한 도라의 사례에서, 프로이트는 남성들의 폭력을 보지 않으려 했다. 그 대신 프로이트는 도라가 자신을 학대한 남성들에게 성적인 욕망을 느꼈다는 결론을 내렸다. 도라 사례에서 보인 그의 가부장적 태도는, 지금까지도 사회와 교회에 강력하고 위험한 영향을 미치고 있는 것처럼 보인다. *Deliver Us from Evil: Resisting Racial and Gender Oppression* (Minneapolis: Fortress Press, 1996)의 20~40쪽, 그리고 이 책의 제7장에 있는 "프로이트, 여성, 그리고 남성 지배: 프로이트와 도라의 사례"를 참고할 것. 비슷한 해석이 Rosemary Ruether의 *Women-Church: Theology and Practice of Feminist Liturgical Communities*(San Francisco: Harper & Row, 1985) 151쪽에도 있다.

해자들에게 용서를 선언하고 학대를 당한 무력한 아내와 자녀에게 용서를 요구하는지를 설명했다.[4] 대부분의 경우 이것은 가해자 몫의 고백과 회개의 과정 없이 이루어진다. 결국 이러한 부적절한 반응들은 희생자와 생존자를 위한 치유를 제공하는 대신 폭력을 은폐하고 심지어 조장하기까지 했다. '분노에 사로잡힌 생존자들은 용서할 마음이 들 때까지 교회를 떠나 있으라는 부당한 요구를 자주 받는다. 피해자들이 그들 자신의 영적인 건강을 위해 교회를 떠날 때, 그들을 학대한 남성들은 지도자의 자리를 유지한다.'[5] 이러한 교회의 현실을 보는 것은 가슴 아픈 일이다.

교회 지도자들은 어떻게 예배를 통해 폭력적인 남성들에게 적절히 반응할 수 있을까? 그들을 위한 예배는 어떤 형태를 취해야 할까? 이 장의 마지막 부분에서 나는 남성 폭력의 가해자들을 위한 치유 예배를 고안했다. 이것은 내가 앞의 질문에 대답하기 위해 작성한 것으로, 이 예배의 대상으로 가해자 집단을 선택했다. 그들은 폭행을 저지른 사람들 중 의미 있는 경험을 함으로써 더 이상 자신이 다른 사람과 자기 자신에게 상처를 주었다는 사실을 부정하지 않는 이들이었다. 이 예배는 치유 과정의 마지막에 이루어질 수 있는 치유 예식이다. 이 예배는 가해자들이 자신들에게 요구된 고백, 회개, 책임, 회복의 단계들을 받아들일 때 그들의 지속적인 치유를 위한 종교적인 자원을 제공할 수 있도록 고안되었다. 책임을 지는 분위기를 강화하기 위해서 구상된 이 예배는 한 상담센터에서 이루어

---

4 James Poling, "Preaching to Perpetrators of Violence," in *Telling the Truth: Preaching about Sexual and Domestic Violence*, ed, John S. McCukture and Nancy J. Ramsay(Cleveland: United Church Press, 1999), p.80, 이 책의 제10장 참고.

5 James Poling, "Male Violence against Women and Children," in *The Care of Men*, ed. James Poling and Christie Neuger(Nashville: Abingdon Press, 1997), p.158, 이 책의 제1장 참고.

질 것이고, 이곳에서 예배 참여자들에 대한 후속 작업도 이루어질 것이다. 남성 폭력의 문제에 관한 전문성이 부족했던 나는 일반 교회 환경 속에서 이루어지는 가해자를 위한 효과적인 예배를 상상하기 어려웠다.

제임스 폴링과 조언을 받으며, 나는 가해자를 위한 치유 예배의 세 가지 원칙을 발전시켰다. 첫째, 피해자/생존자의 의견이 반영되어야 하고 그것이 예배를 좌우할 수 있어야 한다. 예배에서 피해자/생존자의 목소리에 힘을 실어주는 것은 그들의 학대자가 책임감을 느끼도록 만들 것이다. 당면한 문제는, 생존자가 자신의 경험을 숨김없이 개방하기에는 교회가 충분히 안전한 장소가 아니라는 사실이다. 그들은 학대의 경험 때문에 도리어 오해받고 비난을 받아왔으며, 감정적인 불안정으로 소외를 당해왔다. 교회는 자신들이 피해자/생존자에게 베푸는 치료를 비판적으로 검증해야 하며, 학대자 대신 오히려 그들을 소외시키는 태도와 행동을 변화시켜야 한다. 가정 폭력을 다루는 예배에서는 이야기, 노래, 기도, 시를 통해 생존자들의 목소리를 들을 수 있다. 이 과정에서 페미니스트 목사와 치료사들이 학문의 분야를 뛰어넘어 한 팀을 이루는 것인 필요하다. 그들은 가정 폭력 운동과 관련 문헌을 숙지하고 있기 때문에, 무엇이 이 예배에 적합한 것인지를 결정할 수 있다. 제10장에는 이 목적을 위해 사용될 수 있는 여러 자료들이 제시되어 있다.

둘째, 죄에 대한 고백과 용서의 예식은 잠정적인 것이어야 한다. 예배는 현시점에서 완전한 치유와 용서가 이루어졌다고 선언하는 대신, 그것들을 종말론적 차원으로까지 끌고 가야 한다. 예를 들어 많은 전통적인 예식에서 사용되는 '당신은 용서 받았습니다'라는 말은 절대로 사용해서는 안 된다. 학대자에 대한 용서는 오랜 시간이 걸리는 치유와 책임의 과정이기 때문이다. 교회의 악명 높은 싸구려 용서 때문에 가해자에게 계속해서 회개하며 폭력을 행사하지 말라고 강조하는 것이 중요한 일이 되었다. 다행히도 용서의 잠정적인 성격을 강조하는 여러 성경 구절이 있다. 예를 들어, 누가복음 17장 3절의 내용은 이렇다. '너희는 스스로 조심하라. 만일 네 형제가 죄를 범하거든 경고하고 회개하거든 용서하라.' 용서에 관한 더 깊은 논의는 제11장을 참조하라.

세 번째 원칙은 남성 예배 인도자의 책임에 관한 것이다. 치유 예배는 남성들 만으로는 이루어질 수 없으며, 피해자/생존자와 그들의 지지자들이 빠진 상태에 서는 더더욱 그렇다. 예배의 전과 후에 남성 지도자들은 개방적인 태도를 갖고 피해자/생존자의 관점에서 잘못된 것을 고치려 해야 한다. 이는 정기적으로 피 해자/생존자를 상대하는 여성 목사 및 치료사들의 피드백을 받아 이루어질 수 있다. 이러한 예배 인도자들의 책임 구조를 구성하는 것은 이 예배를 계획하면 서 겪는 어려움 중 하나이다. 대부분의 남성 목사들은 소외받는 이들에 대한 책 임감 없이 예배를 맡는 것에 익숙하기 때문이다.

가해자를 위한 기독교 치유 예배

기독교 치유는 매우 극적인 텔레비전 예배에서부터 치유 기도가 이루어지는 조용하고 의례적 예배에 이르기까지 다양한 외관을 갖추고 있다. 기독교 치유가 다양한 형태를 띠는 것은 치유에 대한 정의가 제각기 다르기 때문일 수 있다. 틸 다 노르베리(Tilda Norberg)와 로버트 웨버(Robert Webber)는 치유가 하나님이 행 하는 마법이나 예언이 아니라고 설명한다. 그것은 치유를 하는 사람과 치유를 간구하는 사람 모두에게 영적인 전율도 아니며 신앙이나 거룩함의 증거도 아니 다. 치유란 '우리를 하나님이 삶과 죽음의 모든 순간 동안 잃지 말라고 명한 인간성으로 인도하는 과정이자 우리 존재의 총체성 — 육체, 마음, 감정, 정신, 그리고 우리의 사회적 환경 — 을 내포한 과정'이다.[6]

『예배에 관한 연합감리교 책(The United Methodist Book of Worship)』은 우리에게 그리스어에서 치유라는 말이 구원과 온전함이라는 말과 같은 어원을 두고 있다는 사실을 일깨워준다.[7] 예수가 교회에 내린 치유의 사명은 사람들이 온전한 인간이 되는 것을 방해하는 속박으로부터 구원을 받도록 돕는 것이다.

루스 덕(Ruth Duck)은 치유를 이렇게 설명한다. 치유는 인간이 극심한 슬픔, 아픔, 고통, 질병의 순간에 하나님을 만났을 때 일어나는 변화이다. 그런 변화에는 신체적 치유 같은 차원도 포함되는데, 치유는 삶에서 오는 상처와 슬픔에 평안을 가져다주고, 태도를 변화시키며, 선지자와 같은 자세로 공동체의 태도와 행동에 도전한다.[8]

지금부터 소개할 남성 폭력의 가해자를 위한 치유 예배는 기독교 치유에 대한 이러한 이해에 기반을 두고 있다. 이 치유 예배는 그들의 삶에서 하나님이 행할 마법이나 예언을 위해 이루어지는 것이 아니다. 그 대신, 이 예배는 그들이 자신의 폭력의 죄악을 고백하고 회개하는 것을 돕고, 비폭력적인 사람이 되기 위해 노력하는 그들에게 나타나는 하나님의 사랑을 발견하며, 그들을 하나님이 인간을 창조할 때 최초로 의도했던 인격체로 만들기 위해 이루어진다. 이것은 또한 자신의 폭력을 인정하고 직시하는 — 다시 말해, 많은 폭력적 남성이 피하려 하는 일을 하는 — 그들의 용기를 지지하기 위해 이루어진다. 이것을 통해 그들이 폭력을

---

6 Tilda Norberg and Robert Webber, *Stretch Out Your Hand: Exploring Healing Prayer*(Nashville: Upper Rood Books, 1998), pp. 26~27.

7 *The United Methodist Book*(Nashville: United Methodist Publishing House, 1992), p. 613.

8 Ruth Duck, handout in Christian Public Worship class, Dec. 5, 2000, p. 48.

제12장 남성 학대자를 위한 예배를 생각하기　283

휘두르고 학대를 자행하고 싶다는 욕망에서 해방되어 온전한 인격체가 되기를 우리는 희망한다. 그리고 그들의 태도와 행위 속에 깃든 남성 중심적인 교회와 사회 또한 변화하기를 희망한다.

남성 폭력의 가해자를 위한 치유 예배의 순서

환영

나는 치유의 희망을 주시는 예수 그리스도의 이름으로 여러분을 환영합니다.

예수께서 그들에게 대답하셨다. "건강한 사람에게는 의사가 필요하지 않으나, 병든 사람에게는 필요하다. 나는 의인을 부르러 온 것이 아니라, 죄인을 불러서 회개시 키러왔다"(누가복음 5장 31~32절).

예수님은 치유 사역을 통해 한때 낙담하고, 비난을 받으며, 소외된 이들에게 온전함을 가져오셨습니다. 이 희망을 마음속에 품고, 예수 그리스도 안에서 하나님의 임재 앞에 섰을 때와 같이 성령의 역사에 우리의 가슴을 엽시다.

『연합감리교 찬송(United Methodist Hymnal)』의 찬송가 468장, "Dear Jesus, in Whose Life I See."

시작 기도

사랑과 은혜가 풍성하신 하나님,

당신은 당신의 모습으로 우리를 창조하시고 서로 사랑하게 하셨습니다.

우리에게 생명의 숨결을 불어넣어주시어,

우리가 당신이 꿈꾸었던 사람,

사랑하는 이들과의 관계 속에서 살아가는 사람이 되도록 해주십시오.

우리의 치유자이신 예수 그리스도의 이름으로 기도합니다. 아멘.

시

남성에게 성폭행을 당했던 여성이 쓴 시를 읽는다.

오, 하나님!

십자가 위에서 못 박힌

여성의 이미지를 통해

나는 마침내 이해합니다.

내 반평생 동안

나는 내게 있는 상처로

부끄러워했습니다.

이 상처들은 한 남자가 자신의 환상을 실현했을 때

그에게 희생된 소녀가 겪은

추악한 이야기를,

혼한 이야기를 들려줍니다.

당신이 계실 때 나타나는

평화와 햇볕의 따스함 속에서,

나는 꽉 움켜쥔 주먹을 펼 수 있었습니다.

나는 처음으로,

그 사건이 벌어졌을 때

나와 함께하신 당신의 고통을 느꼈습니다.

나는 당신이 연약한 아기라는 것을,

형제라는 것을, 그리고 아버지라는 것을 알고 있었습니다.

지금 나는 당신이 여성이라는 것을 알았습니다.

당신은 구제할 길 없는 고통을 끊어주기 위해

핍박받는 소녀인 나와 함께

거기에 있었습니다.

수치와 공포의 사슬은

이제 더 이상 제 몸과 마음을 구속하지 못합니다.

자비와 용서의 미약한 불이 천천히 타오릅니다.

지금 떨어지는 내 눈물은

여자를 위한 눈물이자 남자를 위한 눈물입니다.

....

당신은 당신의 상처를 부끄럽게 여기지 않습니다.

당신은 당신의 고뇌와 죽음의 흔적으로서

도마에게 그것들을 보여주었습니다.

나는 내 이 상처들을 더 이상 숨기지 않을 것입니다.

나는 그것들을 은총의 도움으로 몸에 지니겠습니다.

그들이 부활의 이야기를 할 것입니다.[9]

성경낭독

사도행전 9장 1~9절

이것은 바울의 회심에 관한 이야기이다. 이 이야기를 통해 폭력을 회개하고, 회심을 경험하며, 하나님에 의해 예수 그리스도의 신실한 제자로 변화되기를 바라는 이들에게 영감을 가져다줄 수 있을 것이다.

설교

바울은 기독교인들을 박해하고 그들을 죽게 만든 폭력적인 남자였다. 사도행전 8장 1절에서 바울은 폭도들이 스데반(Stephen)을 죽이는 것에 찬동했고, 사도행전 9장 1절에서는 사도들을 위협하며 죽이려 들었다. 사도행전 9장은 그의 회심에 관한 이야기이다. 그는 하늘로부터 비추는 빛이 자신을 고꾸라뜨릴 때까지 자신의 폭력을 문제라 여기지 못했다. 이것은 아마도 폭력의 가해자가 체포되어 약자에게 저지른 폭력 행위가 탄로 났을 때의 경험과 유사할 것이다. 우리 중 일부는 자신이 다른 사람들에게 가져다준 해악을 직시하기 위해, 또 예수 그리스도의 새로운 공동체를 이룩하기 위해 고꾸라질 필요가 있다. 이전의 바울은 폭력

---

9 이 시의 출처는 다음과 같다. Carrie Doering, *Taking Care: Monitoring Power Dynamic and Relational Boundaries in Pastoral Care and Counseling*(Abingdon Press, 1995), p.11.

의 유익함만을 봤지만, 이후에 그는 새로운 길을 발견했다. 그의 삶의 방식은 완전히 다른 형태로 변화했다. 회개란 지금까지와는 완전히 다른 방향으로 돌아서서 가는 것을 의미하는데, 이는 폭력적인 가해자에게 필수적인 것이다.

바울이 자신의 회심을 새로운 사역으로 연결시킬 때까지는 약간의 시간이 걸렸다. 그는 정신적 스승인 아나니아(Ananias)를 만나 함께 다마스쿠스에서 여러 날을 보냈다. 그들이 만나기 전, 아나니아는 두려워하며 주님께 말했다. "나는 이 사람이 얼마나 많은 악행을 저질러왔는지 수도 없이 들었습니다." 그는 또한 예수의 제자들을 박해할 권한이 바울에게 있음을 언급했다. 그러나 주님은 이렇게 답했다. "그가 내 이름을 위하여 얼마나 많은 고난을 받아야 할지를, 내가 그에게 보여주려고 한다." 자기반성과 삶의 재구성의 과정을 거친 후, 바울은 폭력보다는 사랑의 방법을 주장하게 되었다.

이 성경 구절에는 분명히 지적되어야 할 몇 가지 위험이 있다. 많은 기독교인에게 사도행전 9장은 즉각적인 회심과 새로운 통찰의 모형이었다. 폭력을 쓰며 하나님에게 대항했던 바울이 한순간에 새 사람이 되었다는 것이다. 하지만 이것은 사도행전 9장에 대한 잘못된 해석일 것이다. 어떤 경우에서든 폭력의 가해자가 회심하는 과정은 길고도 험난한 과정이다. 그것은 고백, 회개, 회복, 그리고 더 큰 공동체의 책임을 요구한다. 설령 하나님이 바울을 즉각적으로 바꾸었다 할지라도, 그것은 가해자를 재교육하고 그들이 책임을 지도록 하기 위해 수년을 보내야 하는 우리에게 좋은 모델이 아닐 것이다. 이 이야기의 복음 혹은 '좋은 소식'은, 회심이 가능한 것이고, 가해자조차도 다른 사람을 향한 폭력으로부터 자유로운 새 삶을 추구할 수 있다는 것이다.

설교는 예배에 참여한 가해자들이 처한 상황과 관련된 성경 속 이야기라 할 수 있다. 설교는 그들이 타인을 해한 자신의 폭력적인 행동을, 체포와 책임이라는 사회적 결과를, 비폭력적인 사람이 되는 것에 대한 자신의 저항을, 치유의 약속을, 장래에 있을 예수의 사역에 동참한다는 희망을 숙고하도록 도와줄 것이다. 그러나 위에서 언급했듯, 설교를 통해 그들의 치유는 아직 완전하지 않으며, 폭력을 멈추기 위해서는 장기간에 걸친 재교육과 치유의 과정을 마주해야 한다는 사실을 강조하는 것이 중요하다. 자신의 폭력적 태도와 행동에 맞서 싸우는 그들은, 예수의 치유가 자신과 함께할 것이라는 좋은 소식을 듣게 될 것이다.

나는 자신의 파괴적 행동을 직시하고 치유를 간구하는 그들의 용기를 지지하고 싶다. 제임스 폴링은 이렇게 말한다. "아동을 학대했다는 현실과 그로 인한 공포와 직면하는 것은, 어떤 남성에게도 매우 어려운 일이다. 그것은 자신이 다른 사람에게 입힌 상처를 직시하는 것이고, 그러한 파괴적인 행동을 하도록 만든 자기 내면의 공허감을 직시하는 것이다. …… 나는 이 모습에 고무되었다. 만약 아동 성추행범들이 치유를 통해 더 나은 자신이 될 수 있다는 용기와 희망을 얻을 수 있다면, 나 역시 폭력으로 통제되지 않는 세상에 대한 희망을 품을 수 있게 될 것이다."[10] 이러한 이유로, 가해자들의 용기는 지지받을 필요가 있다.

설교는 회복하는 가해자들의 책임 역시 언급해야 한다. 여성과 아동에 대한 극심한 폭력을 용인하는 더 큰 사회에게 선지자처럼 도전하기 위해서 말이다. 새로운 삶을 위한 그들의 소명 중 일부는 바울과 같이 모든 사람에게 더 안전한 사회를 이룩하는 일에 힘을 보태고, 다른 남성들의 끊이지 않는 폭력 행위에 대적하는 것이어야 한다.

---

10 James Poling, "Social and Ethical Issues of Child Sexual Abuse," American Baptist Quarterly 8, no. 4(1980): p. 264, 이 책의 제2장 참고.

증언

고백 증언은 예배에 참석하는 가해자 가운데 한두 명가량이 준비하는 것이다. 구타자나 성폭행범 집단에 오랜 기간 몸담았던 남성이라면 자신의 삶에서 위기를 초래한 학대 사건과 오랜 치유 과정에서 알게 된 헌신의 중요성에 대해 이야기할 수 있을 것이다. 개인적 증언은 그의 고백, 회개, 책임, 그리고 피해보상이라는 종교적 경험을 아우르는 것일 수 있다.

고백의 기도

한 사람: 지극히 자비로우신 하나님, 그녀는 심한 상처를 입었습니다.

모두: 그녀에게 상처를 입힌 이는 바로 우리입니다.

한 사람: 신뢰의 배신을 동반한 상처는 이루 말로 표현할 수 없습니다.

모두: 그녀에게 상처를 입힌 이는 바로 우리입니다.

한 사람: 그 상처는 신체적 폭력과 학대, 사랑의 부재를 동반하고 있습니다.

모두: 우리는 학대를 저질렀으며 폭력을 자행했습니다.

한 사람: 당신의 한없는 사랑으로 그녀를 축복해주십시오.

모두: 우리가 우리의 죄를 회개하니.

한 사람: 그녀 안에서 사랑과 신뢰를 회복해주십시오.

모두: 우리가 더 이상 폭력적인 사람이 되지 않겠다고 결심하니.

한 사람: 우리의 죄를 용서하소서.

모두: 그럼으로써 우리가 예수 그리스도를 통해 더 나은 사람이 된다는 희망을 발견하게 하소서. 아멘.[11]

(각자의 기도를 위한 침묵)

희망의 말씀

한 사람: 좋은 소식을 들으시오.

"다시는 너의 땅에서 폭행 소문이 들려오지 않을 것이며, 너의 국경 안에서는 황폐
와 파괴 소문이 들려오지 않을 것이다. …… 주님께서 몸소 너의 영원한 빛이 되시
며, 네가 곡하는 날도 끝이 날 것이다"(이사야 60장 18, 20절).

모두: 희망의 메시지를 주신 하나님께 감사하라.

안수기도

기도합시다.

오, 하나님! 우리가 주님의 치유의 손길에 닿을 때, 우리가 가슴을 열어 성령
의 역사를 맞이하도록 도와주소서.

우리를 어루만지는 그 손을 축복하시어, 우리가 그것을 통해 당신의 손길을
느낄 수 있도록 하소서.

우리 모두를 축복하시어, 예수님의 사랑 안에서 온유해지는 힘을 찾을 수 있
도록 하소서. 아멘.

(예배 인도자와 예배에 참여한 다른 이들은 각각의 사람을 둘러싸고 그에게 손을 얹는다. 예

---

11 이 고백의 문답 기도는 Vienna Anderson의 책 *Prayers of Our Hearts: In Words and
Action*(New York: Crossroad, 1991) 33쪽에 있는 '학대를 당한 아동을 위한 기도'를 일부 수정한
것이다.

배 인도자는 아래와 같이 말한다.)

〔이름〕, 창조주 하나님, 예수 그리스도, 성령의 이름으로 우리는 당신에게 우리의 손을 얹습니다.

성령께서 새 생명의 호흡을 불어넣기를, 하나님이 당신을 창조할 때 계획하신 그런 사람이 되기를. 아멘.

평화 나누기

『성배 찬송(Chalice Hymnal)』 찬송가 501장, "There Is a Balm in Gilead" (1, 2절)

축복과 희망 속에서 내보내기

자신의 형상으로 당신을 창조한 하나님이,
당신을 계속 만들어가기를.
병자를 치유하신 예수 그리스도께서,
당신을 온전하게 하기를.
생명의 호흡이신 성령이,
당신에게 새로운 삶을 주기를.
당신의 가슴 속 하나님의 이 소망과 약속과 더불어,
평화에 이르기를 축복합니다.

감사의 글

이 책에서 다루는 주제들은 지난 20여 년 동안 성폭력과 가정 폭력을 예방하기 위해 목회를 하면서 고민한 것들이다. 그동안 나를 도와준 모든 사람에게 감사를 전하기는 어렵지만, 먼저 자신의 이야기를 들려준 학대의 생존자들에게 감사의 마음을 전한다. 이들은 나에게 폭력으로 가득한 이 세상을 치유할 수 있다는 희망을 주었다. 여러 해 동안 나의 책임감을 일깨워주고 내가 정신적으로 성장할 수 있도록 적극 지원해주었던 운동가들에게도 감사를 드린다. 한때 가해자였던 자신들의 삶을 공유해준 남성들에게도 감사를 전한다. 그들은 수치심과 죄책감을 마주하며, 자신들이 타인에게 저지른 폭력을 치유할 수 있는 방법을 찾고자 수없이 고뇌했다. 만약 그 남성들이 자신들의 삶을 바꿀 수만 있다면, 이 세상에서 불가능한 일은 없을 것이다. 아울러 내게 학업 휴가를 허가하고 나의 연구를 독려해준 베다니 신학대학원(Bethany Theological Seminary), 콜게이트 신학대학원(Colgate Rochester Divinity School), 게렛 신학대학원(Garrett-Evangelical Theological Seminary)에 감사를 전한다. 저술 과정에서 용기를 준 편집자와 출판업자들에게도 감사를 전한다. 마지막으로 나의 연구 조교인 민한식에게 감사를 전한다. 그는 이 책의 구성을 도와주면서 이 책의 탄생을 위해 필요한 많은 일들을 해주었다. 이러한 모든 도움에도 이 책에 부족한 점이 있다면, 전적으로 나의 책임이다. 또한 남성 폭력 문제의 논점에 대한 다양한 견해가 이어지기를 기대한다.

찾아보기

지은이

제임스 뉴턴 폴링(James Newton Poling)

콜게이트 신학대학원과 게렛 신학대학원에서 교수를 역임했으며, 주요 연구 분야는 목회적 돌봄과 상담, 신학이다. 현재 게렛 신학대학원 명예교수이며, 미국 목회상담협회(AAPC)와 미국 결혼가족치료협회(AAMFT)의 위원도 맡고 있다.

주요 저서: 『신앙의 재고: 건설적이고 실천적인 신학(Rethinking Faith: A constructive practical theology)』(2011), 『하나님께 돌리다: 경제적 약자, 가정 폭력, 목회신학(Render unto God: Economic vulnerability, family violence, and pastoral theology)』(2002), 『악에서 우리를 구원하소서: 인종적·성적 억압에 저항하기(Deliver us from evil: resisting racial and gender oppression)』(1996), 『성폭력, 힘의 악용: 목회상담적 성찰(The Abuse of power: A Theological problem)』(1991), 『목사의 실천적 신학을 위한 기반(Foundation for a Practical Theology of Ministry)』(1985) 외 다수.

옮긴이

박중수

콜게이트 신학대학원에서 석사 학위를, 시카고 신학대학원에서 박사 학위를 받았으며 한국목회상담협회의 감독을 지냈다. 현재 영남신학대학교 목회상담학 교수이며, 서메리턴 상담센터의 책임자도 맡고 있다.

주요 저서: 『한국문화에서 가족목회상담』(2011), 『한국 임상목회교육 개론』(공저, 2010), 『상담목회』(근간) 외 다수.

주요 논문: 「한국 여성들의 영혼의 비탄: 실제 삶의 이슈를 다루는 페미니스트 신학자들(The Anguish of the Korean Women's Soul: Feminist Theologians On a Real-Life Issue)」(2011), 「이혼과 화해(Divorce and Reconciliation)」(2002), 「힘의 남용에 대한 목회 신학적 이해」(2006), 「비탄에 대한 목회상담학적 이해」(2002) 외 다수.

한울아카데미 1748

교회 안의 남성 폭력
목회적 돌봄에 관한 이슈들

지은이 | 제임스 뉴턴 폴링
옮긴이 | 박중수
펴낸이 | 김종수
펴낸곳 | 도서출판 한울

편 집 | 박준규

초판 1쇄 인쇄 | 2014년 12월 5일
초판 1쇄 발행 | 2014년 12월 5일

주소 | 413-120 경기도 파주시 파주출판도시 광인사길 153 한울시소빌딩 3층
전화 | 031-955-0655
팩스 | 031-955-0656
홈페이지 | www.hanulbooks.co.kr
등록 | 제406-2003-000051호

Printed in Korea.
ISBN 978-89-460-5748-7 93230(양장)
        978-89-460-4926-0 93230(반양장)

* 가격은 겉표지에 표시되어 있습니다.
* 이 도서는 강의를 위한 학생판 교재를 따로 준비했습니다.
  강의 교재로 사용하실 때에는 본사로 연락해주십시오.